珍藏本
纪念版

汉译世界学术名著丛书

经济学的三个世界

〔美〕劳埃德·G.雷诺兹 著

朱泱 贝昱 马慈和 译

2017年·北京

Lloyd G. Reynolds
THE THREE WORLDS OF ECONOMICS

This edition is published by arrangement
with Yale University Press

汉译世界学术名著丛书
（120 年纪念版·珍藏本）
出 版 说 明

2017 年 2 月 11 日，商务印书馆迎来 120 岁的生日。120 年前，商务印书馆前贤怀揣文化救国的理想，抱持“昌明教育，开启民智”的使命，立足本土，放眼寰宇，以出版为津梁，沟通中西，为中国、为世界提供最富智慧的思想文化成果。无论世事白云苍狗，潮流左右激荡，甚至战火硝烟弥漫，始终践行学术报国之志，无改初心。

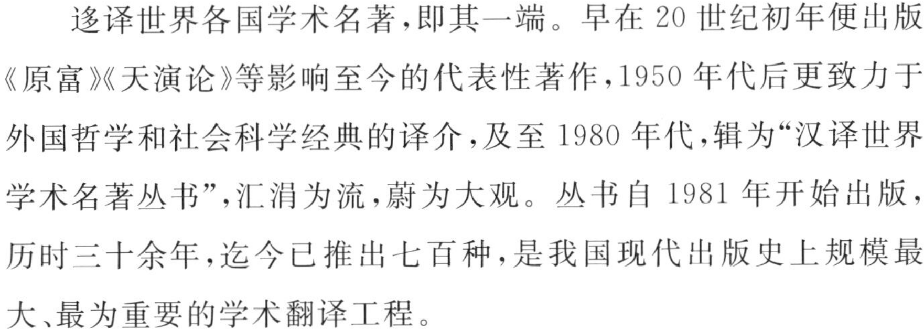

迻译世界各国学术名著，即其一端。早在 20 世纪初年便出版《原富》《天演论》等影响至今的代表性著作，1950 年代后更致力于外国哲学和社会科学经典的译介，及至 1980 年代，辑为“汉译世界学术名著丛书”，汇涓为流，蔚为大观。丛书自 1981 年开始出版，历时三十余年，迄今已推出七百种，是我国现代出版史上规模最大、最为重要的学术翻译工程。

丛书所选之书，立场观点不囿于一派，学科领域不限于一门，皆为文明开启以来，各时代、各国家、各民族的思想与文化精粹，代表着人类已经到达过的精神境界。丛书系统译介世界学术经典，引领时代思想，为本土原创学术的发展提供丰富的文化滋养，为推动中国现代学术和现代化进程做出了突出的贡献。

为纪念商务印书馆成立120周年，我们整体推出“汉译世界学术名著丛书”120年纪念版的珍藏本，寄望既利于文化积累，又便于研读查考，同时向长期支持丛书出版的译者、编者和读者致以敬意。

两甲子后的今天，商务印书馆又站在了一个新的历史时间节点上。我们不仅要铭记先辈的身影和足迹，更须让我们的步伐充满新的时代精神。这是商务人代代相传的事业，更是与国家和民族的命运始终紧密相连的事业。我们责无旁贷，必须做好我们这代人的传承与创造，让我们的努力和成果不仅凝聚成民族文化的记忆，还能成为后来人可以接续的事业。唯此，才能不负前贤，无愧来者。

商务印书馆编辑部

2017年10月

译者前言

本书是一本比较经济学著作。比较经济学是一门研究不同经济制度下的各种经济类型和现象，并从中探讨不同经济制度国家经济发展规律的经济学分支学科。它起源于20世纪30年代，第二次世界大战后逐渐发展为一门独立的学科。

比较经济学的形成与发展可分为三个阶段。30年代比较经济学处于萌芽状态，该阶段分析比较的重点是社会经济制度；60年代，比较经济学进入了其发展的第二阶段，该阶段的研究不再限于经济制度的研究，开始比较分析不同类型的国家和地区，特别是系统地分析发展中国家经济发展的现状和经济政策；起自60年代，比较经济学的发展进入了第三阶段，在该阶段，比较经济学的应用性增强了，除了对第三世界国家的宏观经济政策部门进行探讨外，还就微观经济领域中专题性较强的问题，如部门经济结构、劳动、农业、财政、金融和外贸等进行比较研究。

美国耶鲁大学教授雷诺兹的这本《经济学的三个世界》，就是目前比较经济学发展第三阶段的主要代表著作之一。雷诺兹在本书中把当前世界各国的经济分为三类，即资本主义经济、社会主义经济和欠发达经济。他这样划分所依据的标准是：人口增长率、资本积累率、农业在国民经济中的比重、参与对外贸易的程度、人均国民生产总值以及经济增长速度。该书从经济组织、经济政策和经济理论三个方面对这三类经济做了仔细的分析比较。

雷诺兹的上述分类依据、对不同类型经济的分析比较是否科学、合理，请读者研究；可以肯定的一点是，他对不同类型经济的比较，尤其是对欠发达经济增长和政策的分析，对我们是有借鉴意义的。

由于译者水平所限，译文中肯定会有错误或不当之处，诚恳地希望读者指正。

目　　录

第二编　经济政策

第三编　经济理论

第四编　前景

前　　言

现代经济学主要是在西欧和美国培育出来的，尽管它渴望具有普遍性，它却带有这些地区所特有的制度和问题的印记。

但是经济世界已不再围绕伦敦和纽约旋转。几十个新兴国家在迥然不同于西方的制度安排下，正在为经济独立和工业增长而奋斗。同时一种新型的经济正在从中欧向东扩展到白令海峡，而且作为行政管理经验的一个副产品，正在忙于发展自己的原理。据称，"西方经济学"在这些非西方国家仅具有有限的分析价值。

由此，人们便不可避免地对经济学的内容和适用性产生了怀疑。西方所讲授的那些经济原理是否真的可以普遍应用？这些原理是否受到文化因素的制约，主要适用于资本主义工业国？是否有可能创立一种普遍适用的经济学，既适用于加拿大或法国，又适用于波兰或印度？我们是否必须满足于同时存在几种经济学，它们在知识内容和适用性方面各自保持自己的特色？

"比较经济学"被认为是经济学课程中的一个独立领域，它像植物学那样把各个国家的经济学分成若干名称不很严格的种类。不过的确，经济学所研究的任何题目都潜在地是可以比较的。对于经济研究的任何一般性领域来说，注重比较都会产生有益的结果。我们撰写本套丛书是希望，从世界角度重新思考经济学的各个分支,并列出一份可以从许多国家获得的书籍的目录,将有助于教师在授课时扩大比较的视野。

在追求这一目标时,我们有意赋予作者自主权,而不是强求划一。每位作者都可以根据自己的意愿,选择自己所喜爱的论述方式。因此,每部书在篇幅的长短,是侧重分析还是侧重描述,所涉及的地理区域,以及其他一些方面存在很大差异。我们在多大程度上实现了本丛书的宗旨,还得由经济学界的同行们去判断。

我们感谢作者们与可能是无法解决的问题所做的搏斗,感谢福特基金会的资助,感谢耶鲁大学出版社的工作人员的大力协助。

比较经济学校际委员会:艾布拉姆·伯格森、阿瑟·R.伯恩斯、克米特·戈登、理查德·马斯格雷夫、威廉·尼科尔斯、劳埃德·雷诺兹(主席)

自　　序

写作本书是基于以下几个信念：若不从根本上重新思考西方的经济分析，便无法把它移植到社会主义国家或欠发达国家的经济学中；从世界角度来看，经济学是一个比莱昂内尔·罗宾斯的著名定义所规定的范围要大的学科；在比较经济学研究方面，正在出现令人振奋的新领域。

经济学是一门经验性的和政策性的科学。因此，我们先来考察资本主义经济、社会主义经济和欠发达经济的结构特征和政策重点。我的兴趣不在于比较制度本身，而在于通过这种比较揭示不同的经济理论分支在不同的制度背景下的有用性。

这导致了重新考察经济学的范围和内容。经济学的传统定义侧重于资源分配，即使在西方的背景下，也过于狭窄了，从世界范围来看，就更狭窄了。我们将探索我们的经济学概念需要加以扩大的主要方面——实际上，我们的经济学概念已经扩大了，而且还在扩大。

第三个目标是探索可以进行有益的比较经济分析的方面。我认为现在可以从事以下工作：建立经济组织的一般模式，各种具体的经济都可以作为特例嵌入这个模式；列出一个更为丰富的“理想型”经济的清单，以补充现有文献中的经济类型；分析比较各国经济行为的一些特定方面，制度因素仅作为多个解释性变量中的一个，评价比较总的经济成就；并考察“收敛性假设”（convergence hypothesis）。

我对经济学的看法不同于近年来某些理论著作中的看法。我不认为经济学是没有内容的形式，不认为经济学是应用逻辑的一个分支。一致性和优美雅致是必要的但并不充分。检验一部著作优劣的最终标准，是看它是否具有解释能力和预测能力，是否有可能同重要的政策问题发生联系。这完全是传统的看法，原则上几乎可以为所有的人接受，但那种赞赏并自恃有绝对操纵能力的人却对这种看法嗤之以鼻。因此有时需要重申这种看法。

要在有限的篇幅内论述范围如此广泛的各种问题，简明扼要是不可避免的，因而有些陈述不免显得有些武断。这并不是我的本意。我本着探索的精神，尝试着做出了自己的判断，以促进人们讨论对经济学的未来关系重大的问题。

我谨对各方面的支持和提出的宝贵意见深表谢意。本书的第一稿完成于 1967 年我在洛克菲勒基金会的塞贝隆尼别墅居住的那段时间。最后的修改稿完成于 1970 年我访问澳大利亚国立大学社会科学研究院期间。这些机构为我提供了安静的环境，使我得以不间断地写作，在此谨表谢意。

我要感谢以下诸位同事，他们是海因茨·阿恩特、贝拉·巴拉萨、艾布拉姆·伯格森、戴维·本苏桑-巴特、诺埃尔·布特林、约翰·希克斯爵士、雅诺什·科奈、阿瑟·刘易斯爵士、约翰·M.蒙蒂亚斯、亚历克·诺夫、弗雷德里克·普赖尔以及古斯塔夫·拉尼斯，他们有的阅读了书稿的一部分，有的阅读了整部书稿。他们提出了许多有益的意见，本书因此而得到很大改进，但是不应把他们和本书仍然存在的不完善之处联系在一起，也不应把他们和我本人的判断联系在一起。奥利夫·希金斯夫人以她娴熟的技术帮我打字和整理手稿，我一向对她怀有敬意。

本书是"比较经济学研究计划"的最后一本书，因而在此我要向福特基金会对这一旷日持久的事业给予的耐心支持表示我个人的谢意，并对比较经济学校际委员会中的同事们表示感谢。他们提出的意见和给予的支持有助于把责任转化为乐趣。

劳埃德·G.雷诺兹

1971年3月于耶鲁大学

第一章　经济学中的某些尚未解决的问题

“经济学是这样一门科学，它把人类行为看作是目的与具有各种用途的稀缺手段之间的一种关系来研究。”[①]这是罗宾斯在1932年说的话；因此，既然经济学是个受传统影响很深的学科，我们仍继续重复一种几乎没有人完全相信的学说。

罗宾斯说的话对吗？如果当时基本正确，四十年后是否仍然正确？

从当时的历史背景来看，罗宾斯的那部杰出著作确实做出了巨大贡献。罗宾斯消除了对经济理论的某些模糊的、不正确的看法。他强调经济学与行为的一个方面而不是行为的一个领域有关。他用今天仍广为接受的方式区分了作为分析者的经济学家和作为政策顾问的经济学家的作用。

尽管如此，这部著作并未指出通向未来的道路。相反，它只是具体说明了经济学演变的一个阶段。它标志着一个时代的结束，这个时代甚至在罗宾斯写作的年代就已濒于死亡。这是凯恩斯以

---

① 莱昂内尔·罗宾斯：《论经济科学的性质和意义》，第2版（伦敦，麦克米伦公司，1935年），第16页。

前的时代。更为重要的是，罗宾斯的著作发表不久，人们就承认中央计划经济和“不发达”经济是经济世界的永久性特征。

罗宾斯认为，“鲁滨逊经济学”，推而广之，自给自足的家庭单位仅能维持生存的生产，是不值得加以研究的。他还认为，经济学对于社会化经济的管理人员是无用的。① 他认为经济学只适用于私人所有制下的分散型市场经济。在这种经济中，各个单位之间的相互作用产生的结果并非一目了然，经济学家的任务就是探索这种相互作用。②

1930 年，西方国家的市场经济确实占主导地位；因而建立在其基础之上的经济学也就可以自称具有普遍性。苏维埃经济尚未具有明确的形式，它孑然屹立，使人感到也许不过是昙花一现的经济变种。大多数亚洲和非洲国家仍处于殖民主义者统治之下，与其说是经济学家的活动场所不如说是行政官和人类学家的活动场所。20 世纪 70 年代的情景则迥然不同了。

当我们来到莫斯科的列宁图书馆，问经济阅览室在哪里时，回

① “从管理人员的观点来看，经济学的一般原理是索然无味的。他们的态度类似于鲁滨逊。在他们看来，经济问题只不过是把生产能力应用于这一方面或那一方面的问题。……假如所有权属于国家，生产资料也掌握在国家手里，那么根据定义，也就排除了价格和成本机制具有拉力和阻力的可能性。……管理人员的决策必然是‘武断的’。也就是说，他们的决策依据的必然是他们自己的评价，而不是消费者和生产者的评价。”(罗宾斯，前引书，第 17 页)

② “要创立使我们能够理解这种相互作用的普遍原理，需要抽象思维做出最大的努力。由于这一原因，经济分析对市场经济非常有用。而闭关自守的经济则不需要经济分析。在严格的共产主义社会中，除了最简单的普遍原理外，经济分析不会得到任何结果。但是，只要允许个人在社会关系中发挥独立的主动性，经济分析就会具有其应有的作用。”(罗宾斯：前引书，第 19 页)

答是:“您要到哪个经济阅览室呢?”该图书馆有三个经济阅览室,一个陈列的是理论性文献,称为“政治经济学”阅览室;另一个可以称之为“管理经济学”阅览室;还有一个可以称之为“公共经济”阅览室,这是供人研究实际经济问题和经济政策问题的阅览室。这三个阅览室正好相应于苏联经济学家在大学、研究机构和公共行政管理中发挥的不同作用。

经济学家在东方国家行使着什么样的职能,他们使用的是什么样的工具?他们从西方借用了多少东西,自己又创造了多少东西?他们将来是否会更多地利用西方的工具?

欠发达国家也有类似的问题。这些国家的经济学家大都从事行政管理工作,而不是教学或研究工作。他们所面对的是一些独特的政策问题。他们渴望获得分析概念,但又害怕“知识殖民主义”。他们当中的许多人认为,他们的经济与先进的工业国家差异很大,因而西方的整套工具只具有有限的有用性。

然而,是不是我们的所有工具都毫无差别地是这样呢,抑或美国的研究生院讲授的一些东西要比另一些东西与欠发达经济具有更大的相关性?假如“西方经济学”与欠发达经济是不相关的,其含义又是什么呢?既然现在这些问题都很重要,这也就表明,罗宾斯并未能穷尽真理。

经济学方法论中的活马和死马

19 世纪的经济学家花了大量时间来辩论刚刚建立起来的经济学的基础。每个杰出的经济学家都不得不在某一时刻表明自己对经济学的范围和方法的看法。[①] 不过，现代的观点是，方法论令人生厌。R. F. 哈罗德在第二次做关于“范围与方法”的演讲之前，不得不先做如下辩解：“我担心，今天我选择这个题目，会使我受到两项严厉的指责，说我的演讲枯燥乏味，充满了推测。方法论方面的论述一向以废话连篇、冗长啰唆著称。……既然方法论使人生厌，方法论学者就不能求助于谦虚客气。相反，他有权利随时向所有人提出忠告。”[②]

人们对方法论的兴趣愈来愈小，这无疑说明了经济学作为一门学科在日趋成熟，自信心愈来愈强。经济学家不再感到必须向公众或同行解释他们在做什么。他们只管昂首向前走。正如保罗·萨缪尔森说过的，“软科学之所以谈论方法问题，是因为撒旦要为懒人找事做。大自然的确厌恶真空，热空气要比冷空气占更大的空间”[③]。

谁能不同意这种说法呢？读者可以放心，他不会看到有关归纳法和演绎法的冗长讨论，不会看到有关经济学中理论研究与历史研究之间关系的冗长讨论，不会看到有关数学方法的用处和局限性的冗长讨论。关于这些题目，前人已做了大量论述，我怀疑再

① 可参看 1860—1913 年英国科学促进协会 F 分会的某些主席就职演说，收录于 R. L. 史密斯编的《经济学方法论文集》(伦敦：杰拉尔德·达克沃思公司，1962 年)。

② R. F. 哈罗德：“经济学的范围与方法”，载于《经济杂志》，1938 年 9 月，第 383 页。

③ 保罗·A. 萨缪尔森：“方法论问题：讨论”，载于《美国经济协会会刊》，1963 年 5 月，第 231 页。

加以论述是否有用。[①]

不过，虽然某些方法论上的问题已被讨论得非常透彻了，但并非每个问题都是如此。一些重要问题仍然悬而未决，这些问题很少被讨论并不意味着经济学家已经取得了一致意见。从那些他们舍得花时间讨论的题目中可以看出，对于经济学的内容他们有很大分歧。在这里，人们可以求助于经济学家在传统上对个人爱好的尊重：经济学家研究的任何课题都属于经济学的范畴。但也许还有更多的话可以说。

这些尚未解决的问题包括：(1)经济研究的适当疆界在哪里？经济学与其他社会科学相结合具有什么样的性质？(2)当我们考察某一套理论工具与西方经济学或其他经济学的“相关性”时，我们指的究竟是什么？(3)建立经济理论时应在多大程度上强调经验？理论应在多大程度上过“它自己的生活”？(4)是假设重要还是预测重要？实证经济学同政策具有什么关系？价值判断在经济学中具有什么样的地位？(5)是否有(或能否有)适用于全世界的经济学，或者是否应该预言在不同的制度背景下将出现几种不同的经济学？

假如从世界范围来看这些问题，那它们会引起人们的特殊兴

① 除了罗宾斯的《论经济学的性质和意义》外，还有一些值得注意的论文，其中包括约翰·内维尔·凯恩斯：《政治经济学的范围和方法》(伦敦：麦克米伦公司，1891年)；T. W. 哈奇森：《经济理论的意义和基本假设》(伦敦：麦克米伦公司，1938年)；特甲林·C. 库普曼斯：《关于经济科学状况的三篇论文》(纽约：麦格劳-希尔公司，1957年)；讨论数学在经济学中的用处的一组专题论文，见《经济学和统计学评论》，1954年11月；谢尔曼·C. 克鲁波编辑的一本专题论文集：《经济科学的结构》(恩格尔伍德·克利夫，新泽西州：普伦蒂新-霍尔公司，1966年)。

趣。在纯粹西方的背景下讨论这些问题，人们也许感到厌烦了。但是，一旦人们扩大自己的视野，则在较狭窄的范围内似乎已经解决了的问题，在世界范围内却未必如此。

经济学的疆界

经济学家从未试图解释某一具体情形的每一件事。有些事情被认为是外生的，只有剩下的变量可以在分析的范围内确定。某一分析的“广度”取决于外生变量和内生变量的相对数量。

这当然会随着分析目的的不同而变化。分析一个企业或一个家庭时，几乎每一件事都被认为是已知的。但是，随着画布的铺开，当整个工业、整个部门、整个经济呈现在我们面前时，愈来愈多的已知量就成了变量。这里的问题是：就整个经济的问题而言，经济学家一般认为哪些事情是外生的？他们力图解释的事情和他们归之于其他学科的事情这两者之间的分界点在哪里？

在过去的一个世纪里，经济学的疆界表现出明显的缩小趋势，而这完全是人们有意造成的。一向就很谦虚的经济学家变得更加谦虚了。马歇尔认为，经济学就是“人类对一般生活事务的研究”。这似乎是说，经济学所研究的是一套具体的制度和行为的某一领域。但是，随着马克斯·韦伯的概念体系通过莱昂内尔·罗宾斯、塔尔科特·帕森斯等人的宣传而传播开来，越来越多的人认为，经济学仅仅研究交换关系中人类行为的一个方面，即尽力节约或尽力取得最优结果的方面。个人在买卖活动中不仅充当节约至上主义者，而且还充当家长、爱国主义者、教徒等角色。考察这些角色的活动和他们影响经济行为的方式，不是经济学家的事。不这样认为，就会被指责为知识帝国主义，或用较为专门的术语说，被指责为“具体化不当谬误”(the fallacy of misplaced concreteness)。

下面让我们来看看人们是怎样看待生产要素的供给和生产技术的。19 世纪的经济学家认为，他们能够对以下事情发表有益的意见，即人口、劳动力技能和生产能力的提高、社会各阶级对资本积累的贡献、发明和企业创新精神的源泉。这是与人们十分关切经济增长——或者像 19 世纪的英国人常说的经济“进步”——联系在一起的，这种关切从斯密一直延续到马歇尔。但是渐渐地，经济学的重心转向了给定资源在不同用途上的分配，以致最终罗宾斯说出了这样的话：这才是真正的经济问题。资源、爱好、生产技术被认为是给定的，经济学家从这里着手研究。这些在一定程度上属于社会—政治范畴、常常无法用数量表示的决定资源供给和技术的因素，逐渐被逐出了严格的经济学领域。

在制度结构方面，可以观察到相同的趋势。早期经济学家试图解释并说明公司、工业集中、金融机构、工会等方面的变化趋势。今天，市场呈现出各种各样的形式，我们探索这些形式带来的后果，但几乎不去注意它们的历史变迁及其相对重要性的变化。我们把这些交给了经济史学家或其他社会学科去研究。

人们通常用科学分工来为经济学的这种日益增长的专业化辩护。据说，经济学家在那个最适宜于运用他的工具的狭窄领域可以取得最多的研究成果。这里面显然有许多原因。同大约三十年前或六十年前相比，今天经济学家所运用的变量更加数量化了，定理更加严密了，研究成果更加准确了。虽然准确性有所增加，但却为此付出了代价，分析的范围缩小了，不那么“丰满”了。不过人们认为，被经济学家打入冷宫的那些问题将由社会学家、社会心理学家和政治学家捡起来。然后，时机成熟时，在各基金会和政府的大力支持下，跨学科部队将对经济发动突然袭击，全面解释经济的运行。

但是，截至目前所取得的成果却令人失望。虽然托马斯·谢林的“虚拟同事寓言”似乎尚未整理成文字，但却的确是口头传说的一部分。经济学家常常一本正经地说：“超过这点，我就不是经济学家了，所以我把这个问题交给我的同事政治科学家去处理。”但这纯粹是客套话。并没有谁在那里。即使有，他关心的也是建立自己的模式，而不是改进我们的模式。因而，各门社会学科实际上没有相互交叉多少，要解决的问题都在一片混乱中被人遗忘了。就我的记忆所及，多学科研究取得成功的事例，通常都是假设有一个人承担了攻克另一学科的艰巨任务。

我们的目的并不是进行说教，而是提出一个问题。经济学家应该做什么？是应该在经济学的传统疆界以外搞单独的袭击，还是应该做出更大的努力来得到其他社会科学家的有效支援，抑或是应该做别的什么事情？

有证据表明，经济研究的范围正在趋于扩大。通过库兹涅茨、伊斯特林、拉格尔斯和奥克特等数量经济学家的工作，通过莱本斯特因、科尔和另一些人对欠发达国家人口增长的研究，人口问题正稍稍返回经济学领域。稍稍返回经济学领域的另一些题目是：劳动力的参与率取决于哪些因素，教育与职业训练对生产率有什么影响，发明与技术进步的源泉是什么，集体决策具有什么样的机制。这反映出，人们重新对长期增长与短期波动的关系以及公共部门的经济情况发生了兴趣。上述新情况正在许多方面逐渐改变着西方经济学的形态，我们将考察这些发生变化的方面。

理论与现实

虽然经济理论中的命题具有形式，但它们却不像逻辑学和数学中的表述那样具有纯粹的形式。经济理论的内容的意义是，它的论点中的某些词汇在现实世界中具有对应物。但是这种关系的性质常常引起争论。

逻辑学和数学中真理的意义不同于诸如生物学或经济学这样的“实际科学”中真理的意义。在前一种情况下，所要求的是初始假设是完全的、内在一致的，根据这些假设所做的推理服从于逻辑法则。真理是可以重复的，不具有内在矛盾。

另一方面，在实际科学中，假设和逻辑推理的一致性虽然是必要条件却不是充分条件。对一种可以接受的理论的最后检验是看它的预言是否与现实一致。除非根据该理论模式推导出来的原理经得起观察资料的检验，除非这些原理能够解释现实世界的某些现象，否则这种假设的“理论”便不是实际科学意义上的理论。几乎每一个经济学家都会在原则上同意这种表述，但在实践中却不一定照此去做。

这里我们必须把经济学中的实证命题和规范命题区别开来。这两个词本身并非意义很明确。从广义上说，“规范命题”常常包括应用实证经济知识来确定经济政策。当一个经济学家超越实证研究，加上福利标准，得出结论说应该如何如何的时候，他的工作也就具有了规范性质。

在这里我们将在较为有限的意义上使用“规范”这个词。我们所说的规范模型是指力图解决最优问题的模型。在线性规划或非线性规划中，最优问题也就是最大化问题，而在宏观政策模型中，也就是如何较好地组合若干政策目标的问题。此种模型最主要的特征是，其所有经济特征函数都是给定的。初始条件是给定的，选择的各种可能性是给定的，各种选择的结果是给定的，做出选择的标准也是给定的。因此，正如科奈所说，这种问题的解决是纯粹的逻辑—数学练习。[①] 它只需要遵守“真理”的上述第一条标准。在这一意义上，它根本不是经济练习。

它可以是有用的练习，也可以是没有用的练习。这取决于是否有实际存在的问题在某种程度上与假设的决策问题相对应，取决于是否有掌权的决策者把得到的结论应用于实践。如果不具备这些条件，所得到的结论也就没有经济意义。

这一问题由于以下事实而被弄得模糊不清，即在建立实证经济理论时，我们通常假设家庭、工商企业以及其他决策单位都追求最优效果。但解释追求最优效果的规律与假设人们实际上追求最优效果，是完全不同的两码事。后一假设是否有用取决于有关人

---

① “一旦所有这些都已给定，决策理论……所关心的就仅仅是确定合理的决定。这完全是个逻辑数学问题。并不需要从经验上观察一百个聪明人中到底有多少人会选择理论上认为是合理的解决办法。……这种解决办法的合理性不是用经验事实来证明，而是用纯粹的逻辑方法来证明。”〔雅诺什·科奈：《反均衡》（阿姆斯特丹：北荷兰，1971 年），第 2 章〕

类行为的观察资料，而且更为根本地取决于根据这种假设所做的预测是否经得起归纳的检验。

这里我们关心的主要是实证经济模式。长期以来，人们在原则上一直承认，实证经济学是通过理论探索和观察的相互作用而发展的。[①] 理论家运用聪明才智提取出现实世界的精华，把这些精华当作假设用于建立简化的工作模式。根据这些模式，运用纯逻辑方法可以做出预测。这种预测要经受经验的检验。如果预测不符合实际情况，人们就要重新表述，协调和改进所建立的模式，以便在下一轮获得较好的"配合"。

检验程序可以较为复杂也可以较为简单。在某些情况下，只要具备大家都知道的经济事实就够了。较为一般的情况是必须收集和分析大量的观察数据。在某些情况下则应进行一次又一次的模拟试验，直到所建立的模式基本符合实际数据数列的模式为止。随着经济数据的增加，统计推理原理的确立以及计算机设备的出现，检验假设的方法也愈来愈复杂。但现在的检验在原则上与经济学家早先用较为简单的方法所做的检验并没有区别。

所以，实证经济理论的结果必须用所观察到的行为来检验。这种理论的假设是否也要受同样的检验？一般认为，假设的现实

① 早在1891年，J. N. 凯恩斯就在一本著作中说过以下的话："如果说纯粹的归纳方法是不够的，那么纯粹的演绎方法也同样是不够的。用相互对立的方法建立这些模式……是错误的……相反，只有把两者无偏见地结合在一起，经济科学才有可能获得圆满的发展。因为……如果不对偶然性联系做演绎推理，则所有归纳都是没有结果的，而如果演绎推理不从观察着手，所有演绎也同样是没有结果的。"(《范围与方法》，第164—165页)

性即使不是逻辑上所必需的，至少也是极为合意的。包括罗宾斯在内的英国经济学家曾认为，经济学中的那些最基本的假设都是日常经验中的事实，其中大多数都可以通过内省获得。的确，人们曾认为，经济学的一个得天独厚的有利条件就是可以直接知道“人类原子”的内部情况。推理所需要的另外一些假设被认为可以通过观察经济过程而获得，而这种观察事实上是不可缺少的。J. N. 凯恩斯坚信这一点，[①]而且从那时以来这一点实际上就被认为是自明之理了。

然而，最近，这种观点直接和间接地受到了挑战。米尔顿·弗里德曼认为，对理论唯一实质性的检验是看它是否具有预测能力。[②] 对假设做另一种检验是多余的，是白费力气。与一组假设有关的唯一问题是“这组假设是否足够接近所要达到的目标。而要回答这个问题只能看这个理论是否起作用，也就是说看它是否能够做出足够精确的预测。因此，两种被认为是互不相关的检验便归并成了一种检验”[③]。

弗里德曼进而认为，人们一般选择的是较为简单的假设而不是较为复杂的假设，其原因是依据较为简单的假设得到的结论具

① “首先，观察指引着经济学家最初应选择哪些前提……绝不能随机地或任意地选择前提……研究一开始我们就必须在某种程度上熟悉具体的经济现象……其次，观察可以使经济学家弄清他的假设在给定的条件下与事实接近到什么程度。他因此而知道他的前提需要做哪些修改。”(凯恩斯:《范围与方法》，第215—217页)

② 米尔顿·弗里德曼:《实证经济学论文集》(芝加哥:芝加哥大学出版社，1953年)，第1—43页。关于随后对这种观点的讨论，参看萨缪尔森等人在《方法论》一文中发表的意见，以及库普曼斯的《三篇论文》，第138—140页。

③ 弗里德曼:《实证经济学论文集》，第15页。

有较大的普遍性。“人们将发现，真正重要和有意义的假说都包含有这样的假设，这些假设对现实的描述是很不精确的。（从这个意义说）在一般情况下，理论的意义愈大，其所包含的假设就愈不现实。”[①]由此，他进而为利润最大化和纯粹竞争市场等假设辩护。弗里德曼认为，不完全竞争或垄断竞争假设，只不过使价格理论变得更为复杂而已，并没有增加其预见能力。

总的说来，专业经济学家后来的讨论得出了与弗里德曼相反的观点；但不能说问题已得到了解决。对于我们的目的来说，重要的是这场讨论对西方经济理论在非西方经济中的“相关性”产生了影响。当我们问西方微观经济学与非西方经济是否相关时，我们是否像弗里德曼希望我们做的那样，指的是纯粹竞争条件下的最大化行为理论？我们是否应该把有关厂商的其他理论，以及产品和要素市场的不完全竞争理论也包括在内？

许许多多最近出版的理论著作，也隐含地对认为假设至关重要这样的观点提出了疑问。理论著作，例如论述一般均衡和增长理论的著作，开头会先提出一组极不现实的假设，这已成了惯例。人们通常并不认为根据这种假设得出的结论具有任何预见性，而是认为做这种演习的理由在于“总得有人从某处先干起来”，干起来之后便会自然而然地出现较为现实的模型。但这种模型通常将由另一个人来建立，而这个“假想的同事”像前面提到的那个人一样，一拐弯就将消失。

虽然经济理论家表面上都遵循相同的基本原则，但他们在“风

---

① 弗里德曼：《实证经济学论文集》，第 14 页。

格”上却具有显著差别。我们可以把侧重于工具的理论家和侧重于经验的理论家看作是韦伯的理想模式，对两者做一番比较。侧重于工具的理论家较为关注的是其模型的内部结构，而不是其模型的外部关联。他有时近乎认为，经济学是一逻辑大厦——必须从中排除节约行为可能产生的全部后果。经济学的进步在于为这座大厦添砖加瓦。检验的标准是看这座逻辑大厦是否严密，是否完整，是否“雅致”。他选择什么题目进行研究，在很大程度上要看他恰巧掌握什么样的数学工具。他似乎总是在说，“这里有个好工具，我能拿它做什么呢？”而不是说，“这里有个重要的经济现象，我怎样解释它呢？”库尔诺和瓦尔拉常常就是这样做的。的确，库尔诺在着手研究经济问题时曾声明，他已排除了所有不能用数学解决的问题。

侧重于经验的理论家则较为接近现实。他密切关注着经验研究，并常常从事这种研究。他选择研究题目时，主要是选择自己认为具有真正重要意义的题目。他喜欢采用“现实主义的”假设，喜欢做一连串简短的推理。即使他建立起精巧的理论结构，他的主要兴趣也不在于理论模式的优美，而在于根据这种理论模式得到的命题是否经受得住检验。这便是英国经济学的主要传统，其杰出代表是艾尔弗雷德·马歇尔。马歇尔的以下基本概念，如“代表性厂商”、成本的递增和递减，或短期和长期的价格确定，显然都与经济现象紧密相关。虽然他一般也使用数学工具来解决理论问题，但他也能“以自己的杰出著作确立一种高度有效的文风，在此文风下，技术性的推理或多或少隐没在了字里行间，或者被纳入了附录”①。

罗宾斯在某些方面——例如他否定基数效用，鼓吹帕累托的最优化状态，强调分配问题，缩小经济学的边界——可以认为比较接近于欧洲大陆的传统，但在上面谈到的那个方面却是个名副其实的英国经济学家。他说：“如果认为经济学家（不管他的“纯度”有多高）仅仅关心纯粹的演绎，那就大错而特错了。固然经济学家的许多工作是进行细致的推理，但是如果认为经济学家的工作仅仅是或主要是进行推理，那就完全错了。经济学家的工作是解释现实。”②

以上对理论采取的不同态度提出了一些重要的问题。这两种截然相反的态度的有利之处（和危险）是什么？西方经济理论的“混合”正朝什么方向移动？这是否或多或少地使我们的分析工作与社会主义经济和欠发达经济发生联系？我们将在第十一章讨论这些问题。

实证经济学和政策

19世纪的经济学家几乎没有把他们对经济的分析和他们所认为的这种分析具有的政策含义区别开来。J. N. 凯恩斯认为必须告诉人们，完全有可能建立一门独立的、不受价值观念影响的

---

① 库普曼斯：《三篇论文》，第131页。

② 罗宾斯：《论文集》，第105页。

“实证经济学”。不过，他成功地证明，经济学对政策的贡献是间接的、工具性的。自此以后，这就成了人们的普遍看法。正如小凯恩斯所说，“经济学理论并不提供一整套可直接应用于政策的结论。经济学理论是一种方法而不是一种学说，是思想工具，是思维方法”。

经济学家的科学作用在于**预测**所提议的政策行动的后果。他可以证明，达到某一特定目标可以有几种不同的途径，即可以有不同的**政策混合**。但他不得自己选择目标，不得以命令的口气发表意见。

20 世纪 30 年代以来，帕氏福利经济学得到了广泛采用，这增强了上述见解的力量。帕氏体系的一个支柱是，每个人的效用是不可比较的，因而不可能对收入分配提出任何科学的见解。不过，几乎所有可以想象的政策行动都会对收入产生不同的影响。如果经济学对新的收入分配是否合乎需要不能发表意见，那他——作为经济学家——就什么也不能说了。

人们到底在多大程度上认真对待这种不准对分配做判断的禁令？在西方经济学家的著作中这条禁令是否真正得到了遵守？世界其他地方的经济学家是否同样遵守了这条禁令？是否能通过采用补偿原理或通过建立社会福利函数来避免对分配做出判断？

人们对经济学与政策的关系所抱的传统看法，是在英国、西欧和美国的“自由”市场经济中形成的。这种经济是通过无数厂商和家庭的相互作用而运行的。经济学家是旁观者，其首要任务是分析这种相互作用。他根据自己对这种分散机制的理解，可以在需要政府采取行动的那几个有限的领域内向政府提出建议。在市场因素占主导地位的经济中，政府活动的领域主要限于提供经济基础设施，资助生产公共货物，管理国际经济关系，以及从制度上修补市场机制的缺口。由此可见，这些领域成为西方经济学最古老的关注对象并不是偶然的。

但这种看法究竟在多大程度上适用于中央计划经济呢？既然能够控制经济，为什么还要预测呢？正如马克思所说，“哲学家的任务不仅在于解释世界……更重要的是改造世界”[①]。观察者的作用是否仍然适当？脱离政策的经济学是否有存在的余地？

欠发达国家的大多数经济学家也直接卷入了公共管理工作。他们常常宣称某些政策目标是正确的，或干脆把某些政策目标看作是理所当然的。他们不应该这样做吗？或者我们是否应该说，他们在这样做的时候扮演了双重角色，既是科学的经济学家又是政治决定的制定者？他们在自己的头脑中是否把这两个角色区别了开来或是否应该区别开来？

我们已经注意到了不仅存在着实证经济学而且还存在着规范经济学。现在一些经济学家不是提醒人们，“如果你那么做，就会产生这样的结果”，而是以命令的语气说，“如果你想取得较为经济的效果，你就得这么做”。可利用的工具包括各种宏观运筹学工具，以及涉及整个经济并考虑到时间因素的最优投资分配模型和增长模型。

---

① 或者可以参看苏联早期的经济学家斯特鲁姆林的与此相类似的陈述：“我们的任务不是研究经济学，而是改造经济学。我们不受条条框框的限制。没有布尔什维克攻不破的堡垒。发展速度问题是由人来决定的。”〔两段引文均摘自彼得·J. D. 威尔斯的《共产主义的政治经济学》(坎布里奇：哈佛大学出版社，1962 年)，第 47—48 页〕

这些工具究竟具有什么样的逻辑地位？它们是否避开了实证经济学应遵守的那条不准做价值判断的禁令？如果避开了，又是怎样做到这一点的？

现实的检验和相关性

在第三编中我们将考察西方经济分析——在其发源地和世界其他地方——的有用性。由此便提出了这样的问题，即“有用性”指的是什么，是否有可以采用的客观的检验标准？

人们长期以来一直习惯于说，“经济学家研究的是经济学”。但实际上经济学家所做的事情是多种多样的。他们为通用汽车公司或国防部工作，力图把成本降到最低限度。他们研究铝矿开采业的竞争行为。他们于1970年为巴基斯坦的经济编制投入产出表。他们为美国经济建立短期宏观模型。他们为只有两种商品的世界建立最优增长理论。

虽然可以证明经济学家所做的这些研究最终是相互关联的，但它们也是高度专门化的，相互之间有很大的区别。因此，最好是把西方经济分析看作是一套专门化的工具，而不是看作一套完整的思想体系。在第八章中，我们将概述这套工具现在所具有的内容。

采取这种观点，可以使我们在两方面享有很大的灵活性。首先，不必宣称，所有工具在所有情况下都同样有用(或没用)。我们可以给不同的工具打不同的分，这取决于是在哪种类型的经济中使用这些工具。其次，可以提出这样的问题，即东方国家或欠发达国家是否发明了不同于西方的、新的有用工具？我们提出这一问题并不需要假定，相对于完整的西方经济理论来说，有一套完整的“社会主义经济学”体系或完整的“欠发达国家经济学体系”。

我们提议使用以下两个标准来检验有用性，一个标准是“现实性”，一个标准是“相关性”。前者涉及解释力和预见力，而后者则涉及与重点政策问题的关系。

某一工具解释力的大小，取决于所讨论的是哪种经济。例如，有关经济波动的宏观理论，对于自给自足的农民家庭经济来说就没有什么价值。有关中央计划经济的最优行政管理理论，对于私人所有制条件下的市场经济也没有什么意义。这些都是极端的例子。较为常见的情形是，经济结构与概念模型的结构有某种相似之处，但绝非完全吻合。在这种情况下，就需要对模型的“现实性”做出判断。在后面几章中，我们将做出许多这样的判断，读者应该用批判的眼光看待它们。

我们把相关性定义为一组概念对政策决定所起的直接作用或间接作用的程度，而这种政策决定在下面规定的意义上是“重要的”。某一工具完全有可能具有现实性，但却没有什么相关性。例如人们可以认为，新古典学派的增长理论对于分析西方国家的实际增长过程是有帮助的。但如果西方国家的经济正在以令人满意的速度增长，或者如果政府所采取的影响增长率的行动被认为是不适当的，那么该理论的政策相关性就很低。很难想得出有相反的情形，即没有现实性而有相关性。除非一概念体系具有解释力，否则它几乎是不能用于规范目的的。

因此，为了对相关性做出判断，我们首先必须回答这样的问题，即“在西方国家的经济中，经济政策的重点问题是什么?”对于这个问题，我们似乎无法给出回答。应该由谁来说一个政策问题比另一政策问题“更重要”呢？难道不是根据个人的主观估计来排轻重缓急的次序吗?

至少在以下两个方面，人们可以找到客观的参考系。首先，人们有时可以估计出某一经济弊病使多少人遭到不利影响，例如经济衰退造成的失业人数，或受物价暴涨影响的人数。人们也可以估计出采取补救措施而可能获得的收益量，例如国民产出因消除关税壁垒而可能增长的数量。假如能做到这一点的话，便可以采用数量标准：凡关系到最大多数人的最大利益的问题，便是应该予以优先考虑的问题。

其次，我们可以借助于经济政策的制定者所做的明确的或隐含的判断。我们可以看一下立法者和行政官员在各种政策问题上所花的时间。这可以看作是“轻重缓急次序的显露”。正像消费偏好的显露那样。我们将在第五章对若干西方国家做这种试验。我们也可以挑选出一组有代表性的负责经济事务的政府官员，比如说美国政府官员，外加一些曾在美国政府中工作过的“局外”经济学家，对他们做一番调查。他们的轻重缓急表在细节上会有所不同，但在大的方面很可能是一致的。也可以在巴黎、莫斯科或曼谷做这种调查，从而得到相类似的轻重缓急表。

很显然，采用上述方法免不了会遇到一些困难。我们提出这些方法只是为了表明，给政策问题排列轻重缓急的次序并不是一件毫无意义的工作；当然，这是一项在某种程度上带有主观性的困难的工作。

是否只有一种经济学？

毫无疑问，存在着各种不同的经济，不过我们暂不讨论这种说法的含义究竟是什么。这是否意味着也有各种不同的经济学？或者经济学从某种意义上说或在某一抽象水平上是不是一种普遍适用的科学，其原理在所有时间和所有地点都是适用的？

西方经济学家对后一问题的回答通常是肯定的。罗宾斯说得很清楚，经济学是一个整体，是不可分割的："有人宣称，经济学的原理具有历史性和相对性，它们的有效性是受某些历史条件限制的，而且它们没有相关性。……这种观点是一种很危险的误解。……实际上，谁都不会对以下一些假设的普遍适用性提出疑问，即假设存在着相对估价的尺度，存在着不同的生产要素，或存在着有关未来的不同程度的不确定性。……只是由于未能认识到这一点，而全神贯注于一些次要的假设，才导致人们接受了这样一种观点，即经济学规律是受一定的时空条件限制的。"①

另一方面，兰格则宣称："经济规律并不是普遍有效的，并不适用于社会发展的所有阶段，它们是受历史限制的规律，只适用于社会发展的特定阶段。"因此也就有"原始商品政治经济学……封建主义政治经济学、资本主义政治经济学以及社会主义政治经济学之分。其中每一种'政治经济学'所研究的只是其社会形态所特有的经济规律，即该社会形态的运行方式，而这种'经济运动规律'也

① 罗宾斯：《论文集》，第80—81页。

就解释了有关的社会形态的出现、发展和衰亡的过程”①。

该问题上的分歧与经济学的边界问题有关。兰格的(或马克思的)“政治经济学”,显然是比罗宾斯的经济学广泛得多的主题,它涉及财产所有权、收入分配以及政治结构等事项。兰格还认为,在资本主义制度下,经济规律是“自发地”起作用的,而在社会主义制度下,经济规律则是以“人为的”方式起作用的。在他看来,自动调节的市场经济与中央指导的经济之间存在着根本性的差别。

读一读东欧其他经济学家的著作,我们就会看到,他们的观点与兰格的观点大致相同。在这些国家,中心问题是运用经济工具来控制经济。经济学家是演员而不是旁观者。虽然西方的成本和价格等概念具有某种相关性,但把它们用于控制方面却产生了一些新问题,这些问题只是在实验室中能够得到解决。从这种经验中,也许会产生一种可以运用的“社会主义经济学”,它不同于以往文献中的经济学。东方的许多经济学家或许也是这么认为的。

人们也一直在讨论西方经济学是否适用于欠发达国家的问题,在讨论中一个又一个工具遭到了否定,被认为不适用于欠发达国家。例如,人们坚决认为,凯恩斯对就业不足的分析不适用于欠发达国家,尽管欠发达国家很明显地存在着严重的就业不足问题。如果这是正确的,那么凯恩斯的标准政策措施对欠发达国家来说

① 奥斯卡·兰格:《政治经济学》,第1卷(伦敦:珀加盟出版社,1963年),第63、94页。很显然,这是兰格担任了波兰计划官员后的观点。早期在美国居住时,他在方法论上的观点似乎较为接近于西方的标准学说。除了他那篇论述市场社会主义的著名论文外,还可参看他的“经济学的范围与方法”,载于《经济研究评论》13(1945—1946年),第19—32页。

也就是不适当的。拉丁美洲的一些经济学家认为,引致拉美国家通货膨胀的结构特征,不同于较发达国家的结构特征,因而标准的反通货膨胀措施只会阻止经济增长,而并不会抑制通货膨胀。国际贸易理论告诉我们,如果两个国家进行贸易的话,那么在正常情况下,两个国家的产量都会增长。而且,在一些简单的假设条件下,这两个国家生产要素的价格会愈来愈接近,对于欠发达国家来说,这意味着劳动的价格将上升,资本的价格将下降。但是普雷毕什(Prebisch)等人否认这样的命题适用于欠发达国家,认为欠发达国家目前的贸易结构给它们带来不了什么利益,反而有可能带来损失。

尽管对西方经济学的攻击是有力的,但现在还看不出已出现了一种新的经济思想体系。对于印度的就业不足、巴西的通货膨胀或哥伦比亚得自国际贸易的利益和由此遭受的损失,我们是否已有令人满意的解释?在任何国际经济会议上都很难就这一点取得一致意见。

因此,究竟是“绝对主义”立场较为正确还是“相对主义”立场较为正确,这个问题是很复杂的。引起争论的问题有:在不同类型的经济中经济学的边界是否一致;西方的分析概念在非西方的经济中是否有用;社会主义国家的经济学家和欠发达国家的经济学家已提出了多少新的分析概念;这些概念是否可以在某种较高的综合中与传统的西方经济学相融合;是否可以把理论模型分成不同的等级,一些模型的应用范围较广,另一些模型的应用范围较窄,从而解决所争论的问题。最后这种方法是西方论述方法论的著作通常采用的方法。这种方法能否加以推广以至也适用于非西方的经济？

比较经济学的含义

西方经济学具有地方主义传统。美国的经济学教科书和经济学课程讨论的主要是美国的经济，辅之以其他西方国家的经济作为例证。英国经济学家通常也以英国经济作为论述的起点，虽然对国际贸易的关注要大于美国经济学家。但是国际贸易课程并没有认真地把“外国”经济纳入课程表。贸易理论仍旧是高度抽象的。即使开展贸易的国家被赋予现实特征，这些国家看起来也像是相互比邻的西方国家。殖民地区仍然是人类学家的活动领域，他们报道给我们的是土著居民的古老经济行为。

20 世纪 20 年代和 30 年代，在俄国革命对知识界的冲击下，外部世界才第一次真正闯入西方经济学。论述苏联经济、比较经济体制、资本主义与社会主义、计划与无计划的著作，陆续问世。此时课程表中新增加的“比较体制”课程，具有很大的描述性，无分析可言，在某种程度上受着意识形态的影响，关心的主要是哪“种”经济可以证明比另一种经济更为优越。因为学术传统具有深远的影响，大学教授的任期又很长，所以那时确立的思想模式和课程安排，现在仍被遵循着。

1945 年以后形势的发展，使“比较体制”课程具有了更为坚实的基础，因为又有了十多个社会主义经济作为研究对象。然而，这种课程却缺乏严格的逻辑性。它们常常是以划分经济“类型”开始，即把经济划分成“资本主义”、“社会主义”、“共产主义”和（直到最近的)"法西斯主义"等类型。先抽象地概述每种类型,然后再把某一经济说成是这种类型的代表。美国和苏联通常是选来代表资本主义和共产主义。英国或瑞典勉强被划入社会主义范畴。法西斯主义习惯上由意大利或德国来代表。

以上划分方法有以下几个缺点。第一,所使用的这些范畴并不很令人满意。法西斯主义是否构成一独特的、紧密结合的经济组织形式,这是令人怀疑的。共产主义代表的也是一种政治学说和一个政党。其唯一的经济意义是马克思对最后富裕时代的到来所做的预卜,在最终到来的富裕时代,经济将具有极高的生产力,以致可以无偿地"按照每个公民的需要"分配商品。究竟按照什么标准把瑞典划归社会主义,而其他西方国家仍为资本主义,是很不清楚的;因而在这一意义上,究竟是否有社会主义的一般模式,这很值得怀疑。

第二,把某一国的经济硬往理想类型上套,是犯了具体性不当的错误。纯粹的类型只出现在人们的头脑中。从遵守某一组织原则或控制原则这个意义上说,没有哪个实际存在的经济构成一种"体制"。实际存在的经济是历史的产物,是各种不同控制原则的大杂烩,是随着时间而变化的混合物。这种生搬硬套的做法还包含着某种危险。如果像许多经济学家那样,人们被竞争性的市场经济模式所吸引,那人们几乎不可避免地会认为,实际存在的资本主义经济具有该模式的优点。同样,人们会认为,苏联和东欧的经济具有完全集中的"统制经济"所遇到的那些困难。这鼓励了那种有关"资本主义与社会主义"的争论,在这种争论中,模式与现实不可挽回地搅在了一起,而得不出任何建设性的结果。

第三，对经济做植物学式的分类意味着，属于某一类别的经济是非常相像的，这会减少人们探索其显著差别的兴趣。“苏联式经济”或“中央计划经济”这一标签，模糊了目前在东欧各国，以及南斯拉夫、古巴或中国所进行的制度改革的界限。西方各国的经济也存在着差别。谁也说不清哪个西方国家的经济是资本主义的最典型的代表；画一幅模糊不清的“典型”资本主义经济的画像来抹杀西方各国经济之间的差别，也是徒劳无益的。

假如有谁怀疑实际经济的多样性，那他可以做以下实验：把国民经济的五十个可测特征函数输入计算机，仔细消除所有“体制”标签。然后建立回归方程来解释我们可能感兴趣的那些运算特征函数，如资本形成总额在国民生产总值中所占的百分比，教育服务产量在国民生产总值中所占的百分比，制造业厂商的平均规模，等等。通常无须借助于“体制”范畴便可以获得很好的统计上的解释。最重要的自变量常常是人均收入这一粗略反映发展水平的指标。的确，人们可以假设，一国的经济结构和成就同其人均收入水平的关系要比同其财产所有权和其他制度特征的关系更为密切。①

第四，传统的划分方法完全是静态的。按照这种方法，我们可以给某一经济一劳永逸地贴上一个标签。但各国的经济总是在发生制度变化，而且一般的变化方向问题是个令人很感兴趣的问题。

① 发展水平常常比“体制”差别更为重要，这一思想贯穿于弗雷德里克·普赖克的著作，我们在下面几章将讨论普赖克的著作。贝拉·巴拉萨也强调了这一思想，可参看他的论文“半工业国家的增长战略”，载于《经济学季刊》，1970 年 2 月，第 24—47 页。

经济体制的研究者必然已注意到了最近就“收敛假说”展开的讨论,因而不会不知道动态问题。但动态问题却一直没有得到应有的重视。

最后,传统的划分方法反映的是1945年以前的情况,那时确实可以把欧洲和北美洲看作是经济世界的主要组成部分。它没有考虑亚洲、非洲和拉丁美洲国家的经济,尽管世界的大部分土地和人口属于这些国家。可以说,在课程表中,这些国家的经济是由经济发展课程来照管的。但这在某种程度上是人为的划分。所有国家相对于其经济潜力来说都是不发达的,大多数国家都正在以这种方式或那种方式发展或试图发展经济。中国和古巴的增长问题与印度或牙买加的增长问题没有什么不同。看来,比较经济学课程应设法考虑到世界上所有国家的经济。

如果我们认为对各个国家的经济进行比较是有益的,但认为传统的“比较体制”课程有缺陷,那我们能得出什么样的教训呢?到底应该给“比较经济学”增添什么新内容呢?我们将在第十章讨论这个问题。这里,我们只列出以下一些可能性,而不加任何评论,以期引起读者的兴趣:

1. 提出一种用来描述国民经济的一般概念图式,它适用于所有具体经济。

2. 比较各种理想的经济类型,其中包括我们目前的清单中所没有的新类型。

3. 比较具体的国民经济,承认这是一项与上面第二项工作完全不同的工作,其中包括评价经济成绩。

4. 撇开“体制”范畴进行多国抽样分析,分析经济结构和经济成绩的一些特定方面。

5. 就一些主要题目进行多国抽样分析，如：

a）各种各样的“经济计划”；

b）在现实经济中“市场控制”与“行政控制”的各种不同混合；

c）有关资本主义和社会主义经济随着时间的推移在某些方面正在相互接近的假说。

展　　望

我们即将从事的研究分以下三个方面：第一，我们将考察不同种类的国家的经济结构和经济政策的主要特征。这是经济比较的一项基础性工作。第二，我们将考察上面提出的有关经济学的范围和方法的问题，即如何根据整个世界的经验而不是仅仅根据西方的经验来看待经济学的范围和方法。第三，我们将考察比较经济研究的新倾向。

我们认为，这三方面的研究工作是相互补充、相互促进的。但因为无法同时讨论所有事情，所以我们将按以下顺序进行：

第一编讨论经济组织。在这一编的结尾，我们将从总的方面指出资本主义经济、社会主义经济和欠发达经济的运行特征。

第二编致力于分辨出各类国家最优先的经济政策问题。在这一编的结尾所做的概括性比较表明，三份清单大不相同。对一类国家来说是最紧迫的问题，一般对另外两类国家来说却不是最紧迫的问题。

在论述了上面两个问题后，我们在第三编中将考察西方经济理论的主要工具在社会主义国家和欠发达国家的用处。

在第四编中，我们将考察本章提出的问题。第十章探讨比较经济研究可能开辟的新的研究方向。第十一章考察前面提出的“范围和方法”的问题。第四编中的观点在某种程度上必然是主观的、任意的，而且很容易引起争论。我们的目的不是要使读者相信某一种观点，而是要激发人们思考和讨论某些问题，这些问题有时被认为已得到了解决，但实际上并没有得到解决，它们对于经济学成为一门世界性学科具有重要意义。

第一编　经济组织

第二章 资本主义经济

我们的第一项工作就是为了进行比较而给世界各国的经济分类。这里我们关心的不是理想的类型，如竞争性市场经济、统制经济、市场社会，等等——虽然我们将在第十章中考察这些概念的用处。毋宁说，我们需要的是对实际经济进行经验上的分类。

我们所建议采用的分类方法是大家所熟悉的，甚至是不言自明的。它把经济分为三类：西方的已被修改的资本主义经济、东方的社会主义经济以及亚洲、非洲和拉丁美洲的欠发达经济。更为具体地说，这些范畴的内容是：

1. 改变了形态的或“混合”资本主义经济。这类经济的特征是：多元化社会加多党政治；较高的工业发展水平和人均产量；具有内在的持续增长能力；公共部门很庞大但并不占统治地位；私人市场和“现代”经济制度都在精心安排下得到发展。从地理上说，属于这类经济的有美国、加拿大、澳大利亚、新西兰、日本、南非以及欧洲的非共产党国家（可以把希腊、西班牙以及葡萄牙看作是这类经济的半发达成员或准成员）。

2. 社会主义经济。这类经济的特征是：多为一党统治的政治制度；非农业部门由国家经营，在某些国家农业部门也由国家经营；经济实行集中管理，但也进行分散经营的试验；生产结构处于半工业化状态，农业仍具有重要地位；同西方相比，这些国家之间的人均产量水平差距较大，而且平均产量水平较低；致力于经济增长和增长能力的建立。从地理上说，属于这类经济的有苏联、东欧各国、中国以及蒙古、朝鲜和北越等亚洲小国，外加古巴。

3. 欠发达经济或国家。这类经济的特征是：普遍实行一党政治或军人独裁，政局不稳，行政管理能力有限；公共部门很小；经济按地理区域以及现代行业和传统行业分为若干部分；工业发展水平有限，农业仍占支配地位；人均产量较低，各国间人均产量的差距大于另外两类经济；"经济规模"很小，严重依赖于对外经济关系；通常尚未表现出具有增长能力。从地理上说，属于这类经济的有中美洲和南美洲的所有国家、除南非外的所有非洲国家、除日本和社会主义国家外的所有亚洲国家，以及散布在世界各地的许多小岛国(如牙买加、特立尼达、毛里求斯、斐济，等等)。

以上分类方法似乎要优于任何其他可以提出来的经验分类方法。与此同时，它也有以下几个显而易见的困难：每一范畴内的国家复杂多样；某一国家应该属于哪一类，常常不很清楚；我们所提议的每一类经济的名称不一定合适。

某一范畴内的国家在许多重要方面存在着差别。欠发达国家的情况尤其是这样。人们也许想知道，把伊朗、乌干达和阿根廷归为一类是否有意义。大多数研究发展经济学的学者都认为，最好是把欠发达国家再细分一下，以使每一小类中的国家取得更大的同质性。我们准备用以下两种方法对付这一困难：第一，我们将把注意力集中在每类经济的中值行为上，而不是集中在各个国家的特征上。第二，当某一方面存在巨大差异时，我们将努力指出差异的程度。

虽然大多数国家都显然属于某一范畴，但情况也并不总是这样。举例来说，我们把南斯拉夫归入社会主义类，但它很显然是社会主义的叛逆者。在东西方的统计比较中，有时也确实把它算作“西方”经济。从人均产量来看，以色列应算作发达国家而不是欠发达国家，但它的制度特征却与西方工业国家有很大差别。

前面提到这样一些社会主义国家，在这些国家，农业占据着支配地位，人均收入水平很低，中国、亚洲的其他社会主义国家以及古巴的情况就是这样。有人也许认为，应把这些国家归入欠发达经济类。我们的分类反映的是这样一种判断，即在社会主义体制下，这些国家很可能会走一条迥然不同于其他欠发达国家的增长道路。但其他学者尽可以不同意这种判断，或不同意把这种判断当作分类的主要依据。

“较发达”和“欠发达”国家之间的界线，纯粹是按照传统方法划定的，也就是说是以人均收入为标准的。还有一些中等收入的国家，既可以划归较发达国家，也可以划归欠发达国家，或者干脆把它们看作是单独的一类，称其为“半发达”经济。而且，随着人均收入的增加，它们可以从欠发达国家这一种类“毕业”。最近毕业的例子有希腊、以色列、墨西哥和伊朗，另一些国家在不久的将来也会毕业。

最后是名称的问题。所有人们熟悉的那些名称都具有政治色彩。在写作过程中，我们曾考虑过使用从地理学那里借用的中性词，即“西方”、“东方”和“南方”。但后来经过考虑，感到使用这样的词太矫揉造作了，况且从地理学的角度来看也并不完全正确。我们最后认为，这里使用的名称，虽然不是很好，但至少不比其他可以选用的名称差。

“资本主义经济”指的显然既不是经济学教科书中所假设的自由市场经济，也不是19世纪的较为自由放任的体制。现在所有西方国家都具有相当庞大的公共部门，都对经济事务进行多种形式的政府干预。我们使用“混合经济”、“受限制的”或“受调节的”资本主义经济等名称，就是为了承认这一点。虽然为了简洁起见我们通常会省略这些修饰语，但读者应记住我们的实际意思。

有些比较经济体制方面的著作认为，某些西方经济已大大不同于其他西方经济，应该把它们归入“社会主义”经济类，而不是“资本主义”经济类。为此而挑选出来的例子通常是瑞典和英国。我们不同意这种看法，其理由将在下文中说明。相反，我们认为，在所有西方国家资本主义因素都仍然占据着支配地位，虽然一些西方国家无疑比另一些西方国家是更为“纯粹”的资本主义。

苏联和其他东方国家的经济学家，通常把他们的经济称为“社会主义”经济。在许多西方社会主义者看来，这是有问题的，他们感到，东方国家的政治经济结构完全不同于他们的理想，因而认为不应允许这些国家借用一个在西方具有悠久而不同传统的名称。部分由于这一原因，许多西方学者宁愿把这些经济称为“计划”经济，或“中央计划”经济，或“共产主义”经济。但这些名称也很不妥当。“计划”这个词意思很不明确，几乎每个国家都有不同意义上的和不同程度上的计划。就连东方各国之间的计划体制也有很大不同。“共产主义”这个词具有各种各样可能的含义：执政党的名称；该党所主张的政治哲学；所预卜的将要到来的黄金时代，到那时将可以“按照每个公民的需要”无偿地分配商品。然而，它并没有描述任何具体的现存经济组织制度。

由于以上原因，我们决定因袭东方的习惯，使用“社会主义”这一名称。不管怎么说，不同意这一名称的读者心里要明白我们描述的是哪类经济。

对世界上的穷国有各种各样的叫法。“第三世界”或“南方国家”这样的名称似乎有点异国情调。“原始生产经济”可以较好地描述一些国家的情况，却不适用于另一些国家。“不发达国家”这个名称曾一度被采用，但仔细想想，它实际上是毫无意义的。“发展中国家”这个名称不那么准确，因为许多这样的国家实际上处于不发展状态。因此，“欠发达国家”这一名称可以看作是缺点最少的选择，而且现在这一名称似乎已流行起来。

上面已给各类经济下了定义，起了名称，我们下一步准备做什么呢？在第一编，对于各类经济，我们将提出以下问题：它们具有什么样的性质？它们是怎样被组织起来的？它们是如何运行的？对于这些问题，已有大量文献做过论述，我们再来简略地讨论它们，也许显得有些冒失。但每个观察者都会以不同的眼光观察经济世界，而且也许会发表一些新见解。很显然，我们将不得不精选出经济世界的主要特征加以论述，而次要特征和细枝末节只能略而不论。我们将努力把注意力集中在从某种意义上说具有分析意义的特征上，也就是说要努力抓住要害。

说出一些有关西方经济的新东西，似乎特别困难。我们大多数人都生长在这个西方国家或那个西方国家，都对西方经济的运行有直接感受。我们在本章中将试图使读者记起他已经知道的主要事情。

表 2.1　1860—1966 年某些国家公共部门的规模指标

国别	政府消费支出占消费支出总额的百分比			政府固定资本形成占固定资本形成总额的百分比		政府转移给家庭的款项占家庭收入总额的百分比
	民用	军用	合计	一般行政	公共部门	
	(1)	(2)	(3)	(4)	(5)	(6)
澳大利亚	10.3	3.8	14.1[a]	——[b]	35.4	7.4
比利时	12.1	3.8	15.9	12.3	——	12.4
加拿大	13.7	5.0	18.7	18.0	29.5	11.4
丹麦	15.1	3.4	18.5	11.9	22.8	9.3
芬兰	17.0	2.3	19.3	20.0	37.4	8.5
法国	11.2	6.1	17.3	12.9	37.1	17.6
德国(西)	15.4	5.3	20.7	16.2	——	15.3
意大利	14.4	3.3	17.7	13.6	——	13.6
日本	——	——	14.3	——	29.5	5.3
荷兰	15.3	5.4	20.7	18.8	35.0	14.0
新西兰	14.8	2.6	17.4	——	38.7	8.5
挪威	16.9	4.6	21.5	13.5	28.8	——
南非	——	——	15.2	17.8	41.7	3.0
瑞典	18.7	5.8	24.5	16.0	41.2	11.1
英国	13.1	7.3	20.4	12.3	43.3	8.7
美国	12.3	10.8	22.8	15.7	18.2	6.5
所有国家的平均值	14.6	4.8	18.6	15.7	35.4	9.3

a. 不包括道路维修，道路维修费计入资本形成。

b. 横线表示未得到有关的数据。

资料来源与方法：资料取自《联合国国民核算统计年鉴》。表中的数字为 1960—1966 日历年的平均数。除第(5)栏的数字外，所有数字只涉及一般行政支出，不包括公共企业和公共公司的支出。第(6)栏指的是课征所得税之前转移支付占个人收入总额的百分比。

中等规模的公共部门

虽然西方经济常常被称为“私营企业”经济，但公共和准公共商品的产量却很大，而且所占的比重在不断增长。在大多数国家，公共部门还包括一系列国有化工业部门，尤其是铁路运输、电力生产以及其他“自然垄断部门”。

怎样才能计算出政府在西方经济中的重要性呢？最常用的计量标准，即税收占国民收入的百分比，并不很令人满意。税收告诉人们的是财政资金流量而不是生产活动，这种资金流量中通常包括大量转移支付。如表 2.1 所示，更为有意义的是另外三项指标：(1)政府消费支出在消费支出总额中所占的百分比，表明了私人商品和公共商品在家庭消费构成中的相对重要性；(2)资本形成栏提供了两项指标，来说明政府的资本形成在国内资本形成总额中所占的百分比；(3)最后一栏说明了家庭收入中有多大比例来自转移支付而不是来自在市场上出售生产性服务。由此我们可以粗略了解政府的收入分配职能。

总的来看，政府消费支出约占消费支出总额的 20%，其中 15%用于行政部门，5%用于军事部门。各个国家的政府消费支出所占的比例有一定差距。例如，政府行政部门的支出在比利时、法国和美国较低，在斯堪的纳维亚各国和西德较高。军事支出方面的差距则较大，这是可以预料到的，因为各国在面积、地理位置和对外政策目标等方面都是不同的。美国的军事开支比例远远高于任何其他西方国家，而芬兰、新西兰和日本的军事开支比例则低得出奇。

这些数字仅仅涉及一般行政部门。要是也有关于公共部门的资料就好了。公共部门包括公共公司以及其他半自主企业。因为联合国的国民核算方法是按产品类型而不是按所有制形式来给产出分类，所以没有现成的有关公共部门的资料。在这种情况下，不得不根据原始资料来分别为各国进行计算。

关于资本形成情况的第(4)和第(5)两栏，说明了这两个概念间的实质性差别。就所有西方国家来说，一般行政部门在固定资本形成总额中所占的比重平均约为16%。但是如果把公共公司包括在内的话，这一比重则将上升至35%。这部分是由于运输和电力部门的资本产出比例特别高造成的。但人们不会感到奇怪，就所有资本主义国家的平均值来说，公共部门的产出约占总产出的30%。①

人们一直非常注意政府在重新分配个人收入方面的作用。收入的再分配意味着收入的均等化，因为得到社会保险金和福利金的主要是收入最低的阶层。保险金和福利金在个人收入中所占的比重，在各个资本主义国家有很大不同，这部分取决于社会保险制度存在的时间的长短。一般说来，这种制度存在的时间越长，在这种制度下转移支付的相对重要性就越大。

① 根据库兹涅茨对十个西方国家所做的估算，运输、通信、电力、煤气和自来水的产出约占国民生产总值的10%。在大多数国家，公共部门的主要组成部分正是这些行业〔西蒙·库兹涅茨：《现代经济增长：速率、结构和传播》(纽黑文：耶鲁大学出版社，1966年)，第128页〕。不过，公共部门在消费产量中所占的比重却没有公共部门在资本形成中所占的比重那么高。这是因为电力生产、铁路运输、河流开发以及公共房屋建设等都是资本高度密集的生产活动。

政府的转移支付在家庭收入中所占的百分比，如第(6)栏所示。所有资本主义国家的中位数为10%弱。美国、日本、南非、澳大利亚和新西兰最低，而比利时、荷兰、意大利、法国和西德最高。后一组国家的比例较高，部分是由于这些国家的家庭补贴制度较为慷慨。

表2.1涉及这样的问题，即在一些西方国家，政府的作用是否已如此巨大，以致可以把它们划归“社会主义”，而其余西方国家仍属于“资本主义”。很显然，不同的指标带来不同的结果。从公共货物的产量来看，挪威、瑞典和英国似乎“社会主义”色彩较浓，但美国也是这样，因为美国公共品的产出所占的比例在这些国家中处于第二位。而按照这一检验标准，澳大利亚、南非和日本则是“资本主义”色彩最浓的国家。然而，若按照资本形成比例来排列，则是另一种情形，读者可以自己排列一下。最后，收入再分配栏表明，法国、意大利和西德具有最强烈的“福利国家”特征，而美国、日本、澳大利亚和南非的收入再分配比例则最低。只有西德和瑞典两个国家的全部政府活动比率高于平均值。

我们由此而得出结论，现在尚无明确的标准来给西方国家进一步分类。它们都是“混合经济”，大部分生产掌握在私人手中，但其中注入了大量政府活动。①

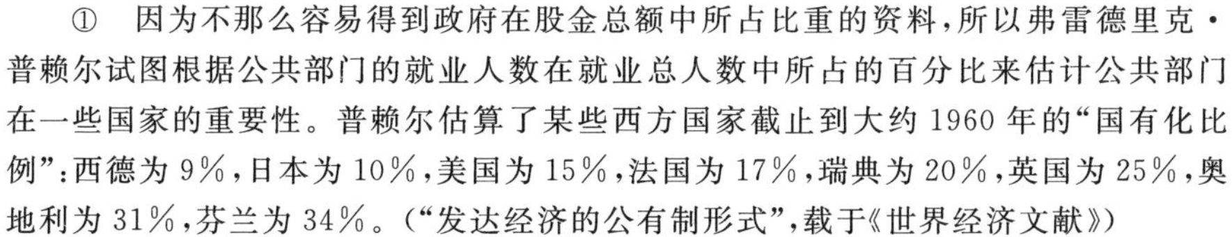

①　因为不那么容易得到政府在股金总额中所占比重的资料，所以弗雷德里克·普赖尔试图根据公共部门的就业人数在就业总人数中所占的百分比来估计公共部门在一些国家的重要性。普赖尔估算了某些西方国家截止到大约1960年的“国有化比例”：西德为9%，日本为10%，美国为15%，法国为17%，瑞典为20%，英国为25%，奥地利为31%，芬兰为34%。(“发达经济的公有制形式”，载于《世界经济文献》)

通过市场进行协调

在西方国家，大多数产品和大多数生产要素都在私人市场上按自由价格买卖。消费者和工人的偏好、要素供应、产品和生产技术等基本资料的变化结果，都反映在私人市场上。从长期来看，垄断力量的存在和市场的不完全一般并不使价格和数量的调整偏离“正确”方向，虽然确实会影响调整的规模和时间。从这个意义上说，正是市场网络协调了经济，确保了根据经济变化进行适当的调整。

然而，承认“有效的”市场机制的存在，很容易把这种市场机制等同于经济理论中的完全竞争模型。任何把这两者相等同的做法都是没有根据的。我们不能认为实际的市场经济具有假设的完全竞争的各种优点。某个国家的经济在某一时刻究竟在多大程度上类似于竞争模型，这是个与事实有关的问题，需要进行多方面的仔细考察。

消费者的自由**选择**与消费者**主权**并不是一回事；它也不一定导致唯一的最大福利状态。正如加尔布雷思等人所强调指出的，产品革新源于生产者；虽然消费者有一定的否决权，但他们却几乎没有动议权。消费者偏好的根源也模糊不清——实际上，经济学家通常拒绝研究这一问题。但是，时尚、竞相仿效以及无休无止的广告宣传，显然是很重要的。若宣称消费者可以得到他们“真正想要”的东西，或者宣称他们在现有的资源供应下可以获得最大的满足，那需要在信仰上来一个大的飞跃。较为适宜的说法是，自由选择——“犯错误的权利”——具有某种与其后果无关的价值。

在讨论实际存在的竞争时，人们往往把很大的注意力，也许是过大的注意力集中在产品市场上卖方的集中程度上。卖方的集中程度显然是因国而异、因部门而异的。就重工业部门来说，因为最优的工厂规模相对于市场规模而言较大，所以该部门是天然的寡头垄断领域。另一方面，就零售业和服务业来说，最优规模则较小，因而卖方的集中不那么普遍。

各国之间又有哪些差异呢？在考察这一问题的一部早期著作中，[①]贝恩比较了八个国家的许多制造业中工厂的规模、工厂的集中程度以及公司的集中程度。这八个国家是：美国、加拿大、英国、法国、意大利、瑞典、日本和印度。这种比较受到了以下事实的阻碍，即在日本和印度，甚至某种程度上在欧洲各国，存在着“双重”工业结构，许多工厂小得无法进行工业调查。贝恩比较的实际上是“现代”部门，不包括家庭手工业以及其他很小的企业。

所以无怪乎，就大多数工业部门来说，美国工厂的绝对规模远远大于其他国家工厂的规模。只有英国接近于美国工厂的平均规模。在所考察的大多数其他国家，工厂的规模仅仅是美国工厂规模的 1/4～1/3。但当人们把视线转向工厂的集中程度——一定数目的大工厂的产出占工业总产出的百分比——时，调查结果则完全相反。其他国家工厂的集中程度远远高于美国工厂的集中程度，而较小经济（加拿大、瑞典、印度）工厂的集中程度更高。公司的集中情况大致与此相同。美国和英国公司的集中比例最低，日

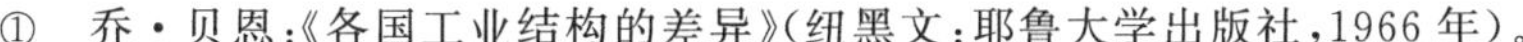

① 乔·贝恩：《各国工业结构的差异》（纽黑文：耶鲁大学出版社，1966 年）。

本的比例也几乎同样低。其他国家按从低到高的集中比例排列，其顺序为：法国、意大利、加拿大、印度和瑞典。

以上调查结果提出了一些有趣的问题。如果认为所有西方国家可以获得相同的技术，那为什么各国之间工厂的规模具有那么大的差异呢？造成这种状况的原因也许是：(1)长期平均总成本曲线一般可能呈茶碟状而不是茶杯状，因而允许工厂规模有较大差异，而并不会对单位成本有什么影响；(2)各国之间的要素价格比率可能有很大差异，以致即使在相同的技术条件下，工厂的最优规模也有很大差异；(3)新技术从创造力较高的国家向创造力较低的国家传播，可能需要很长的时间；(4)由于资本积累率不同，从而股本的平均寿命也不同，因而所“包含的”技术也就可能不同；(5)各国的政策不同可能也有一些影响。美国、加拿大和英国强调维护竞争，而大多数欧洲国家则赞同卡特尔化。在后一组国家，卡特尔协议可能有助于保护规模较小的、效率较低的企业。但是正如贝恩所强调指出的，要得到令人满意的解释，还需要做进一步的研究。①

考察一下卖方的集中程度在某一国家随着时间的推移是增加

① 弗雷德里克·普赖尔教授正在从事这方面的一项雄心勃勃的研究计划，他已把某些初步研究成果告诉了我。这项研究涉及大约30个国家，其中包括东欧的几个国家和苏联。普赖尔发现，就某一工业部门来说，工厂的一般规模是与国民经济的规模成正比的。国民经济的规模较大，钢铁厂和纺织厂的规模也较大；而国民经济的规模较小，钢铁厂和纺织厂的规模也较小。颇为有趣的是，这一模式不仅适用于资本主义经济，而且也适用于社会主义经济。不过，捷克斯洛伐克和匈牙利却偏离了这一模式，其工厂远远大于按照其经济的规模而应具有的规模。当然，在社会主义国家，工厂的规模是政策的直接表现，因为工厂是按照行政命令扩建或合并的。

还是减少，这也很有趣。考察结果将取决于：(1)各经济部门——例如美国经济中已被做过大量调查的制造业部门——内部的发展趋向；(2)在经济增长过程中，各部门所占比重的变化；(3)国际竞争对国内生产者的影响，自 1945 年以来，这种影响再一次不断增加。由于欧洲经济共同体各成员国之间降低了贸易壁垒，这些国家制造业部门内的竞争显著增强了；美国的各主要工业部门也感受到了日益加剧的国际竞争的冲击。

在目前的知识水平下，只能得出不可知论的结论。至少自 1900 年以来，美国一直流行这样的预言，即“竞争将减少”，做这样的预言似乎为时尚早。要想适当地检验这一假说，需要掌握比现在多得多的资料，其中包括有关市场结构的资料，而不是有关卖方集中程度的资料。

进一步的问题是：假如我们知道西方国家的经济结构正在发生什么样的变化，那我们又应该如何评价这种变化呢？对于产品市场上垄断力量(假如存在的话)的增长，是应该表示赞同(熊彼特)，还是应该表示满意(加尔布雷思)，还是应该表示坚决的反对(施蒂格勒和弗里德曼)？从资源分配的角度而对这一问题展开的争论已陷入了僵局。实际上，在静态水平上所能够说的都已经说了，人们怀疑垄断力量扭曲资源分配的程度从数量上说是否具有重要意义。

所以，在过去二十年，人们的注意力已转向了熊彼特首先提出的那个问题，即垄断组织是否比竞争组织更有利于研究和发明，从而有利于成本和价格的长期下降？迄今为止的研究成果尚未明确显示出熊彼特的观点是否正确。这方面的研究只是刚刚起步，今后无疑会得到加强。

把注意力全部集中于产品市场，会使人忽略要素市场，特别是劳动力市场的同等重要性。[①] 在工业化的早期阶段，劳动力市场通常很不完善。教育方面的障碍，从而职业流动方面的障碍很高。而工人对市场的了解和市场的人工管理程度则很低。在某种程度上，市场的不完善使雇主享有既得利益，因而他们对改变这种状况不积极。所以改善劳动力市场状况需要政府采取行动，自 20 世纪 20 年代以来，特别是自 1945 年以来，人们已很清楚地认识到了这一点。政府在这方面所做的工作通常先是设立职业介绍所，进而便提供教育补贴，进行职业预测，开展职业培训，实施成年工人再培训计划，帮助工人实现跨地区流动，最终导致实施了像瑞典那样的全面“劳动力市场政策”。

另一个大趋势是，愈来愈多的体力劳动者和在较小的程度上愈来愈多的白领工人，加入了工会组织。工资率越来越多地是由谈判决定，而不是由雇主单方面决定。这在多大程度上改变了工资的具体结构，还很难确定。至少在美国，很多人已取得了一致意见，认为工资的结构变化虽然很大，但并不像人们凭空想象的那么大——举例来说，做以下假设就是没有根据的，即每个工会都力图最大限度地增加工资总额。工会官员似乎经常是劝说人们满足，

① “无论从哪一种观点来看，工人所感觉到边际负效用都与消费者感觉到的边际效用同样重要。……工人主权所不反对的消费者主权，是一种叫人费解的暴政，即一个人以自己的一个方面对自己的另一个方面施暴政。‘给老板颜色看’的自由以及罢工的自由，不仅是一种基本的政治自由，而且还是福利经济学的一个不可分割的但常常遭到忽视的组成部分。”（怀尔斯：《共产主义政治经济学》，第 97 页）

而不是力图最大限度地增加工资，他们这样做是有其理由的。至于劳动力在各个行业和职业间的流动，工会运动的直接影响似乎也并不是很大，虽然工资谈判可能在很大程度上间接地影响了就业机会的分配。总的说来，人们很容易夸大工会运动的影响，而忽视工人偏好、雇主偏好以及政府建立的各项劳动市场制度的影响。工会最重要的职能是保护工人免受雇主的专横对待，这对劳动市场的结构几乎没有什么影响。

因此，对于大家所熟悉的那一论点，即资本主义国家在过去的一个世纪已从“竞争性的”经济转变成了“有组织的”经济，半垄断性质的私人集团的力量已有显著增长，我们应做很大的保留。虽然这一论点很可能是有道理的，但却很容易夸大和过分简化它。

侧重于城市的生产结构

经过一两个世纪的持续增长后，资本主义经济现在已达到了较高的人均收入水平。正如库兹涅茨用统计数字所证明的，伴随着富裕程度的不断增长，生产结构发生了有规则的变化。[①] 农业在国民产出中所占的比重不断下降，制造业的比重不断上升但最终却趋于稳定，政府服务不断增长，私人服务活动表现出不同的发展趋向。从所产生的收入来看，目前西方经济的典型模式是：农业占 10％；“工业”（其中包括制造业、建筑业和公用事业）占 50％，其中制造业约占 1/3；政府服务稍低于 20％；私人商业和服务活动稍

① 库兹涅茨：《现代经济增长》，第 4 章。

高于20%。但各个国家又有很大的差异。例如,在加拿大和丹麦,农业约占国民总产值的15%,但在英国和美国,却只占大约5%。

随着收入水平的提高,上述比例的变化幅度必然会缩小,各部门在总产出中所占的比重将趋于稳定。农业产出绝不会降至零。家庭服务则会降至零。专业性服务和其他个人服务,以及政府服务,可以看作是无限扩展的部门。可是一旦农业和家庭服务的劳动供给被榨干,所需要的劳动又从哪里来呢?主要来自以下几个方面,即制造业的不断自动化和制造业工人的不断减少,日常办公劳动的自动化,以及零售和服务企业平均规模的增大。这类企业规模的增大,将减少对劳动的需要量。

农业产出的较慢增长,加上农业生产率的不断提高,最终将导致农业劳动力的绝对减少。乡村和作为农业人口市场中心的小城镇将趋于萎缩,而汽车运输发达的大城市将把小城镇的零售和服务职能接管过来。愈来愈多的人口将集中在大城市内。因为城市居民消费的人均公共服务多于农村居民,所以公共品产出的迅速增长部分地要归因于城市化水平的不断提高。人口的日益集中产生了众所周知的各种不经济现象:空气污染和水污染,噪音,运输困难,住房拥挤,清静生活受到干扰,无法进行户外娱乐活动,贫困和犯罪集中于某些地区。库兹涅茨令人信服地证明了,高度城市化的经济虽然产出增长显著,但其中一部分却被上述不经济现象所抵消,因而福利的增长速度并不像国民生产总值数字所显示的那么快。在建立文明城市方面,一些国家要比另一些国家更为成功,但这种工作无论在哪里都是很复杂、很费钱的。

内在的增长能力

在所有西方国家，人均产量长期以来都一直在增长，而且可以预期将来仍会继续增长。经济增长已成为常规。人均产量现在较高，正是因为它过去增长了很长一段时间的缘故。增长率并不是高得惊人。根据库兹涅茨的计算，在1860—1960年这一百年间，大多数西方国家国民生产总值的年增长率为3%～4%，人均国民生产总值的年增长率约为2%。然而，自1945年以来，平均增长率则较高——国民生产总值为5%强，人均国民生产总值约为4%。这部分是因为政策措施制伏了1945年以前的"商业周期"。

各国之间的差距是很大的。英国和美国的增长率一直较低。另一方面，自1950年以来，日本的人均产出则以每年高于8%的比率增长。一般说来，人均收入低的国家要比人均收入高的国家增长快。因此，在资本主义集团内，国与国之间人均收入方面的差距正在缩小。

虽然大家都知道增长的源泉是什么，但却不那么好从数量上确定它们的重要性。增长的源泉包括：(1)通过普通教育、专门的职业培训以及健康和营养状况的改进，劳动力的质量不断提高。(2)经济的协调机制——各企业的管理和企业间通过市场所进行的协调——不断得到改进。(3)产品和生产方法的革新率较高，从而使资本积累速度较快，而并不降低资本的边际收益。(4)储蓄率较高，而且愈来愈制度化，从而在某种意义上是"无痛苦的"，以致资金供应并不严重抑制投资欲望。同产出增长率一样，各国之间的投资率也有很大差距。战后时期，英国和美国的总投资平均占国民生产总值的20％弱，而日本则一直保持在30％以上。(5)整个经济的规模收益或许也在不断增加。

虽然从统计学上说可以对以上要素进行分离，但在现实中它们却是高度相互依赖的。若投资需求不足，便无法达到预期的（充分就业）储蓄水平，若没有技术进步，便不会有活跃的投资局面，若管理人员、工程师和工人的技术不提高，较复杂的设备便不会运转。进行统计学上的分解，等于是歪曲类似于生物过程的增长过程。

经济进步不仅使人均产量增加，而且还为教育和闲暇活动提供了更多的时间。在工业革命的最初几十年，每周工作时间为70或80小时，现在大多数西方国家的每周工作时间则已降至40～45小时。带薪休假的普及进一步减少了每年的工作时间，在美国，就连钢铁工人和其他工人每隔七年也可以休假一年或半年。* 至少在美国，总的说来，劳动力参与率并没有降低，但各年龄组和性别组的参与率却发生了令人感兴趣的变化。年轻人现在花在教育上的时间要比五十年前多得多，开始工作的时间则晚得多。老年人的退休年龄大大提前了。大批35—65岁的不用再照管孩子的妇女加入了劳动力大军，这抵消了劳动力大军中年轻人和老年人的减少。同1900年相比，这种新的劳动力参与模式无疑更加接近于满足个人偏好。在这个意义上，福利也增加了。

---

* 一般只有高等院校的教师才享有这种权利。——译者注

通过贸易所产生的强大相互作用

大多数西方国家都出口很大一部分国民产出。法国、德国和意大利的出口与国民生产总值的比率为15%左右，斯堪的纳维亚各国约为20%，比利时和荷兰为30%以上。美国的比率低于5%，但因为美国的经济规模庞大，所以美国仍为世界上最大的贸易国。

而且，这种贸易关系正在日益加强，而不是日益削弱。就大多数西方国家来说，现在贸易与国民生产总值的比率都高于一个世纪以前。英国和美国的情况则与此相反，但这似乎是例外情况，而不是“贸易衰退原理”的证明。

资本主义国家的出口占世界出口总额的2/3以上，而其中大约70%是它们相互间的贸易。自1945年以来，这种西方内部的贸易要比一般的世界贸易增长快得多。因此，从某种重要意义上说，西方国家是世界经济的重心。

在这方面，西方国家显著地不同于社会主义国家和欠发达国家。从历史上说，后两类国家一直处于世界经济发展中心的边缘，这给它们的经济打下了深深的烙印。在经济发展方面，俄国是个“后来者”，远远落后于法国、德国和瑞典，更加落后于英国和美国。目前的大多数东欧国家1919年以前尚不是独立的国家，甚至到1945年，某些东欧国家仍处于发展的初期阶段。对于这些国家来说，关键问题是如何加强它们相互之间的以及与西方国家的贸易关系，并使这种关系合理化。

欠发达国家也面临着相同的问题。它们传统上是向西方国家供应原料,从西方国家进口工业品。它们在经济上依附于西方国家,政治上从属于西方国家。有人认为,这种政治和经济的依附关系,非但没有加速欠发达国家的发展,反而是阻碍其发展的一个重要因素。随着政治殖民主义的实际消失,以及新独立国家民族主义情绪的高涨,"贸易与增长"问题已被尖锐地提了出来。是否应削减与前殖民列强的贸易?是否能使这种贸易更加有利于欠发达国家?

我们将在后面讨论这些问题。这里我们提到它们,只是因为它们的存在产生于西方国家在世界经济中所占的支配地位。

新的不稳定取代了旧的不稳定

上了些年纪的经济学家可能还记得这样的日子,当时"商业周期"是个很重要的概念,同时也是个令人头痛的现实问题。小衰退带来麻烦,大衰退则造成灾难。失业被认为是资本主义的致命弱点,它使资本主义的所有可能的优点黯然失色。这给人们留下了如此深刻的印象,以致到20世纪40年代和50年代,大多数经济学家仍迟迟不愿宣布商业周期已寿终正寝。不是吗?20世纪20年代后期曾有一些著名权威宣布过,结果怎样呢?真是"一朝被蛇咬,十年怕草绳"。

现在宣布"旧的"商业周期已经死亡,似乎并不鲁莽,至少可以宣布旧的商业周期已被"新的"商业周期所取代。经济衰退并未销声匿迹。但其表现形式通常是正的增长率有所降低,而不是生产的实际下降。这种"徘徊期"一般是短暂而和缓的,这部分是因为西方经济的结构发生了变化,部分是因为宏观经济政策愈来愈时髦，愈来愈有效，政策制定者已经能够十分熟练地运用货币财政手段来阻止可能发生的衰退。

但是取得这种进步却在其他方面付出了代价。我们躲开了失业的浅滩，却靠近了通货膨胀的暗礁。战后时期，资本主义国家的物价水平持续上升。1950—1967 年，消费物价指数的上涨美国为 29%，日本为 86%，整个资本主义经济的中位数为 65%。英国和美国的物价上涨率较低，但它们的产出增长率也较低。在增长速度最快的国家，如法国、德国、意大利和日本，物价也迅速上涨。说物价的不稳定有所增加，也许是不正确的，因为旧的商业周期带来的物价波动，其幅度是很大的。但是，人们已不再预期物价波动在一段时期内会消失，而是预期通货膨胀将长期存在。

西方国家之间较为自由的贸易加上通货的自由兑换，在某种程度上协调了各国的通货膨胀率。如果意大利的通货膨胀率高于法国，则其贸易平衡将遭受损失，同时其通货膨胀的“输出”将抬高法国的物价水平。在共同市场内，这种相互作用如此强烈，以致协调各国的货币财政政策似乎是逻辑上必然的进一步发展趋势。但出口竞争和民族主义情绪却是强大的力量。一个国家如果能在谋略上战胜其邻国，如使通货膨胀发生的时间晚于邻国，则其竞争地位将得到加强。因此，在贸易和资本流动较为自由的情况下，货币财政方面的国家自主权将继续给资本主义国家带来国际收支问题。

另一方面，国家之间的失业“输出”带来的麻烦则要比 1945 年以前小得多。各国内部总需求的波动也比过去小，而且各国的波动不是同时发生。美国处于停滞状态时，法国和德国也许在扩张，或者情况正好相反，因此整个世界需求的波动要小于各国需求的波动。

平均主义趋势

在资本主义国家，收入不均等是一个长期存在的严酷事实，也是长期受到攻击的目标。但是，若用基尼系数，或者用5%或10%的收入最高的家庭得到的个人收入所占的百分比之类的标准来衡量，则可以看到，家庭收入分配的平均主义趋势在逐渐增强。这甚至适用于税前收入，税后和得到转移支付后的收入就更是如此了。

致使收入不平等降低的原因有：(1)农业部门不断缩小，该部门的收入通常低于城市生产活动的收入；(2)国民收入中财产所占的比重不断下降，财产收入分配的不均等远远大于工薪收入分配的不均等；(3)高职业阶层的工资率相对于低职业阶层而言不断下降，这部分是由于教育机会的不断增加；(4)自1940年以来，失业水平较低，从而失业造成的低收入家庭有所减少。

这些因素导致了税前收入的均等化。政府财政活动的影响还可以在以下两个方面感觉到：(5)所有西方国家都在某种程度上依赖于累进的个人所得税，虽然欧洲经济共同体各国依赖的程度要小于英国、美国和加拿大。因此，税后收入要比税前收入更为均等，英国和美国更是如此。(6)西方各国政府的转移支付额都很大，我们在前面已看到，它占家庭收入总额的将近10%。这种转移支付的形式有：养老金、失业补助、家庭补助、住房和保健补贴，以及直接的现金救济。主要是支付给了收入最低的家庭，从而使它们的收入高于市场决定的水平。

资本主义国家仍有许多富人，而在天平的另一端许多人则生活在贫困之中。但穷人所占的比例正在缩小。在美国，生活在贫困（通常意义上的贫困）中的人所占的比例，已从1950年的大约30%降至目前的不到15%。现在大多数西方国家在经济上和财政上都有能力使所有家庭享有适当而起码的收入。

政府干预、计划、福利国家

“混合经济”这个术语不仅意味着公共品的产出很大，而且还意味着政府对私人经济进行各种各样的干预。进行这种干预的原因主要有两个。第一，有组织的私人利益集团发现，它们可以利用国家权力来增加自己的收入。制造商要求对竞争性的进口商品实行关税和配额限制。农场主常常以产量受到限制为理由要求得到价格补贴。零售商使国会颁布了维持零售价格的法令。公共资金修建的公路使卡车运输业者得到了补贴。这些集团是在损害消费者和纳税者利益的情况下受益的。但是，只要一方是团结一致的集团，对政府的保护具有直接而强烈的兴趣，另一方是一盘散沙的大众，对此事不那么关心，民主政治机器似乎就会对特殊利益集团让步。

政府干预的第二个原因是，雇佣劳动者和其他低收入阶层的选举力量不断增强，以及公民权不断扩大，教育水平不断提高，工会组织日益强大。这导致人们要求不受就业期间各种变故——如发生意外事故、受伤、生病、失业——的伤害，政府因此而采取了各种各样的社会保障措施。保障就业的呼声，加上对经济不稳定的原因愈来愈了解，导致所有西方国家都精心制定了充分就业政策。要求重新分配收入的呼声，不仅导致了一般购买力的转移，而且还导致了在一些特定方面向低收入阶层提供补贴，如在食品、住房、教育和医疗等方面提供补贴。因此，政府对这些行业的组织和资金供应具有很大影响。

为满足各种特殊要求而进行的这种专门性干预，不相协调的地方很多，而且很混乱，这导致了力图在某些方面使政府政策合理化的努力，也可以说导致了规划或“计划”。最初的各项临时性社会保障措施被紧密地结合在一起，形成了一种涉及面很广的收入补贴制度。对教育事业的各种资助，奠定了实施全面的教育政策的基础。政府不再分别地去满足铁路公司、地方运输系统以及卡车运输业的需要，而是着手制定运输政策。政府还制订了促进萧条地区发展的计划。这些努力常常触犯某些人的利益，招致政治上的反对，因而其进展要比经济学家和计划专家所希望的缓慢。但趋势显然是政府的各项政策将更为协调，更为合理化。

资本主义国家的全面经济计划，始于采取充分就业政策的 20 世纪 30 年代和 40 年代。这种计划完全不同于另外两类经济的计划。它主要是财政上的计划，而不是“真正的”计划。无论是目标还是工具都是高度综合的。但某些国家，尤其是法国，则试图改变这种状况，同主要工业部门讨论其投资和产出计划。

通货膨胀的压力再加上失业人数持续保持高水平，已使大多数国家开始进行“收入政策”方面的试验。从概念上说，而且从斯堪的纳维亚国家在某种程度上实施这种政策的实践来看，实施收入政策就是按照事先同意的方案在企业主、雇佣劳动者以及其他人之间分配下一年的预期私人收入。实施这种政策困难很大，甚至现在人们仍在讨论是否有必要制定这种政策，制定这种政策是否明智。因而到目前为止，试验的进展很有限。但是因为没有迹象表明通货膨胀的压力将减轻，因为现在几乎没有人认为仅仅依靠货币财政措施便可以顶住通货膨胀的压力，所以收入政策方面的试验无疑将继续进行下去。

人们常常以教条主义的方式解释政府在经济方面的这些活动，这是经不起严格检验的。在一些人看来，国家仍然是有产阶级用来增加其权力和收入的工具。不管这种观点在马克思时代的英国是否正确，现在都很难为其辩护。政治市场上竞争激烈。左翼政党实施的改革，在保守党重新掌权后通常不是被推翻，而是被加强。今天无论是收入的分配还是政治权力的分配都远远比一个世纪以前均等。

在另一些人看来，政府活动日益增加，证明资本主义经济正在“滑向”或“迈向”社会主义。这种观点也很难站住脚。上述措施并没有破坏市场经济的主要前提。实际上，大多数这类措施可以看作是具有保守（或保存）倾向。通过稳定经济的增长，通过向低收入阶层提供大量补贴，这些措施会把低收入阶层更加牢牢地拴在现存秩序上。资本主义经济的前景很可能不是革命性变革，而是“依然如故”，即经济继续增长，政府的经济政策继续向合理化方向发展，收入和政治权力继续重新分配，同时人们对现代工业国家的当务之急看法越来越一致。

应该再次强调指出，上面我们概括描述的是资本主义各国共有的“族特征”。在上述每一方面，围绕着群中位数各国之间都有很大的差异。一些国家的公共部门比另一些国家的公共部门大，一些国家的增长速度比另一些国家的增长速度快。一些国家对贸易的依赖大于另一些国家，如此等等。然而，从这种中等程度的差异中并不能得出这样的结论，即这些国家的经济具有本质上的差异。它们都是“混合”经济或“受限制的资本主义”经济。而且，不管“资本主义”这个词具有什么含义，美国都不一定是“资本主义色彩最浓的”国家。在现代，这一称号应归于日本。

在结尾处，我们或许应该指出一个很有意思的差异。虽然这些国家的经济都是以大致相同的方式组织起来的，虽然它们具有相同的科学知识和管理知识。虽然贸易使它们彼此有很大的影响，而且这种影响还在不断增大，但是它们之间在生产要素的总生产率方面却有很大的差距。最高至最低的变程为 3:1。同时没有证据表明这一差距在缩小。为什么会出现这种情况呢？为什么生产技术、管理技术以及其他技术没有迅速传播从而使西方各国的生产率较为接近呢？自然资源方面的差异或许是其中的一个原因。但是，随着农业的重要性不断下降和贸易的重要性不断上升，今天自然资源已不像一个世纪以前那么重要了。还有什么其他因素导致了这种被观察到的生产率方面的差距吗？这是个重要的、尚未被考察的领域，等待着人们去探索研究。

第三章　社会主义经济

这里我们要再次强调各社会主义国家经济的异质性。把社会主义国家都称为“苏联式经济”，甚至要比把资本主义国家都称为“美国式经济”更容易使人产生误解，很难想象哪两个国家的经济比古巴和捷克斯洛伐克更为不同。中国作为断断续续的统一国家的千年历史，给它留下了深深的烙印，使它迥然不同于其他社会主义国家。

就连我们的主要讨论对象苏联和东欧国家在许多重要方面也是不同的，例如在土地面积、收入水平、生产结构、外贸规模以及经济控制机制等方面。虽然它们常常被归于“计划经济”之类，但这个术语对于每个国家却有不同的含义。南斯拉夫就具有明显不同的经济控制结构，我们将把它看作是社会主义经济中的特异成员。而且，近十年来，大多数社会主义国家的经济管理体制已发生了很大变化。本章将着重讨论传统的苏联经济组织模式。第六章将讨论一些国家在修改这种模式方面所做的努力。

不同的观察者必然对社会主义经济组织的主要特征有不同看法。我们认为，社会主义经济组织的最重要特征是：(1)马克思的思想影响很大；(2)公有制占支配地位；(3)最主要的刺激手段为工资和薪金；(4)经济管理较为集中；(5)需求长期过大；(6)人均产出处于中等水平，产出的构成很独特；(7)资本积累具有适宜的内在机制；(8)具有内在的增长能力；(9)贸易规模有限；(10)在收入分配方面使用多种多样的工具，这(很可能)导致了收入分配比西方均等。

知识背景

凯恩斯指出："实干家自以为完全不受知识界的影响，但通常却是某个已故经济学家的奴隶。"西方的政治经济组织已发展了二百年，因而很自然地，关于社会经济组织，西方人通常是在先入之见的海洋中游泳。同样，马克思主义理论的灌输也制约着东方经济学家和行政官员的思想。熟悉这一知识背景，有助于理解那些在社会主义国家内显得很自然的经济活动。在短短几页的篇幅内是不可能复述马克思主义理论的，但却可以强调指出它的几个显著特征。①

政治学和经济学不可分割开来。在马克思主义者看来，把经济学看作是脱离所有制、阶级关系和政治权力的科学，这在词语上是矛盾的。西方提出这种观点，纯粹是为了替资产阶级辩护，力图为有产阶级的剥削权力披上一层面纱。不可能有什么"纯"经济学。有的只是政治经济学。

受到特别关注的是财产所有制，财产所有制被认为是上层建筑的基础。私人所有制和私人利润是诅咒的对象，因为它们是剥

① 这方面富有洞察力的讨论，请参看怀尔斯：《共产主义的政治经济学》，第3章"马克思主义经济思想的特点"。

削制度的组成部分。国家所有制之所以优越，只是因为它是一种较高级的社会形态，因为它象征着并巩固了无产阶级的政治胜利。西方的“管理革命”理论和“所有制不重要”等理论，要么被认为是肤浅的，要么被认为是有意混淆视听。

东方经济学家虽然在讨论计划技术时可以很灵活，但却不会在这一核心点上让步。当他们宣扬更多地注意利润指标，鼓吹给予企业更大的自主权时，这与私人利润或私人企业毫不相干，这一点在西方并非总是能理解得很清楚。

动态的、历史的研究方法。马克思主义经济学如果说在技术上属于李嘉图学派，那么在精神上则完全属于德国历史学派。它是一种有关政治经济发展的“阶段理论”。中心问题是，组织生产的不同方法，连同与其有关的所有制和上层建筑，是如何随着时间的推移而更替的。从奴隶制到封建制，从封建制到资本主义，从资本主义到社会主义，这种演进被认为是不可避免的历史趋势。但所有真正的马克思主义者的责任却是帮助历史前进。这同相信天命但仍做好事的加尔文主义者的行为一样，并不自相矛盾。

一旦实现了社会主义，中心任务就是建立共产主义社会，在共产主义社会，由于生产力得到了极大的提高，公民可以无偿地索取所需要的商品，即实行所谓“按需分配”。这种共产主义“富裕社会”的梦幻总是浮现在政策的地平线上。而且，部分为了其自身，部分为了赶超资本主义，应迅速实现共产主义。因此，东方的政治领袖们是杰出的“增长论者”。他们崇拜物质生产的增长率，进而崇拜资本积累，把资本积累看作是增长的主要工具。

没有稀缺概念。马克思主义经济学仍是边际革命以前的经济学。1870 年以后出现的边际选择理论、有效资源分配理论以及帕累托最优状态理论，都没能渗入马克思主义经济学。因而当罗宾斯说经济学研究的是如何在相互竞争的用途之间分配稀缺性资源的时候，（对于马克思主义者来说）他是在胡说八道。所以，马克思主义经济学对价格的经济职能（有别于会计职能）不感兴趣，对相对价格作为稀缺性指标的意义也不感兴趣。实际上，不存在真正的马克思主义微观经济学。

平均主义。马克思主义者同社会主义思想的其他分支一样，具有强烈的平均主义倾向。在共产主义制度下，每个人都将得到自己所需要的东西，这意味着每个家庭的需要不会有很大的差别。在社会主义这一过渡阶段，工资和薪金仍需要有差距来起刺激作用。但这是种令人遗憾的需要，应该用免费供应或补助供应的基本商品和服务予以尽量缩小。

其他特征。还应该提到马克思主义经济学的几个较为专门的方面。在马克思那里同在亚当・斯密那里一样，生产指的是物质生产。在服务方面所花的气力是非生产性的。东方国家的国民核算只计算国民生产总值中的物质产出。这种概念体系虽然并不一定导致对服务产出的忽视，但在实践中却很可能导致忽视服务产出。

劳动价值理论认为价值取决于生产成本，而生产成本仅仅包括直接劳动、原料和资本品折旧（所谓资本品折旧消耗的仍是凝结在资本品生产中的劳动）。资本主义制度下财产所有者索取的地租和利息不是成本，社会主义的成本核算不考虑它们。如我们在第六章中将要看到的那样，这种观点正在发生变化；但这种变化却要冲破传统看法的严重阻力。

马克思主义经济学也没有企业的规模收益递减这一概念。随着企业规模的增大，平均成本保持不变。马克思甚至认为，随着规模的增大，平均成本是无限递减的。他的以下论点暗示了这一点，他认为，大资本家在竞争中将不断击败和吞并小资本家，从而导致工业集中规模的稳步扩大。也许正是由于存在这种观点，社会主义国家中无论是工业企业还是农业企业都在向“巨型化”发展。

公有制占优势

生产资料的公有制是社会主义经济的标志。从政治上说，没有私人所有者这一阶层，因而财产不构成独立于国家的权力基础。从经济上说，估算财产收入是个会计核算问题，任何归于财产的收入都是政府收入的一部分。

虽说是公有制占优势，但各个国家之间以及各个生产部门之间却存在着某种差异。在农业部门，通常是国营农场、集体农场和私营农场并存，各自所占的比例因国而异。在集体农场，土地属于国家，但集体农场的成员只要向政府缴纳各种捐税，则有租佃权。他们集体拥有农业生产中使用的工具、机械、牲畜以及其他财产；除了得到工资外，他们还从农场的税后利润中得到一部分收入。另一方面，“国营农场”则雇用工资劳动者，其组织形式更加像工业企业。从原则上说，国营农场是更高一级的组织形式；但集体农场却更加为农民所欢迎，所以作为一种权宜之策允许其继续存在。新的农业发展计划，如垦殖西伯利亚西部的计划，或中国垦殖西北部和北部边远地区的计划，建立的常常是国营农场。在苏联，国营农场目前占有耕种土地的大约 2/5，拥有牲畜的大约 1/4。

当然，农民最喜欢的还是私营农场。包括波兰和南斯拉夫在内的一些国家已承认了这一点，暂时允许私人占有大部分土地。而且，即使在集体农场，通常也允许每个农业家庭耕种一块面积为半英亩至两英亩的“自留地”。在苏联，农民在当地的自由市场上出售自留地的产品，为此而缴纳一定的所得税。虽然自留地所占的土地面积很小，但自留地却生产了大量水果、蔬菜、蛋类、家禽、牛奶和肉类。政府政策常常发生变化，有时鼓励扩大自留地，有时则力图缩小自留地。但在食品短缺的国家，自留地所起的作用是很宝贵的，以致政府会允许其继续存在。在中国，对自留地的政策也存在着上述矛盾现象，但也允许自留地继续存在，因为自留地对生猪、家禽、蛋类、水果以及蔬菜的产出做出了很大贡献。

农民家庭都拥有自己的住房。至于城市住房，苏联城市住房的大约 2/5，主要是小城镇和乡村的住房，归私人所有，几十年来这一比例一直未发生变化。① 剩下的城市家庭则以很高的补贴率向所在企业、合作协会或国家机构租房子住。

农业以外的经济“制高点”，实际上百分之百为公有制。这些制高点包括银行业、公用事业、运输和通信以及重工业。但在其他部门，情况则有很大不同。一些社会主义国家发现，允许一些私人零售和服务企业、私人小工厂以及私人自由职业继续存在，是有利

① 艾布拉姆·伯格森：《苏联的计划经济学》（纽黑文：耶鲁大学出版社，1964年），第 24 页。

的。它们可以较好地为消费者服务，而并不对集中的社会化生产工具构成威胁。

第二章提到的弗雷德里克·普赖尔所做的研究，涉及五个社会主义国家，该研究发现，坚持公有制最坚决的是苏联和保加利亚，这两个国家几乎所有部门的“国有化比率”（根据就业人数来计算）都在90%～100%。但波兰、东德和南斯拉夫的情况则与此有较大的不同。例如，服务业的国有化比率为：波兰90%，南斯拉夫86%，东德84%；建筑业的国有化比率为：南斯拉夫100%，波兰90%，东德67%；制造业和采矿业的国有化比率为：东德84%，波兰83%，南斯拉夫72%，而服装、皮革和家具等行业的国有化比率则低达50%；商业和金融业的国有化比率为：南斯拉夫79%，东德55%，波兰53%。不过，计算这些比率时没有把合作组织看作是公有部门的一部分。如果把合作组织看作公有部门的一部分，则上述国有化比率将大大接近于100%。

人人靠工资为生

个体经营在欠发达国家占支配地位，在资本主义国家也很常见；而且在这两类国家，还有人数众多的雇主。而社会主义经济组织的一个突出特征则是，除农业外，绝大多数人都为工资或薪金而工作。所有社会化企业的经理都靠薪金生活，负责实施经济政策的政府官员也是如此。（严格说来，他们在某种意义上都是公职人员，只不过一些人比另一些人政治色彩更浓而已。在苏联，直接与生产性企业有关的人叫作“经济官员”，或用我们的话来说叫作“企业官员”。那些在较高一级的地方或工业监督组织中工作的人，则叫作“政府官员”。苏联的许多经理人员似乎与美国的许多企业界人士一样，更喜欢发挥经济作用而不是政治作用。）

而且，劳动力是在较为自由的劳动市场上被招雇的。这限制了收入的初始分配。工资—薪金结构必须诱使人们接受并有效地从事某一时刻提供的工作。然而，这种限制在实践中并不像在原则上具有那么大的约束力。首先，在决定工资时，传统因素的作用很大。现有的工资差距往往被认为是“正确的”。劳动市场机制并不迫使苏联的企业经理把工厂的劳动力刚好增加五倍，而不是四倍或六倍。其次，在一段时间内，通过实施教育计划，劳动力的过剩可以转变为劳动力的短缺。可以使供给适应于固定价格，而不是适应于自发供给所决定的价格。

另外一个后果是，要想刺激人们更加努力地工作，刺激人们提高自己的技术水平，刺激人们进行有效的管理，刺激人们革新和冒风险，刺激物就必须采取工资的形式，[①]其中包括额外津贴、奖金和各种形式的利润分享。在社会主义国家，无论是对于管理人员

---

① 这假设，无论是在西方国家还是在东方国家，刺激人们做出生产努力的动力都主要是收入，而不是利他主义和对一般福利的关心。正如阿瑟·刘易斯教授所说，“在所有成员都养成了相互服务习惯的人群内，人们不会相互计较贡献的大小和报酬的多少。但是除了小家庭外，几乎没有人群会完全或主要按照这种理想行事”〔《经济增长理论》（霍姆伍德，伊利诺伊州，理查德·D. 欧文公司，1955 年），第 58 页〕。捷克的一位大经济学家也说过类似的话：“在社会主义发展阶段，劳动仍然是比较繁重（劳动时间很长）和艰苦的，劳动较为单调乏味，对大多数人来说，很少有发挥创造能力的余地。……所以，一般来说，人们为其他人花费劳动，主要是因为只有这样才能从其他人那里获得自己所需要的使用价值。”〔奥塔·西克，见查尔斯·H. 范斯坦编辑的《社会主义、资本主义和经济增长》（剑桥大学出版社，1967 年），第 139 页〕

还是对于一般工人，都广泛采用这种方法。

在农业方面，国营农场的雇员严格说来是工资挣取者。集体农场的收入分享制度可以认为类似于集体计件制。每个劳动成员根据所完成的工作量和所从事的工作种类而积累工分，并根据工分的多少分享集体农场的净收入。[①] 在这里，以下两方面的因素冲淡了工作和收入的关系。首先，可用于分配的净收入取决于上级决定的农产品价格，取决于合同规定的上交给国家的数额，取决于所得税，取决于留下来用于农场再投资的数额，以及其他一些因素。农场产量的增长可能增加也可能不增加净收入。其次，工人分得的净收入取决于工作量，而不是取决于工作效率。人们常说农场工人耕种了多少大面积的土地，看管了多少头奶牛。但效率如何呢？集体农场的监督和质量管理工作，与资本主义农场主监督和管理其“雇农”的工作是同样困难的。通常认为，雇农工作一小时的生产率要低于农场主自己工作一小时的生产率。

苏联集体农庄的农民还可以把时间用在自留地上，自留地的收入与产量有着较为直接的关系。自留地生产了集体农庄家庭消费的几乎所有牛奶、肉类、蛋类、土豆、水果和蔬菜，也就是说生产了除谷物外的几乎所有东西。自留地还生产了可以拿到市场上出售的剩余产品，据1966年的估计，剩余产品卖得的现金占集体农

① 这种收入一部分是现金，一部分是实物，所谓实物就是农场为消费而保留的产品。这两种收入的分配依据的是劳动日工分。

庄农民现金收入的28%。[①] 据报道,中国的农民也把大量的劳动、肥料和心思花在自留地上;虽然自留地在耕地总面积中所占的比例不到5%,但农民家庭的很大一部分消费和现金收入却来自于自留地。

集中化的经济管理

社会主义经济常常被称为"中央计划经济"。但集中的程度有高有低。计划方法也因国而异,而且还在不断发展。也许最好是把这种经济称为"受指导的经济",因为它们的发展轮廓是由中央计划单位决定的。

我们首先讨论苏联的传统经济控制机制,20世纪40年代后期,东欧国家几乎原封不动地接受了这种机制。在这一传统下,最近十年来,社会主义国家的"经济改革者"正在进行改革。改革的大方向将在第六章中讨论。这里我们只讨论"正统"模式。

这一模式的主要特征是,第一,产量在消费和资本形成之间的分配是由中央决定的。第二,资本在各部门和各企业之间的分配(除南斯拉夫外)主要是由中央主管当局决定的。第三,国家为一系列主要商品(通常达好几百种)规定生产指标。这些指标对于下一年来说是硬性的,对于以后几年来说则多少是试验性的。第四,每个生产性企业的产出是被规定的,投入也是被规定的。从原则

① M.马基科:"个人副业的经济作用",载于《经济学问题》,1967年5月,第35—41页。

上说，国民计划就是许许多多企业计划的内部一致的聚合。最后，原料、中间产品和资本品是根据行政命令而在使用部门之间定量供应的。

所有这些需要有一个复杂的等级制度来管理，最高一级是总理，最低一级是工厂经理，中间还有若干级管理机构。在较小的规模上，通用汽车公司或电话电报公司也存在着这种等级制度。社会主义国家和西方大公司在管理这种等级制度方面所遇到的问题是相似的，上级依赖于下级提供的情报，而得到的却不可避免地是被稀释和歪曲的情报；下级官员需要有某种程度上的——不是很大的——自主权来解释和修改上级的指示；需要有某种奖惩制度来奖励干得好的基层经理，惩罚干得不好的基层经理；还有其他一些问题。这种等级制度通常是按行业建立起来的，一个工业部门为一个部。然而，在像苏联那样很大的国家中，地方权力机关与各部之间却存在着竞争。赫鲁晓夫担任总理时，生产管理方面的较大责任被赋予了各加盟共和国政府和隶属于这些政府的地方经济委员会。柯西金担任总理时，这种趋势被扭转了过来，恢复了工业部结构。但是，除了对整个苏联具有重要意义的关键产品外，各加盟共和国政府和地方政府的官员仍对其管辖范围内生产和消费的商品具有很大的权力。

工厂经理在这种控制系统中处于什么样的地位，这本身便是个大题目。希望经理干什么？他实际上能干什么？对于干得好的经理有什么奖励？关于经济改革，最近讨论的主要是能在多大程度上以及能在哪些方面扩大工厂经理的行动自由。所以这个题目最好是留给第六章讨论，我们将在第六章中讨论有关改革的建议和行动。

社会主义经济受具体行政命令的指导这一事实意味着，价格的作用不像在资本主义经济中那么重要。在这方面，必须把几种价格区别开来，这些价格被认为具有不同的职能：

1. 工业价格。这种价格具有成本核算职能，即能测量生产每一单位产量所需要的“社会必要劳动时间”。从传统上说（虽然传统做法正在发生变化），成本只包括直接劳动、原料和供应品，以及资本设备折旧。现在则加上了利润率，即利润在可变成本而不是资本中所占的百分比。这主要用来积累资本，但也可以通过利润分成的方法用作奖励基金。总之，工业价格或批发价格是“成本加成”价格。从原则上说，需求不会影响这种价格。因为计算几千种相互依存的价格需要做大量行政工作，所以工业价格表通常每五年才修改一次。因此，虽然在每次进行修改的时候，价格也许会与成本拉平，但随着时间的推移，价格则愈来愈偏离成本。①

2. 消费品零售价格。众所周知，这种价格的很大一个组成部分是货物税，即“营业税”。这种税的一般水平，因而出厂价格与零售价格之间的差距，取决于宏观经济决策。从一种观点来看，课征这种税和其他税所得到的收入，必须能满足计划中的资本积累和公共品产出对资金的需要。从另一种观点来看，价格水平应能使

① 我们的简要叙述必然掩盖以下问题：(1)在采矿业和其他采掘工业中，生产相同产品的生产者之间的成本差距特别大（通常的做法显然是把价格与平均工业成本拉平并向成本高的生产者提供补贴）；(2)对运输成本的处理方法，在幅员辽阔的国家，运输成本是个大项目〔在苏联，一般说来，交货价（即包括运费在内的价格）在全国似乎是统一的〕。

计划中的消费品产出的货币价值与工薪挣取者的税后收入保持平衡。

变动营业税率，从而变动某些商品相对于成本的价格，部分是为了行使市场清理职能。若给定某种商品的供给表，给定主管当局规定的生产量，则有一个价格将刚好使供给量全部卖出。如果价格不规定在这一水平上，则一方面将有卖不出去的“剩余商品”，另一方面则是“商品短缺”，出现排队现象。这种价格结构还行使收入分配职能。住房、最基本的食品和服装衣着用品，以及书籍和戏剧演出等“价值商品(merit goods)”，定价较低(虽然食糖、衣料、煤油和盐是例外)。通常对奢侈品课征较高的税。而且，在每种商品内，质量较好的商品被课以较高的税，对白面包课征的税就比对黑面包课征的税高。结果是，实际收入的分配要比货币收入的分配更为均等。资本主义国家也运用这一原则，有时对奢侈品课征特别税，但社会主义国家更为彻底地运用了这一原则。

3. 农产品收购价格决定了农业人口和城市人口之间的贸易条件。另一方面，农业生产主要靠这种价格来刺激。这两种职能在某种程度上是相互冲突的。城市工资挣取者的食品费用较低，意味着农民的收入较低，奖励较少。

4. 对外贸易价格是由贸易协定规定的，可以完全不同于相同商品的国内价格，差额由税款或补贴来填补。对于标准化的和广泛交换的商品，通常采用的是国际市场价格。

南斯拉夫经济的集中程度远远低于其他东欧国家；我们可以

简要谈一谈其特点。[1] 如前所述，南斯拉夫的农业基本上掌握在私人手中。另外，还允许私人拥有不超过五个雇员的企业。据估计，1968年有大约100,000个这样的手工业企业，主要是在轻工业部门中。大型工业企业的数目约为2,500个，它们都归公家所有，但“其资产并不由国家掌管，而是由企业为社会代管”。控制权实际上掌握在企业内工人的手中，由工人选举出工人委员会，再由工人委员会选举出管理委员会。被选中的企业经理必须得到工人委员会的批准，而且实际上还要得到所在地区政府的批准。现有企业、同业公会、地方政府、共和国政府（＝国家）、联邦政府或私人，都可以开办新企业。

企业建立起来以后，便实行自负盈亏。由它自己决定产量、规定价格和销售产品（只是在涉及外贸时，才在某种程度上受上级部门的管理）。扣除生产费用和利润税后的收入，可用于再投资和工人的报酬，两者之间的比例由企业自行决定。还可以从各地方政府或共和国政府那里获得投资资金，或从国家银行那里借得投资资金。因此，虽然联邦预算对于大型基础设施建设项目的上马具有重要意义，但它所控制的投资资金的比例却不像其他东欧国家那么大。

由于企业享有如此多的自主权，因而“经济计划”便具有完全不同的内容。上级部门不向企业下达硬性的产量指标。中央的指

① 真实而简洁的描述，请参看乔尔·德拉姆：“南斯拉夫的市场力量和公共政策问题”，见莫里斯·博恩斯坦德：《比较经济体制：模式与实例》（霍姆伍德，伊利诺伊州，理查德·D.欧文公司，1969年）。

导主要是通过一般性的财政货币措施，通过“指示性计划”实现的，这种指示性计划同一些西方国家的指示性计划并没有什么不同。所以很自然地，南斯拉夫遇到了西方国家的一些问题。它有通货膨胀压力。它在国际收支方面遇到麻烦。有时有许多人失业。但它在过去二十年也维持了特别高的增长率。

中国的工业组织和计划方法也与苏联模式有很大不同。[①] 中国是在1958年的“大跃进”开始以后才公布五年计划的。即使现在也弄不清中国是否制订全面的年度计划。虽然宣布国民产量指标，但这些指标只涉及200～300种产品，而苏联的国民产量指标则涉及1,500多种产品。这些国家指标与企业计划之间的联系，以及中央对原料和零部件分配的控制程度，似乎都比欧洲社会主义国家薄弱。

在整个中国历史上，中央政府一直面临这样的问题，即在如此广袤的国土上，如何维持对地方领导人的控制；大部分时期都是地方自治占支配地位。1949年共产党掌权后，迎来了一个中央控制较为严格的时期，在第一个五年计划期间（1952—1957年），大多数工业企业都受设在北京的各个部的控制。然而，1957年，大约80％的工业企业，其中包括几乎全部轻工业企业，转给了各个省控制。在所谓“双轨”监督体制下，就连中央掌握的企业在某种程度上也受所在省的控制；它们要把利润和折旧费的20％交给所在省

① 这方面的情况，参看奥德利·唐尼索恩：《中国的经济制度》（伦敦：艾伦和昂温公司，1967年），第6、7、17章。并参看德怀特·H.珀金斯：“工业计划与管理”，见亚历山大·埃克斯坦、沃尔特·盖伦森和T.C.刘编：《共产党中国的经济趋势》（芝加哥：奥尔丁公司，1968年）。

的主管当局。许多规模较小的工业企业则由县政府或人民公社控制。总之，地理上的分散在中国具有重要意义，而在苏联则不那么重要，即使在赫鲁晓夫时期也是如此。

中国企业的成本计算是非常正统的，资本利息和租金都不计入成本。同时非常注重物量产出，把物量产出当作衡量企业经营成果的标准。中国严厉谴责了苏联和东欧国家的改革路线，拒绝按照这一路线把着重点转向全面的赢利能力。价格和税收政策也与苏联有很大区别。苏联的价格中包含的利润率较低，而中国的价格中则包含很高的利润率，以致即使效率最低的工业企业的经营费用一般也能从价格中得到补偿。根据具体情况，企业必须把其很大一部分利润和折旧费上交给中央或地方政府。上交的利润和折旧费占中央政府财政收入的大约 2/3，而销售税或货物税只占财政收入的大约 1/4。

企业可以保留很小一部分利润，特别是可以保留超过计划的利润；但这似乎低于利润总额的 10%。因此，大部分投资资金来自政府拨款。企业经理并不因完成计划或超额完成计划而获得奖金，这又同苏联的做法形成了对比。中国希望依靠社会主义积极性和党的监督领导来促使人们努力工作。

需求过大和计划过高

与资本主义经济不同，社会主义经济很少发生总需求不足的情况。相反，社会主义经济总是需求过大，总是受到通货膨胀的压力。力图通过操纵价格来压制需求的做法，导致了几乎样样东西都处于“匮乏”状态。科奈恰当地把这种普遍存在的卖方市场称为“吸力经济”。他认为在资本主义制度下通常存在着与此相反的情况，他把存在这种情况的经济称为“压力经济”，即未来的卖方处于压力之下，他们开工不足，不得不激烈竞争以争取买方。①

造成需求过大的因素似乎有以下几个。一是存在着工资压力。同其他投入一样，劳动力也是短缺的；在劳动力供不应求的市场上，社会主义的管理者们便以相同的方式争取得到工人。他们往往把工人的工作级别定得过高，过高估计工人的技术水平，听凭计件工资率定得很高。即使工资预算被突破，这在侧重于最大产量的制度下也不是什么大罪过。在资本主义制度下，雇主在某种动机的支配下总是阻止工资上升。在社会主义经济中，则通常没有这种动机。

因此，消费收入的增长速度往往快于消费品货币价值的增长速度。零售价格的上涨是不受欢迎的，况且无论如何也是需要一定时间的。由于价格落后于收入，排队问题愈来愈严重，非正式定量供应的商品种类日益增多，消费者的购买计划不断落空。

第二个因素是往往把产量指标定得高于现有设备能力和投入供应所能达到的水平。这常常被称作“计划过高”。尽力想达到这些指标的企业发现自己长期缺乏基本原料和中间产品。这使从原料到产成品，所有东西都供不应求。

第三个因素是投资计划过于庞大，超过了建筑企业、机械和建筑材料行业的生产能力。这常常导致建设项目不能如期竣工。以

① 科奈：《反均衡》，第19章。

前的工程拖延未完，又有新的工程上马，这加重了投资设备行业所受的压力。

上述各种压力交错着互相影响。人们力图通过建立新工厂来缓和消费品的短缺，这加重了投资部门所受到的压力。投资行业的工人在挣得现期收入，而消费品产量的增加则被长期拖延，这一事实增加了消费品市场所受的压力。

整个经济中普遍存在卖方市场还产生了一些重要的副作用。在消费品市场上，由于买方必须求着卖方，因而消费者不得不为此付出代价，但在国民经济核算中却不计入这种代价。消费者必须花很多时间寻找自己所要买的东西，并花很多时间排队购买它们。消费者决定购买某样东西后，常常需要很长一段时间才能买到这件东西。过了一段时间后，他就会降低要求，放弃原来的打算，转而购买比较容易得到的东西。

由于消费者只能是有什么买什么，因而便没有什么东西刺激生产者关心消费品的质量、品种和样式。也没有什么东西刺激生产者进行重大的产品革新。重大的产品革新很少起于社会主义国家，这也许是耐人寻味的。

大家都知道，社会主义国家的工业生产是缺乏效率的，苏联的情况特别有力地证明了这一点，这在某种程度上也许应该归因于需求过大，而不是集中管理本身。投入长期不足，使生产面临这样的危险，即它实际上随时有可能陷于停顿。这使工厂经理无法选择成本最低的投入组合，尽管他知道应该这样做，也有权这样做。为防止投入短缺所做的努力，导致了原料的积压，使过多的流动资金冻结在存货中。还使企业只要有可能，就自己生产原料、工具和零部件，以求达到自给自足。而这则意味着，工业专业化和潜在的规模经济都不能得到充分的利用。据报道，企业力求自给自足的倾向，在中国特别严重，这一方面是由于前面已指出的，中国在地理上很分散，另一方面也许是由于中国的原料分配组织得比欧洲社会主义国家还差。

产出水平与构成

比较资本主义国家和社会主义国家的人均产量，是一种专门技术。社会主义国家只把“物质生产”计入国民生产总值，国民生产总值中不包括国防、教育、卫生、旅客运输以及其他公共和私人服务企业提供的劳动服务。要全面比较资本主义国家和社会主义国家的国民生产总值，就必须估计这种劳动服务的价值，并把估计结果加到社会主义国家的国民生产总值上。在进行这种估价时，通常会遇到以下困难：社会主义国家和资本主义国家计算生活费用的方法不同，物价指数的侧重点不同，货币间的兑换率不同，以及其他一些差异。

尽管有这些困难，仍可以得到以下结论：(1)社会主义国家之间的人均收入水平存在着显著差距。捷克斯洛伐克和东德的人均收入比保加利亚和罗马尼亚高一倍以上。这一差距大致等于美国和意大利之间的差距。(2)社会主义国家的平均收入水平远远低于资本主义国家的平均收入水平。据估计，20 世纪 60 年代初，捷克斯洛伐克和东德的收入水平远远低于西德的收入水平，更低于美国和加拿大的收入水平。苏联的收入水平大致与意大利相等，而保加利亚和罗马尼亚则与希腊相当。[①] 当然，这种收入差距并不必然与经济体制的不同有关。社会主义国家是现代经济增长的后来者，进行工业化的时间比较短，这是一个较为重要的事实。

除中国和其他欠发达的社会主义国家外，社会主义国家都是中等收入国家。库兹涅茨等人已经证明，国民产出在各生产部门之间的分配与人均产出水平有关。社会主义国家具有中等收入国家的某些特征，尤其是，农业仍占突出地位。在这些国家，除捷克斯洛伐克和东德外，农业占国民生产总值的 20%～30%，而在资本主义国家，农业只占国民生产总值的 10%左右。

然而，在东方国家的产量结构和西方（现代的或历史上的）中等收入国家的产量结构之间却存在着很大差异。首先，“重”工业和“轻”工业在制造业中所占的比例，就是如此。在资本主义国家，随着收入水平的提高，重工业的发展速度要快于轻工业的发展速度，在最富的国家，目前重工业已在制造业中占据了支配地位。但这只是最近的现象。社会主义国家则“过早地偏重于重工业”，也就是说，它们的重工业在制造业中所占的比重，超过了在其收入水平下所应有的比重。这是实行强制性的工业化政策，实行过快的资本积累政策带来的结果，是把重工业看作经济命脉带来的结果。

① 弗雷德里克·L. 普赖尔：《共产党国家和资本主义国家的公共支出》（霍姆伍德，伊利诺伊州：理查德·D. 欧文公司，1968 年），第 401 页。并参看莫里斯·厄恩斯特：“东欧的战后经济增长”，见乔治·R. 韦尔德：《苏联式经济的新潮流：文选》（斯克兰顿，宾夕法尼亚州：国际教科书公司，1968 年），第 75—112 页。据厄恩斯特估算，若按调整后的兑换率计算，则 1963 年东欧国家（不包括苏联）的平均人均收入为 1,020 美元，西欧国家（不包括英国）为 1,680 美元。

其次，社会主义国家的贸易和服务业（其中包括商业服务、修理服务以及个人服务）所占的比重，大大低于中等收入水平下通常具有的比重。这反映了一种政策观点，即认为服务产出在这一发展阶段没有物质产出重要，或无论如何没有物质产出那么大的战略意义。它也许还反映了这样一个事实，就是小型商业和服务性企业不像大工业企业那么容易接受集中化的指导。

再次，社会主义国家农业产出在国民生产总值中所占的比例和农业劳动力在劳动力总数中所占的（较高）比例之间存在着特别大的差距。也就是说，虽然几乎所有国家的农业部门和非农业部门的生产力都存在着差距，但在社会主义国家，这种差距却特别大。

最后，社会主义国家生产各种各样的公共品和半公共品，其中包括一般管理、防务、治安、城市公用事业、医疗、教育，等等。这或多或少相当于西方国家的“公共部门产出”。（不过，在西方，教育和其他一些服务部分是由私人生产的，所以必须把私人产出和公共产出加在一起才能比较东方和西方的服务水平。）

那么，政治经济体制究竟对这种产出有什么影响呢？在相同的收入水平上，社会主义国家向公共品和半公共品的生产提供的资源是比资本主义国家多还是比资本主义国家少？马斯格雷夫从理论上考察了这一问题，[①]得到的结论是，对于这个问题不能先验地发表许多意见。普赖尔对七个东方国家和七个西方国家进行了

① 理查德·A. 马斯格雷夫：《财政制度》（纽黑文：耶鲁大学出版社，1969 年），第 1 章。

比较统计分析，试图把不同体制的影响同人均收入和其他有关变量的影响区别开来。他得到的结论是，经济体制变量对“教育、研究与发展、非军事外部治安以及除交通管理外的内部治安”是有很大影响的。[①] 就相同的人均收入水平来说，两种体制下提供的教育总量大致相同；但在西方国家，较大份额的教育费用是由私人提供的。至于普赖尔提到的其他服务，其支出与国民生产总值的比率则是东方较高。另一方面，经济体制变量对防务、福利和医疗方面的支出影响很小。在这里，相同经济体制国家间的差异，要远远大于两种体制之间的差异。

内在的资本积累

任何增长中的经济都需要有资本积累的方法。以下方法是大家所熟知的：自行决定的家庭储蓄；通过人寿保险、年金和退休金制度，以及抵押付款而进行的自动的或制度化的家庭储蓄；营业利润的再投资；以及通过政府预算而实施的储蓄。社会主义经济的一个突出特征就是严重依赖最后一种方法。

从一种观点来看，这个问题的核心是，物量产出是被计划的。相对于其他商品而言的资本品的计划产出，决定着实际资本的形成率。但在使用货币核算制和货币收入支付法的经济中，货币流量也是重要的。一方面，流入消费者手中的货币收入，减去所得税和个人储蓄，应该等于消费商品和服务的零售价值。另一方面，超

① 普赖尔：《公共支出》，第284—285页。

过经常支出的政府收入，加上企业的再投资，应该等于存货积累加固定资本形成的货币价值。如果计划的或事前的资金流量不等于计划期内实际的货物流量，那么在力求得到上面那两个事后等式的过程中，就会出现金融失调。

一部分国家收入来自直接税，所谓直接税就是对企业利润、集体农场的现金收入以及个人收入课征的税。向国家提供收入的另一重要来源是营业税，营业税来源于消费品的生产成本和较高的零售价格之间的差额。这是相对于物质生产计划的财政计划。既然物质生产计划限制了消费品的产量，零售价格就必然较高，以使市场上的供求相等。

在这方面同在其他方面一样，南斯拉夫的体制明显地不同于其他社会主义国家。企业可以保留很大一部分利润，并可以用一部分利润进行再投资。企业自己的资金和国家银行的贷款，要比在其他东方国家重要得多。而且政府分配的投资资金很大一部分来自共和国政府和地方政府，而不是来自联邦政府。在中国，很大一部分投资拨款也来自省政府和比这更低级的政府。

尽管比较各国的国民账户存在着困难，但社会主义国家的资本形成率似乎略高于西方国家。1965—1968 年，在苏联和五个东欧国家，固定资本形成总额占国民生产总值的百分比平均约为 28%，其中东德的比例最低，约为 22%，保加利亚和匈牙利的比例最高，为 32%。[①] 至于资本主义国家，1955—1965 年，平均资本形

① 联合国欧洲经济委员会：《1968 年欧洲经济概览》（纽约，1969 年），第 144—145 页。并参看厄恩斯特：《战后经济增长》，第 94 页。

成率约为23%。[①] 然而,某些资本主义国家也处于“社会主义的变动范围”内,其中包括日本(32.5%)、挪威(30.2%),澳大利亚(26.7%)、西德(25.9%)以及荷兰(25.9%)。

然而,人们应该记住,一个国家的资本形成率一般是与其人均收入成正比的。因而中等收入的社会主义国家的资本形成率,应该大大低于资本主义国家。可是,它们的资本形成率实际上却稍高于资本主义国家,这一事实一方面证明它们特别重视资本形成这一政策目标,另一方面也证明它们实现这一目标的方法是很有效的。

独特的增长模式

社会主义经济与资本主义经济一样,具有内在的增长能力。平均来讲,很难说东方的国民经济增长率是否比西方高。上面已指出了国民生产总值概念和计算方法方面的差异。因为社会主义国家的服务产出比商品产出增长得慢,所以同使用它们自己的国民生产总值定义相比,在西方的定义下,它们的处境就要差一些。而且,由于社会主义经济的产出构成变化特别快,也给加总和估价带来了困难。大家知道,在苏联,用1928年的价格、1937年的价格或1950年的价格加权,得到的增长率是迥然不同的;而对于两个或两个以上相互矛盾的结果采用求平均数的方法,也不那么令人满意。

① 根据联合国《国民账户年鉴》计算的数据。

最后，既然增长率是随着时间而变化的，所以要得到可靠的结论，考察的时间范围就得是几十年。比较一下1950—1960年的情况会发现，社会主义国家的平均增长率较高。但在60年代，苏联和大多数东欧国家的增长却较慢，因而比较一下1960—1970年的情况则会表明，社会主义国家的增长率较低。目前我们只能说，东方国家之间和西方国家之间一样，增长率有很大差异。在未来的三四十年间，社会主义国家的增长率也许较高，但只是可能而已，并不能完全肯定。①

东方的经济增长具有一些令人感兴趣的特征。首先，各经济部门之间的增长率差距很大。东方国家部门增长率之间的差距，要大于西方国家部门增长率之间的差距，这增加了解释总增长率的困难。如果重工业产出的年增长率为15%，轻工业产出的年增长率为8%，农业产出的年增长率为4%，非政府服务产出的年增率为2%，那么宣称总产出的年增长率为5%也就在某种程度上失去了其含义。因而东方国家总的经济图景是，一些部门迅速增长，而另一些部门则增长缓慢。这在很大程度上是政策决定造成的，尤其是众所周知的对重工业的偏爱造成的。在苏联和东欧，工业一般得到年投资资金的一半左右；而其中85%～90%给了重工

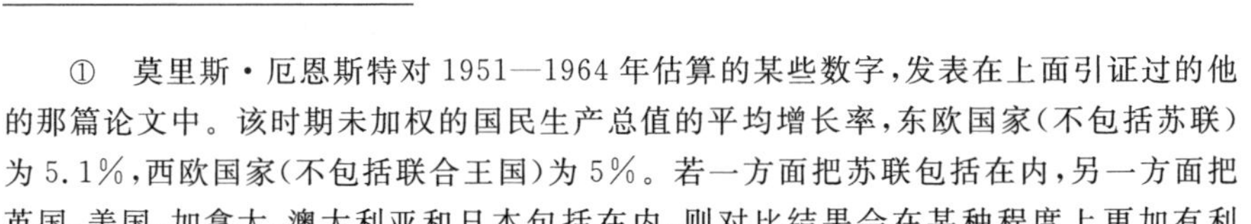

①　莫里斯·厄恩斯特对1951—1964年估算的某些数字，发表在上面引证过的他的那篇论文中。该时期未加权的国民生产总值的平均增长率，东欧国家（不包括苏联）为5.1%，西欧国家（不包括联合王国）为5%。若一方面把苏联包括在内，另一方面把英国、美国、加拿大、澳大利亚和日本包括在内，则对比结果会在某种程度上更加有利于东方国家。

业。这种比例最近二十年来一直未发生大变化。[①]

其次,增长率随着时间的变化而发生显著变化。有时,一连几年增长速度出奇地快,但接下来几年,经济便几乎陷于停滞状态。一位分析家甚至已得出了这样的结论,即社会主义国家逐年的产出变化,现在要大于资本主义国家。[②] 中央指导下的增长较为稳定的看法,并不必然是正确的。捷克经济学家约瑟夫·戈德曼论证说,在像捷克斯洛伐克那样较小的工业发达的社会主义国家,产出发生波动是很自然的。若制造业的增长率超过最优增长率,则其增长将遇到瓶颈状态,只要国内原料和粮食供应以及进口原料和零部件的增长率赶不上制造业的增长率,就会出现瓶颈状态。

> “高于最优比率的增长造成的比例失调和严重经济困难,只能通过放慢发展速度来克服。这一喘息时期将持续到前一时期上马的新投资项目(绝大部分是基础工业中的投资项目)竣工和交付使用时为止。由于放慢了发展速度再加上新工厂投入生产,供应情况将逐渐得到改善。由此也就准备好了条

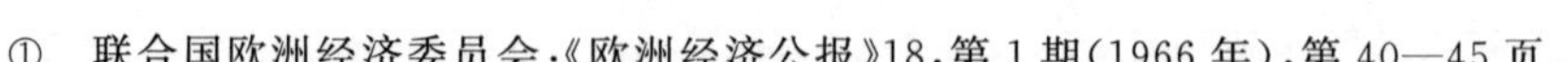

① 联合国欧洲经济委员会:《欧洲经济公报》18,第1期(1966年),第40—45页。

② 乔治·J.斯托勒:“经济活动的波动:计划经济和自由市场经济,1950—1960年”,载于《美国经济评论》,1964年6月,第385—395页。并参看“回顾东欧和苏联十五年来的投资和产出”一文,载于联合国欧洲经济委员会:《欧洲经济公报》18,第1期(1966年),特别是第31—44页,这篇文章也给人留下了相同的印象,即社会主义国家逐年的产出变化很大。

件……使这种准循环得以再次开始。”①

戈德曼证明，1950—1965年，波兰、匈牙利和捷克斯洛伐克都曾存在过这种增长忽快忽慢的循环。产出真正下降的情况很少出现，虽然1954—1955年和1960年匈牙利显然出现过这种情况，1954年和1962—1963年捷克斯洛伐克也出现过这种情况。在资本主义国家，整个经济的波动现在也主要表现在增长率的变化上，产出绝对下降很少见。

社会主义国家不收集失业方面的资料，因为根据定义，社会主义国家不存在失业。埃米莉·布朗教授的研究②表明，苏联的劳动力市场上存在着许多西方劳动力市场具有的现象，例如：劳动力的流动量很大，尽管人事干部尽力阻止劳动力流动；农村人口大量向城市迁移，同时也有许多人从一个地区迁往另一个地区；由于发生技术变革或由于厂矿搬迁，有时工人被替代，摩擦失业水平也许与资本主义国家大致相当。

非正统的南斯拉夫则收集并发表失业统计资料。20世纪50年代，南斯拉夫非农业部门的失业率为3%～5%。③ 然而，当20世纪60年代初工业化步伐放慢时，1961年失业率则上升到5.9%，1963年上升到6.8%。根据德拉姆的报告，1968年失业率

① 约瑟夫·戈德曼：“某些社会主义国家经济增长率的波动与变化趋势”，见菲韦尔编：《苏联式经济的新潮流，文选》，第117卷。

② 埃米莉·C.布朗：《苏联的工会与劳资关系》(坎布里奇：哈佛大学出版社，1966年)，第2章。

③ 罗伯特·G.利文斯顿：“南斯拉夫的失业趋势”，载于《劳工评论月刊》，1964年7月，第756—762页。

达8%左右。在那些年，劳动力持续从农村大量涌向城市，以致劳动力的供应量超过了新创造的就业机会的数量。在这方面，也许可以把南斯拉夫归入欠发达国家类，因为许多欠发达国家也具有类似的现象。

在统计学上，增长可以分成要素供应量的增长率和“残差”，后者也叫作要素总生产力的增长率。伯格森用这种方法计算了苏联自1928年以来的增长，一些苏联和东欧的经济学家最近也用这种方法进行了计算。[①]

投入的增长显然很重要。前面已提到社会主义国家的物质资本形成率很高。由于存在大量农业人口，因而只要使劳动力脱离农业，便可以迅速增加工业劳动力，虽然落后的农业生产力起着阻碍作用。对教育的投资额也很大，并且特别重视职业教育，所以城市劳动力的素质提高得很快。

要素生产力的增长率变动很大。伯格森发现，在苏联，20世纪30年代，要素的生产力几乎没有提高，工业部门要素生产力的提高，几乎都被农业部门要素生产力的降低抵消了。另一方面，20世纪50年代，要素的生产力则每年上升3%左右，大约40%的产出增长得归功于要素生产力的提高。然而，20世纪60年代，要素生产力的提高再次放慢了速度；主要是由于这一原因，而不是

① 参看艾布拉姆·伯格森：《1928年以来苏维埃俄国的实际国民收入》(坎布里奇，哈佛大学出版社，1961年)；艾布拉姆·伯格森和西蒙·库兹涅茨编：《苏联的经济趋势》(坎布里奇，哈佛大学出版社，1963年)；F. G. 丹顿：“有关1951—1963年苏联经济增长的近期研究”，载于《苏联研究》，1968年4月，第501—509页；A. 米科洛夫和I. 朱科娃：“某些经互会国家的经济增长经历”，载于《经济学报》，1968年3月。

由于要素供应量的增长率下降，导致了苏联增长率的提高减慢了速度。

巴拉沙对五个东欧国家和四个西欧国家制造业的产量增长和要素的总生产力进行了比较。比较的时期不很长，仅仅是从1953年至1965年。五个东欧国家是：保加利亚、捷克斯洛伐克、匈牙利、波兰和罗马尼亚；四个西欧国家是：西班牙、希腊、挪威和爱尔兰，它们的发展水平与上述五个东欧国家大致相当。虽然东欧国家的产出增长率稍微高一些，但这完全依赖于要素的投入增长较快。这两组国家要素总生产力的增长率几乎相等。[①]

当然，这种研究结果实际上没有解释所发生的事情。要素的总生产力是“黑匣子”。我们可以给匣子中的一些项目起名字，而且对于西方国家来说，还可以估计它们的相对重要性。但对于东方国家来说，现在还无法做这一工作。

贸易水平与贸易结构

在解释社会主义国家的贸易水平和贸易结构时，我们不能把所观察到的一切都归因于中央计划的存在。另外两个因素也很重

① 贝拉·巴拉沙：“东欧国家和与其类似的西欧国家的经济增长情况”，载于《美国经济评论汇编》，1970年5月，第314—320页。巴拉沙发现了这样一个有趣的现象，即要素生产力的增长率与投入的增长率高度相关，而这两者又与人均收入水平有关。例如，在这两组国家中，制造业产出、制造业投入和要素生产力增长最快的国家，是最不发达的国家，即保加利亚、罗马尼亚、希腊和西班牙。这种“发展水平”效应显然要大于“经济体制”效应。

要。首先，大国比较倾向于自给自足。因而很自然地，中国和苏联的贸易比率远远低于捷克斯洛伐克和罗马尼亚。其次，大多数社会主义国家的工业发展水平都很低，都正在经历强制性的工业化过程，而这种过程同一些欠发达国家正在经历的过程没有什么不同。不仅在消费品方面而且在重工业方面，它们都正在竭尽全力用国内产品取代进口货。由此而产生的一些结果，同在非社会主义的半工业化国家看到的结果是一样的。①

不过，也应考虑到计划体制的作用，计划体制既影响着贸易水平，也影响着贸易结构。首先，国外需求不像国内需求那么好预测，这一事实使贸易很难成为计划体制的组成部分，因为计划体制的实质便是预测和控制。社会主义国家贸易额的逐年波动，似乎远远大于西方国家贸易额的逐年波动。② 例如，蒙蒂亚斯告诉我们，工业化程度不高的东欧国家一直把机械进口当作"填料"，用来弥补投资需要量和国内机械工业产出之间的差距，而作为工业化运动的组成部分，这种差距正在迅速扩大。东欧国家投资量的逐年波动很大，这导致了机械进口发生更大的波动。③ 与受古典派的或凯恩斯派的调整机制支配的资本主义国家不同，对于社会主义国家来说，突然丧失某一出口市场并不会对国内收入和就业产

---

① 这一点是贝拉·巴拉沙强调指出的，见他的《半工业国家的发展战略》，第24—27页。

② 乔治·J.斯托勒："经济合作与发展组织国家和经济互助委员会国家的对外贸易稳定模式"，载于《美国经济评论》，1967年9月，第897—898页。

③ 约翰·M.蒙泰尔斯："机械产品方面的社会主义工业化和贸易：根据保加利亚、波兰和罗马尼亚的经济所做的分析"，见艾伦·A.布朗和伊根·纽伯格编：《国际贸易与中央计划》（伯克利和洛杉矶：加利福尼亚大学出版社，1968年）。

生很大影响。从原则上说，它们完全可以把资源转移到其他不那么有利的方面。但是从管理的观点来看，这仍然是令人讨厌的，所以社会主义国家在制订计划时为了避免风险往往具有反对贸易的倾向。

其次，东欧国家的通货是不可兑换的，甚至它们相互之间也是如此。如果波兰在与匈牙利的贸易中出现顺差，从而拥有匈牙利货币福林，那么它对于能否用这种钱买东西是没有把握的，甚至不知道能否用这种钱购买匈牙利的东西，因为社会主义国家的商品出口是要得到国家批准的。这就是所谓“商品的不可兑换性”，它增加了通货的不可兑换性。一国向另一国提供信贷是要冒风险的，因为它不知道对方将用什么商品、按什么样的价格偿还信贷。

因此，贸易便采取了一对对的国家进行双边谈判的形式，力图使每年的贸易保持平衡。这是一种很烦琐而且官僚主义泛滥的过程。先是要分析为满足生产计划的要求需要进口多少货物，同时还要分析自己具有多大的货物出口能力。正如怀尔斯所指出的，数量是在价格之前确定的。外贸价格不必与国内价格一致，因为在它们之间有国家外贸机构的补贴（和利润）充当缓冲器，从这个意义上说，外贸价格是随意确定的。但是，社会主义国家的国内价格并不精确地衡量实际的资源成本，这一事实使每个国家很难判断出口和进口是否对自己有利。而且，各国商品之间的价格比率是不同的，这样便有如何就公平的变换条件达成一致意见的问题。

逃避这个问题的方法通常是把国际市场价格当作参考点。但一旦同意把例如说 1967 年的国际价格当作水准基点，往往就会（像国内价格表那样）一连好多年每次都采用这种价格。在这一时期内，这种"官方的"1967 年价格不仅会大大偏离贸易国的比价，而且还会大大偏离现行的国际价格。况且，这种国际价格仅仅是进一步讨价还价的起点，实际贸易价格可以与这大不相同。出口国处于垄断地位或至少处于寡头垄断地位；由此便出现了这样的问题，即某一社会主义国家是否总能占其他社会主义国家的便宜。有人也许以为，苏联的讨价还价力量最大，但怀尔斯认为，苏联并非总能在价格方面占到便宜，虽然它有时能压低其贸易伙伴的售价，强迫它们按照这种价格提供较大数量的货物。[①] 怀尔斯还进一步大胆地推测，东德和捷克斯洛伐克（两者都是机械和其他工业品的出口大国）也许受到了其他社会主义国家的剥削，而匈牙利也许在价格方面受到了优待。

我们已经指出，社会主义经济的特征是需求总是过大，与之联系在一起的是"过高的"计划和雄心勃勃的发展战略。这样进口方面便受到很大压力，而对于输出国内可以有利地利用的商品（例如粮食）则不那么积极。在资本主义国家，出口本身被认为是值得向往的，而进口则是对国内工业的一种威胁。社会主义国家的情况正好相反。出口是令人感到遗憾而不得不做的事，其唯一的作用是偿付必不可少的进口；这也许导致了出口生产发展缓慢。而且，社会主义国家的生产企业对于出口积极性不大，因为它们若要出口，须按国内价格把产品卖给外贸部门，而它们的产出通常在国内就可以销完。

---

① 彼得·J.D.怀尔斯：《共产主义国际经济学》（纽约：普雷格公司，1968 年），第 9 章。

由于以上种种原因，东方国家的贸易率（出口加进口除以国民生产总值）在某种程度上低于面积与其相当的西方国家，就不足为奇了。苏联的5%左右的贸易率，大大低于美国的8%的贸易率。至于东欧国家，据普赖尔估计，1928年，它们的贸易率与可比的西欧国家没有太大的差距。但到20世纪50年代，政体改变后，它们的贸易率仅是面积和收入水平与其相似的西方国家贸易率的50%～60%。[①] 这种情况似乎一直没有改变，至少60年代初仍是如此。

社会主义国家是否把降低贸易率当作目标本身，这一点不是很清楚。但是，社会主义国家具有强烈的民族主义愿望，希望全面实现工业化，以此作为经济和军事力量的基础，它们的这种愿望同欠发达国家的愿望没有什么两样。同许多欠发达国家一样，东方国家似乎重视国内生产而轻视进口，重视制造业而轻视农业，重视重工业而轻视轻工业。这种偏重模式虽然在努力取代进口的早期阶段会增加贸易额，但最终将导致贸易额的下降。因此，可以把低贸易率看作事后的自给自足，也就是看作社会主义体制的其他特征所带来的结果，而不是看作事前的政策目标。

上面讨论的是贸易水平，现在让我们来看贸易结构。社会主义国家的贸易2/3左右是它们相互之间的贸易，1/4左右是东西方贸易，10%左右是与欠发达国家的贸易。东西方贸易所占的比

① 弗雷德里克·L.普赖尔："讨论"，见布朗和纽伯格《国家贸易与中央计划》，第163—164页。不过，请与怀尔斯（《共产主义国际经济学》，第15章）的观点做一比较，怀尔斯认为，20世纪60年代初，东方的贸易率与西方相等。

例 60 年代大大高于 50 年代，而且这一比例还会逐渐增加。自中苏关系破裂以来，中国的贸易发生了特别显著的变化。现在中国的贸易大约 2/3 是与非社会主义国家的贸易。

东西方贸易受到了政治态度的阻碍：东方国家不愿依靠也许会突然翻脸的资本主义世界，西方则禁止向东方运送“战略”物资。但一个更为严重的障碍也许是社会主义国家缺少富有吸引力的出口产品。在传统上，东欧国家是欧洲的产粮区，但现在大多数西欧国家的农产品都已多得成了负担。在大多数制造行业，东方的质量水平都得大大提高才能使其产品在西方市场上具有竞争力。

社会主义国家之间的贸易，主要是用粮食和原料交换机器以及在较小的程度上交换消费品。在社会主义国家中，东德和捷克斯洛伐克是工业化水平最高的国家，是主要的机器出口国。苏联主要充当原料供应者的角色，同时从东欧进口机器和消费品。然而，随着各社会主义国家工业化水平的不断提高，东德和捷克斯洛伐克面临着这样一个严重问题，即如何利用自己的机器制造能力，这已使社会主义国家之间的关系处于很紧张的状态。如果东德和捷克斯洛伐克能继续向其他东欧国家大规模出口机械，换取粮食和原料，那它们会感到很满意，会继续鼓吹这种“社会主义分工”。但罗马尼亚却不想再为捷克人和德国人砍柴挑水了，正像巴西不愿再为美国做这种事那样。当代罗马尼亚经济学家在这个问题上的看法，同建立社会主义制度以前曼诺莱斯库、罗森斯坦-罗森以及另一些人的观点没有多大不同。实际上，东欧国家的经济著作一方面都宣称忠于社会主义的兄弟友谊与合作，另一方面也都带有强烈的民族主义色彩。[①] 中国领导人也经常抱怨，苏联希望实行的那种分工会妨碍中国的工业发展；这肯定是导致1960年以来中苏关系破裂的一个重要因素。[②]

利益上的不一致阻碍了经济互助委员会（经互会）发展成为超国家的计划组织。经互会一直是松散的组织，其成员国只是就具体项目议订双边协议。与其说它类似于欧洲经济共同体，还不如说它类似于关税及贸易总协定。经互会成员国之间已签订了大量双边协议，其中有两国共同建立公司的协议；甲国提供信贷开发乙国的自然资源，乙国把开发的一部分资源出口给甲国的协议；共同开凿运河和共同在边境地区修建水利工程的协议；在某些机器零部件的生产方面实行专业化分工的协议。但这些实际上没有经互会也能做到。

① 有关这一点的证明，特别是有关捷克和罗马尼亚的经济著作表现出来的这种倾向，参看约翰·迈克尔·蒙泰尔斯：《共产党罗马尼亚的经济发展》（坎布里奇，麻省理工学院出版社，1967年），第4章。

② “你们经常指责我们‘单干’，说什么你们主张社会主义国家之间保持广泛的经济联系并进行分工，但你们在这方面实际上干了些什么呢？

“你们侵犯兄弟国家的独立和主权，反对它们根据自己的需要和潜力独立自主地发展本国经济。

“你们欺侮经济较为落后的兄弟国家，反对它们的工业化政策，力图使它们永远做农业国，做你们的原料供应地和商品倾销市场。”

（“中国共产党致苏联共产党的公开信”，转引自埃克斯坦、盖伦森和刘编：《经济趋势》，第554页。）

调节收入分配的多种手段

在资本主义国家,收入分配是由市场决定的,对其进行调节的主要是个人所得税。另一方面,在社会主义国家,则有许多种方法可用来直接调节税前分配,因而所得税不那么重要。苏联按统一的低税率课征个人所得税,主要是为了取得宏观经济上的平衡,并不把这当作分配政策的一项措施。

影响收入分配的政策主要有:

1. 农产品价格政策及相关的措施。在集体农业制度下,农村收入受到严格控制。国家可以改变农产品收购量,改变收购价格,改变国家提供的机器、化肥和其他投入的价格,改变所得税率,以此来改变相对于城市收入而言的农村收入。我们似乎可以认为,社会主义国家的农业政策一般是不利于农民的,使农民的相对收入低于市场不受控制的情况下他们可能获得的收入。(在资本主义国家,农产品价格也同样具有政治色彩,但政府常常通过实施价格补贴计划来提高农业收入。)课征农业税来资助工业发展,这固然有经济上的原因,但与此同时也有政治上的考虑。不仅在生产力方面而且在所有制方面,农业都是个"落后部门",虽然不得不容忍这种状况,但实际上对此是很不满意的。城市工人是社会主义新社会的主要支柱,因而受到偏爱,可以获得低价食品。

2. 工资—薪金结构。工资和薪金等级是由中央决定的。但与此同时,企业必须在供过于求的市场上争夺劳动力。因此,中央在拟定工资等级表时,必须考虑到市场倾向于确立"稀缺工资"。

而且，在计划过高的经济中，对劳动力的争夺会导致企业支付的工资超过官方规定的工资等级，所采用的方式与西方没有什么两样，如给工作定过高的等级，放松计件工资率等。

同其他社会主义国家相比，我们对苏联的工资结构研究得比较彻底。体力劳动者之间的工资差别存在于以下可以预料得到的方面：熟练工人的工资远远高于非熟练工人的工资，重工业的工资高于轻工业的工资，边远地区和贫困地区的工资也较高。20 世纪 30 年代，曾有意扩大了熟练工人和非熟练工人之间的工资差剐，试图以此招收更多的熟练工人，这一趋势一直持续到 50 年代中期。最近，随着教育和培训机构的急剧扩大，熟练工人不断增加，从而熟练工人和非熟练工人之间的工资差别也趋于缩小。但是，这种差别仍远远大于大多数资本主义国家。

另一方面，相对于工资而言，薪金则不像西方那么高。按西方的标准衡量，管理人员的薪金是很微薄的。专业人员的薪金，其中包括医生和其他医务工作者的薪金，不像在资本主义国家那样，远远高于体力劳动者的工资。这部分是因为自 20 世纪 30 年代以来，苏联在教育方面做出了巨大努力，同时也因为较为充分地调动了妇女的工作潜力，妇女可从事范围极为广泛的职业。在资本主义国家，15 岁以上的妇女在劳动力中所占的比例一般为 30％～40％。在社会主义国家，这一比例一般则为 50％～70％。1959 年，苏联总的妇女劳动力参与率为 66.8％，20—50 岁这一年龄组的参与率则在 75％以上。而且，妇女在技术人员和专业人员总数中占有很大比重。1964 年，在接受过高等和中等专业训练的就业人员总数中，妇女占工程师总数的 31％，占农业工程师和兽医总数的41%，占经济学家、统计学家和商品专家总数的63%，占教师、图书馆管理人员和文化官员总数的68%，占医生总数(不包括牙科医生)的74%。[①]

无疑，由于妇女的参与，上述各项职业的劳动力供给大大增加了，从而降低了这些专业人员的相对收入。职员的薪金一般也低于半熟练工厂工人的工资水平。姑娘们往往喜欢"坐"办公室，而不愿在工厂的车间里干活，这增加了职员的供给，显然是使职员薪金较低的原因。

我们无法了解到收入在全体劳动力之间的分配情况。不过，联合国欧洲经济委员会收集的资料，使我们有可能对一些东欧国家和西欧国家的工资—薪金收入在家庭之间的分配情况做一很粗略的比较。[②] 15%收入最高的家庭获得的收入在工资—薪金收入总额中所占的比例有如下述：英国1963—1964年为13.2%；西德1964年为13.6%；荷兰1962年为18.8%；法国1962年为19%；瑞典1963年为16.2%；匈牙利1962年为1.4%；捷克斯洛伐克1958年为9.8%；东德1958年为9%；波兰1965年为12.1%。应该记住，这些都是税前收入，而因为西方的所得税较高，累进性较强，所以如果对税后收入进行比较的话，东欧国家和西欧国家的差

① 联合国欧洲经济委员会：《1968年欧洲经济概览》(纽约，1969年)，第3章；联合国欧洲经济委员会，《战后欧洲的收入》(日内瓦，1967年)，第8章。当然，应该记住，第二次世界大战期间，苏联的男人伤亡特别惨重，这仍严重地影响着苏联的人口状况。东欧国家较多的劳动力从事农业生产，也提高了妇女的劳动力参与率。

② 联合国欧洲经济委员会：《战后欧洲的收入》(日内瓦，1967年)，第6章，第21页，和第9章，第23—26页。

别也许会小一些。根据上述数据，可以推测社会主义国家劳动力收入的分配较为均等；但目前只能是推测而已。

3. 免费消费和受政府补贴的消费。讨论实际收入在家庭之间的分配情况时，必须考虑到很大一部分收入是直接分配的，而不是通过货币分配的。让我们看一看莫斯科或基辅的普通人家的情况。房租得到很多补贴，只占家庭收入的3%～5%；医疗和住院基本上是免费的；各级教育也基本上是免费的。交通虽然不是免费的，但也同样得到了大量补贴。（莫斯科的地铁现在仍是不分路途远近一律只收五分硬币。）假期到黑海或其他地方旅行的费用，常常由雇主支付。因此，货币收入只是用于购买食品、衣服和家庭设备，或用于其他杂项支出。（购买汽车的费用总有一天也将占用一部分货币收入，但现在只是刚刚开始。）所以，家庭之间的不平等只能意味着在这些消费领域存在不平等；而即使在这些领域，有利于食品和衣服等基本项目的价格结构，也往往使每个人都能吃饱、穿暖。

合乎逻辑地扩展这一体制，将意味着向每个人免费提供最基本的食品、衣服等物品。若能做到这一点，货币收入就更不重要了。社会主义国家期待着事物朝这一方向发展，希望随着生产力的提高，全面实现共产主义；但很显然，实现这一目标还很遥远。

与补贴相对立的是供应短缺。最突出的例子是住房短缺，许许多多人都在排队等待低房租住房。这带来了一种特殊的不平等，一些人已得到了住房，另一些人还没有得到住房，一些人排在队首很快就可得到住房，另一些人则要再排五年队才能得到住房。顺便说一句，住房短缺实际上是对劳动力流动最严重的限制。在厂里有住房的人，之所以不愿放弃工作，是因为虽然工作也许好找，但要找到另一处住房却肯定很难。

通常认为，以低于成本的价格广泛供应非公共品，是违反福利经济学原则的。人们认为，住房和其他消费品应根据成本来定价。不管均等化多么诱人、多么可行，都应把收入以货币的形式分配给消费者。应该让消费者在市场上自己做出选择。不过，也有与此相反的论点，第六章将讨论这些论点，在第六章中，我们将考察社会主义经济的主要政策问题。

即便不考虑价值判断方面的问题，比较社会主义国家和资本主义国家之间的家庭收入分配情况，显然也是一个很复杂的问题。仅仅比较货币收入的分配，或仅仅比较工资和薪金的结构，是不够的。所以无怪乎，谨慎的学者往往觉得不好给这两类国家收入分配的相对均等程度下结论。我目前只能得出以下带有假设性质的结论：就城市人口而言，社会主义国家的收入分配显然较为均等。这部分是因为白领工人的收入较低，部分是因为没有财产收入，部分是因为有时免费供应基本消费品，有时按补贴价格供应基本消费品。另一方面，社会主义国家城市和农村收入之间的差距也许较大，而农村人口所占的比例也较大。

我们在本章中所力图做的，是描述社会主义经济而不评价其成就。我们试图对社会主义经济做中立的、非政治性的描述，使莫斯科或布拉格以及伦敦或纽约都感到不偏不倚。这不是一件容易的工作，而且毫无疑问做得并不十全十美。假如我的描述中带有褒贬色彩的话，那完全是出于无意。

从经济意义上说，社会主义的制度结构是否比资本主义的制度结构“好”，要回答这一问题，需要掌握有关各个方面经济成就的大量资料，而我们现在所掌握的这方面的资料却少得可怜，同时还要进行一系列的价值判断。现在甚至还弄不清，这个问题是否那么令人感兴趣。然而，我们在第十章中将再次简要地讨论这个问题。

第四章　欠发达经济

至此我们考察的经济可以称为“社会主义”经济和“改变了形态的资本主义”经济。但是，怎样称呼不属于这两个类别的经济呢？是称为前资本主义经济呢，还是称为前社会主义经济？按照马克思的图式，也许应该把它们看作是“封建”经济。但这些名称没有什么描述价值。

欠发达国家大小不一。其中许多国家的经济规模很小，例如新加坡、牙买加、毛里求斯，还有一些更加小得可怜，如西非一些国家。这些国家对进出口的依赖程度极大，只能发展成为它们与之进行贸易的大国的卫星国。另外有三四十个欠发达国家，大得足以发展成为自给自足能力较强的国家，考察这些国家也许较为有用。然而，用国民产出来衡量，这些国家大都还是太小。印度由于人口众多，幅员辽阔，也不那么典型；过于重视“印度模式”，已给经济发展方面的文献带来了不良影响。对于全体欠发达国家来说，还是诸如智利、哥伦比亚、加纳、乌干达、锡兰（斯里兰卡的旧称。——编者注）和泰国这样一些中等规模的国家，具有较大的代表性。

即使加上这一限制条件，欠发达国家也比已经讨论过的那两类国家更为复杂多样。有些具有较长的独立史，另一些则最近才摆脱殖民统治。按传统标准衡量，有些欠发达国家的人均收入每年不足100美元，而另一些则高于500美元。相对于可耕土地面积而言，有些欠发达国家人口稠密，另一些则人口稀少。在一些欠发达国家，现代工业几乎可以忽略不计，而在另一些国家，现代工业则占国民产出的15％～20％。

这种复杂多样性提出了一些我们应该提到但无法回答的问题。首先，说这些国家不如另外两类国家发达，其含义是什么？或者说在这些国家当中，一些国家比另一些国家发达，其含义又是什么？这样说是否有衡量标准？人们往往很自然地会求助于人均收入方面的估计数字。但这种方法毫无疑问是很浅薄的。人均收入表明了经济的其他特征。但究竟表明了什么？这是我们需要知道的。

其次，一些欠发达国家似乎很相像。这使人们想到，进一步分类也许是有用的，也就是把欠发达国家再分成小的类别。但是，对于哪种分类方法最为适宜，人们没有取得一致意见。一些人提出，有所谓"拉丁美洲型"经济和社会，或"热带非洲型"经济和社会。另一些人则提出，应把欠发达国家分成相对于自然资源来说人口稠密的国家和人口稀少的国家。人们有时用小的开放经济同大的较为自给自足的经济做对比，有时认为"产油国和产矿国"具有不同于其他欠发达国家的特征。西尔斯提出，应按专门生产初级产品的程度，从而按对出口的依赖程度来给欠发达国家分类。[①] 按照这种分类方法，在光谱的一端是制造业较为庞大的多样化经济，

① 达德利·西尔斯："对初级产品生产国的不稳定作短期分析的方法"，载于《牛津经济学论文集》，1959年2月。

如印度、墨西哥、阿根廷等国家，另一端则是“香蕉国”和“石油酋长国”。

我们暂且不讨论以上问题，而把欠发达国家看作是一个整体。也就是说，我们将具体描述在某种程度上所有欠发达国家都具有的特征，虽然这些特征在一些欠发达国家比在另一些欠发达国家表现得更为突出。以下特征似乎特别重要：政府的经济权能较为有限；自然经济和个体经营居支配地位；市场不完全；生产要素未得到充分利用，生产率较低；严重依赖出口收入和资本流入；公共部门和“现代”工业部门较小；人均收入较低，收入分配很不均等；增长率较低，同时各国间的实际经济增长速度差距很大。

有限的政府经济权能

欠发达国家的政治领导不像社会主义国家的政治领导那样，团结一致，纪律严明，积极进取；也没有组织良好的政治机器的支持；通常也没有资本主义国家的稳定的多党制度。它们当中只有五六个西方式的民主国家，而即使这些国家也不那么稳定。

一般说来，欠发达国家都实行一党统治或军事统治。在一党政治下，执政党往往实行寡头统治，统治权力主要集中在首府，群众基础很薄弱。老百姓，特别是农民，通常都以怀疑和忧虑的眼光看待政府。目前有大约一半的欠发达国家是由军政府统治的，各国的军政府统治方式差别很大。在一些国家，军官阶级向穷人家子弟敞开的门，要比文官阶级敞开的门大，因而加入军官阶级实际上成了穷人家子弟向上爬的主要途径。从这一点来看，最近秘鲁、玻利维亚、利比亚和苏丹(以及早些时候缅甸和阿拉伯联合共和国)等国家左翼军政府的上台,并不像人们认为的那么不合情理。

哪里的权力移交工作没有秩序,哪里的政权就必然不稳定。选举也就往往被军事政变所取代,从而政府关心的头号事情就是不被赶下台。这使政府的目光短浅,把精力主要放在如何维持统治和如何提高威望上。也许还有其他一些原因致使政府对经济发展的态度冷淡。被富人控制的政府不可能去努力推进会破坏现存特权体制的变革。虽然社会中也有主张经济发展的力量,但它们不得不冲破习惯势力和反对派的强大阻力。

除了**动力**不足外,政府在经济管理方面的权能通常也很有限。除了在印度和其他前英国殖民地,文官传统得到了完全继承外,在其他欠发达国家,政府工作往往被看作是政治战利品,而不是职业阶梯。政府内的经济管理人员常常未受过专门训练。即使最高一层有干练的管理人员,这些高级管理人员也往往没有能干的部下。在最高一级官员和普通职员之间,非常缺乏“中级管理人员”。尽管经济问题至关重要,但相对于需要而言,合格的经济学家的人数却少得可怜,而且供给增长缓慢。相对于私人企业中的管理人员和专业人员的收入而言,政府官员的薪金通常很低。因此,政府官员常常受贿,以此来弥补收入的不足。“推定行贿受贿”也许对干成某些事有帮助,但却无助于有步骤地实施重点政策。低薪金和政治不稳还使许多有才能的人供职于联合国机构或外流到发达国家。

除了中级管理人员不足外,还有另外两个困难:一是“统计资

料贫乏”,二是“反馈机制低劣”。[①] 最可靠的经济数据是在管理经济的过程中顺便获得的数据,例如进出口统计数字,或中央政府的财政收入和支出数字。但有关农业产量、大多数其他行业的产量、价格和工资水平、家庭收入等方面的估计数字,却很不准确。因而根据这些不可靠的数字估算的国民生产总值也很不准确。“反馈机制低劣”指的是,政府常常不知道其行动所产生的结果。举例来说,凡是想从外国进口货物的人,都必须申请许可证,但政府却懒得数一数申请者的人数。政府每年都要为修建道路而拨款,但到下一预算年度时,谁也不知道用上一年的拨款修建了多少道路。对于工程项目,虽然进行事前的分析,但却不进行事后的审计。由于反馈机制低劣,即使是很明显的估计错误和误差,也很难予以纠正。

一些国家的政府比另一些国家的政府更为清楚地认识到了其经济权能所受到的限制,并以不同方式对此做出了反应。一些政府什么也不做,听其自然。另一些政府则过分绷紧管理体制,不顾自己的能力,试图实行各种各样的经济控制。在这种情况下,什么也干不好,反而会对经济带来负效应。还有一些政府则在做蠢事,其所作所为往往会扼杀个人的主动性,而又提不出能有效地取代个人主动性的东西。这种主观随意的干预,在整个欠发达世界随处可见,它既没有可靠的经济分析做保证,也没有可行的总体战略做指导。

---

① 这两个术语借自 C. E. 林德勃勒姆教授,他是在一次研讨会上使用这两个词的。

最后应该指出的是，大多数欠发达国家的民族意识还不成熟。大多数西方国家在现代经济增长开始之前，都具有很长的民族统一史。一般说来，民族主义是推动经济现代化的动力。但是，在巴厘岛的居民看来，爪哇岛却是外国。对于马萨伊部落的成员来说，肯尼亚和坦桑尼亚实际上没有任何意义。因此，纵然中央政府愿意发展经济，想动员全体国民做出一致的努力，它也很难把这个意思传达给其国民。

自然经济和个体经营

在大多数欠发达国家，绝大多数人口都居住在农村。他们用一部分时间生产粮食，主要供自家食用；用另一部分时间为自家生产“Z－商品”[①]（住房、家具、衣服、自我服务）；剩下的便是空闲时间。购买的商品只占消费总额的很小一部分，而所谓购买的商品也是用少量粮食从乡村工匠那里换来的。

从某种观点来看，经济发展就是市场经济相对于自然经济而逐渐扩大。从历史上来看，这通常是作为对外贸易的副产品而出现的。迈因特告诉我们，市场经济可以通过国外市场对某种农产品的开放而渗入自然经济，例如尼日利亚和加纳的可可便可以用来换取进口消费品。进口消费品的出现，会激刺人们的欲望，从而诱使农民更卖力地干活，花更多的时间种植出口农作物。赫莱因

① 这个概念是S.海默和S.雷斯尼克提出来的，参看他们合写的“兼有非农业活动的农业经济模式”一文，载于《美国经济评论》，1969年9月，第493—506页。

纳告诉我们,1900 年以来尼日利亚可可产量的迅速增加,并没有降低粮食产量,而只是增加了劳动时间和未开垦土地的投入。

雇用当地工资劳动者的外国采矿企业和种植企业的出现,也会使市场经济渗入自然经济。支付给当地工人的工资,会创造对食品的货币需求,从而导致食品交易额的上升。但这种溢出效应并非不可避免。我们可以想象有这样一个外国经济飞地,它不仅从本国进口工业品,而且还从本国进口劳力和食品,因而对当地的农业经济只有极微小的影响。英国在锡兰的茶叶种植园和在马来西亚的橡胶种植园,似乎就属于这种情况。

与占主导地位的自然经济相对应的是普遍存在的个体经营。在农村,多数人要么是佃农,要么是自耕农。无论是佃农还是自耕农,都是家庭决定劳动投入,收入是剩余产品而不是工资。在城市,多数人也是"自谋职业者":工匠、商人、运输业者或仆役。政府和"现代"工商企业中的雇佣劳动者,在劳动力总数中只占很小的比例,虽然在一些国家这一比例在不断增长。

这种经济使获取经济数据的工作变得很复杂。让我们来看估价国民产出的问题。究竟应怎样计算农民自产自用的"Z-商品"的价值?怎样计算城市中沿街叫卖的小商贩的产品?即使在原则上可以回答这样的问题,国家的统计官员也肯定不会收集与此有关的数据。因而,他们估算的国民生产总值数字是很不可靠的。

在这种经济中,失业统计数字也没有什么意义。尽管人口压力很大,但公开失业的人数却可能很小。公开失业是一种奢侈品,只有富得能实施收入维持计划的国家才拿得出钱享受它。在欠发达国家,几乎每个人都有事做,但每个人生产的东西却很少。问题的要害是，虽然公开失业的人数不是很多，但每个工作的人生产率却很低。然而，由于没有可靠的产出数字，因而很难确定劳动力未得到充分利用的程度。

尽管如此，以下两个比率作为经济发展指标仍是有意义的。一个是工薪挣取者在劳动力总数中所占的比重，另一个是被销售的农产品在农业产出中所占的比重。如果这两个比例随着时间的推移而上升，那就可以说，经济结构正在发生变化。

市场的不完全

没有市场，也就没有经济。在大多数欠发达国家，市场的重要性正在增强。但它们还远远没有达到教科书所说的标准，按照这一标准，应该形成完整而独立的市场网络，市场上应有许许多多消息灵通的买家和卖家，价格应趋于一致，并可以灵活变动，从而为经济决策提供正确的信号。不发达的一个主要特征，就是缺少这样的机制。

无论对于哪一个欠发达国家，只要考察一下几种主要市场的情况，便可以证明这一点。让我们先来看劳动力市场的情况。欠发达国家白领工人和蓝领工人之间的工资差距，以及熟练工人和非熟练工人之间的工资差距，要比资本主义国家或社会主义国家大得多。这部分也许是文化因素和传统因素造成的，例如在东非，职业和工资级别分欧洲人、亚洲人和非洲人这样三个等级；同时也是由于为高级职业培养人才的设施很有限。现代部门中工人的收入，远远高于传统行业和农业中个体经营者的收入。这种差距非常大，以致使人觉得，这部分是政治压力造成的。一个令人感兴趣的问题是，农民的收入究竟是高于还是低于城市中传统行业工人的收入，移民是不是一种重要的平衡力量；但因为没有个体经营收入的可靠资料，我们对此不能发表什么看法。

至于资本，在农业经济、国内货币化部门和进出口部门之间存在着明显的差别。农业经济传统上依赖于乡下的放债人，非常缺乏或根本没有现代银行机构。在国内货币化部门，主要是通过自筹资金获得资本。最初的资本是从家族成员那里筹集来的，企业的发展依赖于把赚得的收入用于再投资。国家持有股票的情形只是在少数国家比较显著。进出口部门常常通过外国银行在当地的分行有自己的资金来源。

一般都有一家中央银行，主要充当政府的金融代理人；还有几家商业银行，集中在大城市，主要向商业活动而不是生产活动发放贷款。但与发达国家不同，不存在由储蓄银行、保险公司、投资银行、抵押银行、证券交易所等组成的金融网，因而很难使储蓄用于经济发展。

资本市场的不完全反映在法定利率和自由市场利率之间的巨大差距上。对于有组织的商业银行可以索取的利息，通常有一最高限额，该限额往往低于自由市场上的利率。因而银行总是在老主顾的小圈子内分配信贷。其余想借款的人则不得不求助于没有组织的金融市场，支付高得多的利息。这便是很难建立新企业的一个原因。在欠发达经济中，利息要得最高的，一般是农村的放款者。

产品市场上的普遍情况是，相对于最优生产规模来说，大多数商品的国内需求都很小。垄断或“强有力的寡头垄断”到处可见，而实际上却没有接近于纯粹竞争的市场。价格和成本之间的差距往往很大，而且通过对大多数制造品课征高额关税来保护这种差距。人们掌握的信息很少，商业惯例一般很陈旧。相同的商品或服务往往具有很大的、变化不定的价格差距。

欠发达国家的政府对价格制定工作的干预一般要比西方国家普遍。政府通过颁布最低工资法令和实施自己的就业政策而对工资结构具有很大影响。政府通常规定最高利率。汇率对于欠发达经济来说是一种很重要的价格，但却维持在非均衡水平。运输生产、电力生产以及其他公用事业，一般由政府来经营。政府通过汇率、关税以及进口限制政策对制造品的价格具有重要影响。政府的这些活动，加重了本来就存在的价格扭曲。

经济萧条：要素供给与要素利用

人们常常把欠发达国家的低人均产出归咎于缺乏资源。虽然这种说法有一定道理，但另外两种说法也是有根据的。第一，大多数欠发达国家并没有充分利用可以获得的资源，也就是说“经济处于萧条状态”。第二，被利用的资源生产率较低。发展问题主要是组织问题，而不是资源问题。

界说和计量“剩余劳动”是很复杂的，我们不能讨论这方面的问题；但只要观察一下便可以看到，这些国家许多身强力壮的男子每天或每周的工作量并不饱满。劳动力参与率也特别低。因此，存在着大量闲散劳动力。经济史学家已注意到，某些西方国家在现代经济增长的早期阶段也存在着同样的现象。

如果有人说资本短缺也不是限制欠发达国家经济增长的主要因素，那人们会感到这更是一种异端邪说。但有理由认为，这种说法可能是正确的。从以下两个意义上说，这些国家常常有未使用的储蓄能力，一是许多人生活在最低生活水平以上，二是假如储蓄的钱可用来购买可靠的资产而且由此而获得的收益反映了资本在经济中的稀缺性，则人们就会减少消费。除了私人储蓄外，还有财政手段。刘易斯曾说，无论多么穷的国家，也能把20%的国民收入作为捐税征收上来，他的这句名言正确与否，我们暂且不去管它。但毫无疑问，大多数国家都可以比现在节省出更多的收入用于资本形成。然而，实际上是不能一下子征收过多的捐税的，例如不能一下子把5%的国民生产总值作为捐税征收上来，如果这样做的话，必然会带来通货膨胀，因为人们会尽力争取得到更多的货币收入来弥补实际消费水平的下降。

物质资本是不是短缺呢？的确，相对于西方国家来说，欠发达国家的运输和通信能力是薄弱的。但是，它足以满足要求。如果哪个国家的“直接生产”部门非常迅速地发展，给基础设施带来严重压力，那么，国际复兴开发银行以及其他外国贷款机构就会把这看作是有利可图的投资机会。较为普遍的情况也许是，基础设施的发展已超过了眼前的需要。到目前为止，这种情况——用赫希曼的话来说就是“超额生产能力下的发展”——尚未证明是一条很成功的发展道路。

于是，认为资本短缺是主要限制条件的论点，便会演化成以下论点，即通常必须先进口制造业的发展所需要的机器、燃料以及其他物资，而出口商品和外债却不能为此提供足够的外汇。确实存在着“外汇限制”，我们马上就将讨论这种限制。然而，是否存在“国内储蓄限制”却很值得怀疑，通常是在大量接受外援的国家，外汇限制才伴随有国内储蓄限制。

回想起来，人们普遍把资本看作是经济增长的主要瓶颈，似乎是出于历史的偶然。之所以会出现这种情况，部分是因为人们研究经济发展问题时总是使用哈罗德—多马模型，而在这种模型中，资本起着关键作用。[①] 另外，早期一些研究发展问题的学者与对外援助政策有很大关系，这也许使他们过于看重他们力图提供的资本。

人们常说欠发达国家缺乏企业家。更为正确地说，欠发达国家并不缺乏企业家，而是企业家未得到充分利用。的确，有不少人对赚钱很感兴趣，而且也赚了不少钱。然而，他们习惯于用传统方式赚钱，如占有土地、放债、经商。他们感兴趣的是迅速倒手，谋取暴利。因此，问题是如何把他们的兴趣从经商和占有土地转到办企业上。在这方面，他们一开始通常缺少管理技术，不得不向别人学习并在很大程度上通过积累实际经验来学会如何办工厂。

在许多欠发达国家，企业家或未来的企业家面临着一些特殊障碍。种族差别常常具有重要意义。一些亚洲和非洲国家正试图把最富有经验的企业家排挤走，因为他们是中国人、印度人，或属

① 哈罗德—多马模型假设，产出是用一种按固定比例把资本和劳动结合起来的技术生产出来的。若讨论的是劳动充裕的经济，根据该模型，产出的增长率便取决于资本存量的增长率（资本存量的增长率可以看作是储蓄率除以资本/产出比率）。

于其他少数族裔。企业通常是由家族严格控制的;那些由于属于“合法”家族而成为经理的人,并不一定是最胜任的人。政治经济环境通常不利于新企业。要获得银行信贷、进口许可证和建筑许可证,往往得买通政府官员,买通与企业界有密切关系的银行家。这种制度有利于圈子内的人,有利于在经济竞赛中抢先起步的家族。鼓励新企业家的出现,会给现有统治集团带来麻烦。那他们何必这样去做呢?

除了未能利用潜在的要素供应外,当前被利用的要素通常生产率也很低。对于各个部门来说,造成这种状况的原因各不相同。在农业部门,每个工人的产量低与传统的生产方法有关,与现代投入不足有关,(在一些国家)还与劳动—土地比率高有关。但不能认为,大地主进取心较强,比较善于经营。当今大多数欠发达国家不像18世纪的英国那样,有许多“锐意改良的”地主。大土地所有者常常雇用管家来替自己经营土地。他们虽说对可靠而稳定的收入感兴趣,但不一定对收入最大化或革新感兴趣。

在城市商业和服务业方面,低生产率与劳力剩余有关。人口的迅速增长,加上富有吸引力的城市生活,导致了人口大量向城市迁移,而现代部门却不能提供那么多就业机会。于是愈来愈多的人挤入零售业和服务业,在这些行业,人们只需要很少的资本或不需要资本便可以摆摊开业。同农业一样,这是个“海绵”部门,可无限吸收劳动力。但除非所需要的服务量按比例扩大,否则每个工人的产出就将随着时间的推移而下降。

在一些挣取工资的行业,例如政府行政部门和家庭服务业,存在着强大的社会压力,实质是要求雇主以慈善为怀,雇用过多的人。因而，政府办公室里充塞拥挤着办事员和信差，无论按什么标准衡量，都超过了合理的需要。

在制造业和其他“现代”行业，每个工人的产出远远高于传统部门；但却远远低于与发达国家相同的工厂每个工人的产出。部分原因是，为了很好地适应相对要素价格，每单位资本使用的劳动较多；但这恐怕只是一个很小的原因。生产率方面的差异似乎主要应归因于以下因素：例如，生产管理方法陈旧落后；挑选和训练工人的政策以及确定工资的政策欠妥；一线监督薄弱；由于所受的教育有限，加上营养和健康状况欠佳，工人的素质较低；在社会和法律的压力下，工厂的人员过多。[①] 一些欠发达国家颁布有反解雇法，因而一个人一旦被雇用，便很难把他解雇。

贸易与资本流动

欠发达国家之间出口与国民生产总值的比率差异很大，主要取决于经济所具有的规模。在一些很小的国家，出口与国民生产总值的比率高于50%。在印度，这一比率低于10%。根据不同经济规模进行调整后，欠发达国家的贸易比率很可能不高于西方国

① 关于这个问题，我仔细考察了波多黎各新建的一些工厂。虽然这些工厂大都为美国公司所有并且是按照美国的标准设计的，但它们最初的生产率一般却远远低于美国的水平。不过，大多数工厂的管理部门经过五至十年的“摸索学习”，都能使生产率有很大提高。至于是如何做到这一点的，详细情况参看劳埃德·C.雷诺兹和彼得·格雷戈里：《波多黎各的工资、生产率以及工业化》（霍姆伍德，伊利诺伊州：理查德·D.欧文公司，为耶鲁经济增长中心出版，1965年）。

家。但其贸易构成完全不同于西方国家。它们主要是向发达国家出口,而不是相互出口。出口商品绝大部分是初级产品,用来换取产成品、燃料和工业材料。而且,许多国家专门生产一种或几种初级产品,因而可以把它们称为"石油经济"、"产铜经济"、"香蕉(或可可、咖啡)经济"。

人们已对这种贸易结构带来的后果做了广泛研究。农作物收获量、国际价格和国外需求的变化,使每年的出口收入波动很大。实际上,在欠发达国家,出口收入的波动是经济不稳定的主要根源,其作用在某种程度上类似于投资波动在资本主义国家所起的作用。许多初级产品的需求增长率之所以低于世界各国国民生产总值的增长率,一方面是因为富国对基本食品的收入弹性较小,另一方面是因为节省原料的发明层出不穷,在纤维和其他工业原料方面合成替代物大量涌现。还有人宣称,贸易条件越来越不利于初级产品,而有利于制造品,不过,目前尚没有确凿的统计资料可用来支持这种观点。

出口增长率会限制进口的增长,除非可以用借款来支付入超。年轻的发展中国家成为净负债国,是很正常的事。19 世纪和 20 世纪初,英国的资本曾大量流向美国、加拿大、澳大利亚和南非。资本也曾大量流向一些拉丁美洲国家,特别是流向墨西哥、智利和阿根廷。

资本的大规模流动仍在继续。但资本流动的性质现在已和过去有很大不同。虽然现在仍有一些私人投资,主要是对石油业和采矿业的投资,但当前转移给欠发达国家的资本主要来自外国政府或来自世界银行集团。而且,贷款是提供给受援国政府的,因而主要是用来资助公共部门。这种资本转移一般是“商业性的”，因为要偿本付息，但利息常常低于市场利率。因为偿付的款项来自未来的出口收入，所以借款国必须实事求是地估计其未来的偿付能力。一些欠发达国家自1950年以来连续大规模借了20年债，已接近了其偿付能力的上限。

由此可见，欠发达国家陷入了这样的困境：它们虽然已获得了政治独立，但却没有获得经济独立。只有生产能力提高了，才能获得经济独立。它们仍在不同程度上服从富国的经济需要，听从富国的政治指挥。它们厌恶这种状况，偶尔也给这个或那个债权国一点颜色看。秘鲁常常谴责美国，古巴时常冷落苏联。但在短期内，它们还没有办法摆脱这种困境。

产出的构成

这里对前面几节的内容几乎没有什么要补充的。农业部门（包括自给自足的家庭生产以及市场上的交易）的产出，通常占国民收入的一半以上。政府是个很小的部门，其产出通常只占国民产出的10％～15％，而资本主义国家政府部门的产出则占国民产出的20％～30％。各国“现代”部门的规模差异很大，该部门由制造业、采矿业、石油业、电力工业、铁路运输业以及其他基础设施工业组成。在发达程度最低的国家，基础设施薄弱，制造业几乎等于零，现代部门在国民生产总值中所占的比重也许不到10％。但在一些半工业化的拉丁美洲国家，这一比重则高达25％～30％。

剩下的是城市“传统”经济活动，该部门由手工业、建筑业、商业、服务业等组成。从产出上看，由于缺少收入资料，很难确定该部门的规模。从就业人数上看，这是个庞大的部门，虽然受雇于这个部门的许多人在不同程度上处于就业不足的状态。

对于该收入水平的国家来说，特别重要的是把各部门产出所占的比重和就业人数所占的比重区别开来，因为这些国家部门间每个工人产出的差距要大于较发达的国家。[①] 现代工业和政府中每个工人的产出要远远高于全国的平均水平。（就政府来说，这等于说，政府雇员的工资远远高于传统部门工人的收入）。农业和城市传统部门中每个工人的产出远远低于全国平均水平。因此，受雇于这些部门的劳动力所占的比例，要高于这些部门生产的产出所占的比例，就发达程度最低的国家来说，这些部门的劳动力所占的比例高达70％～80％。

收入水平与收入分配

欠发达国家是穷国，人均收入水平很低。我们之所以在讨论的结尾而不是讨论的开头提到这个事实，是因为它纯粹是表面现象。它没有告诉我们收入为什么会低，也没有告诉我们是否有可能提高收入。低收入本身并不必然是经济发展的障碍。所有国家都是从某一收入水平起步的。

目前根本不可能精确地计量和比较各欠发达国家的实际人均

① 西蒙·库兹涅茨在《现代经济增长》一书的第3章已证明了这样一个事实，即随着人均收入的增加，部门间的生产率差距会不断缩小。

收入水平。这些国家的统计人员很少。笔者曾看到,有个5,000万人口的国家,只有两个人做国民核算工作。在这种情况下,实际上能够计量什么呢?能够计量贸易流量,因为实施了许可证制和关税制。能够计量公共企业和私人大企业的产出,因为这些企业通常要纳利润税。能够计量政府的工资支出,因为根据定义,政府的工资支出等于政府的产出。但这些项目在国民产出中只占很小一部分。有关农业产出的估计数字必然有很大误差。自给自足的家庭经济的产出很难计量,而且根本也不计量;城市传统部门的产出也不计量。因此,在现阶段,官方公布的人均国民生产总值数字必然很不可靠。① 在国家间的比较研究中广泛使用它们,是很可悲的,浪费了研究方面的大量人力。

但人们是否会满足于这种不可知论呢?人们会坚持进行欠发达国家之间的比较,坚持进行欠发达国家与较发达国家之间的比较。在这方面,究竟能做些什么呢?首先,大差距无疑是很明显的。在传统统计表中,人均100~200美元收入的国家,几乎肯定要比人均500~750美元收入的国家贫穷。比较研究这种明显可以区别开来的国家,可带来有用的结果。但是,如果使用测量小差距的方法,那就不稳妥了。其次,衡量实际消费水平的实物指标可

① 现在对于每个国家来说,具有国民生产总值数字,已同拥有航空公司、大学以及其他装门面的东西一样不可缺少了。但在目前这种数字的可靠水平很低的情况下,联合国统计局发表它们却是有害无利的。把这种数字印在白纸上就意味着它们是准确的,虽然它们实际上可能极为不可靠;随后的统计工作会以它们为基础,由此而造成人力的大量浪费。较为明智的做法是,在这方面,暂时集中力量提供技术援助,以期国民产出的估计数字获得较大的可靠性,从而有资格发表。

以发挥重要作用，联合国设在日内瓦的社会问题研究所正在从事这方面的研究工作。这种实物指标包括：摄取的热量、住房面积、可得到的鞋和布的数量、入学率、婴儿死亡率及其他健康数据，人均占有收音机、自行车和其他耐用消费品的数量。在较为先进的国家，这种方法会被认为是很原始的。但如果没有可信的货币总量数字，则实物指标便可以提供有关各欠发达国家收入总水平的有用资料。[①]

比较欠发达国家和较发达国家之间的收入，也很困难。收入差距无疑是很大的，但要比传统估计数字显示的差距小得多。一方面是因为人们往往忽略或低估欠发达国家的自然经济部门，另一方面是因为西方国民生产总值估计数字中被算作“消费”的许多项目——如军事开支和警察开支、城区和郊区的运输费用、环境保护费用等——非但未增加福利，反而实际上是高度工业化和城市化的经济以及各国相互争斗所不得不付出的代价。[②] 如果能考虑到这类因素而对国民总产出数字进行调整，那么比如说美国和印度尼西亚之间的实际收入差距就会是12∶1，而不是传统数字所显示的30∶1。人们可以更为激进地认为，赋予这类极不相同的生活方式以数量指标，是毫无意义的。

---

① 达德利·西尔斯在一次专家讨论会上曾说：“我每到一个新的国家，总是先看人们的脚。看他们是光着脚，穿着草鞋，穿着当地制造的质量低劣的鞋，还是穿着较为结实的进口鞋？”这种可用来进行比较的“鞋水平”，也许同总的实际消费水平有很好的对应关系。

② 库兹涅茨就持有这种观点。并参看埃兹拉·J.米香：《经济增长的代价》（纽约：普雷格公司，1967年）。

通常认为，欠发达国家的收入分配要比西方国家更为不均等。大多数欠发达国家5%收入最高的家庭得到的家庭收入份额，大于西方国家5%收入最高的家庭得到的收入份额，这或许是真的；由于工商业阶层和知识阶层的规模较小，中等收入的人家不多，这或许也是真的。但是大多数欠发达国家都没有足够的统计资料反映大部分人口的收入，从而无法利用基尼系数或其他标准来衡量整个家庭收入分配的情况。而且，欠发达国家相互之间的情况也迥然不同。在人口稠密的国家，高额租金加重了收入的不均等。但在像西非那样的地区，收入分配则要均等得多。

承认了不可能进行精确的衡量之后，我们仍然可以这样说，欠发达国家的绝大多数人是很穷的。但这样说的含义是什么呢？当我们在这些国家的偏僻地区旅行时，我们会看到，人们不愁吃，虽然吃的不很好，但也许要比其父辈或祖辈吃得好。房子不漏雨。在气候温暖的国家，取暖不成问题。有衣穿，而且按当地风俗衡量，穿得不错。那么，究竟在什么意义上这些人的处境不如意大利农民或俄国农民呢？首先，他们病弱不堪，精神不振，寿命较短。其次，他们绝大多数是文盲。这使他们的智力发育不全，甚至连简单的思想和计算也难于接受，无法参与经济变革。具有决定意义的事实不是他们获得的消费满足少于德国人或瑞典人，而是他们作为人来说是贫穷的。

这种贫穷，以及上述经济制度的不健全和政府能力的低下，才是症结所在。这些方面不发生变化，外国资本就只会像水渗入沙子中那样毫无结果。

经济增长率

如果我们不能精确地测量出人均国民生产总值，我们也就无法知道它随着时间的推移以多快的速度增长。飘忽不定的雾气不仅环绕着增长率，而且也环绕着时点比较。不过我们可以提出以下几个似乎可以接受的假说：

1. 实际增长率通常要低于官方公布的增长率。一个原因是，官方估计数字过多地受到可测部门产出的影响，可测部门由现代工业、政府和对外贸易组成，这些部门的产出通常要比总产出增长得快。整个经济的增长率取决于如何给自给自足部门的产出和市场部门的产出加权。因为自给自足部门的产出很不好测量，所以实际上无法确定其适当的权数，而人们往往把它定得太低，从而夸大总增长率。国民收入核算人员也肯定想向人们展示高增长率，并且知道上司喜欢偏高的估计数字，不喜欢偏低的估计数字。因此，尽管谁都不想有意“篡改”数字，但人们却由于心理和政治方面的原因而倾向于做乐观的估计。

2. 过去二十年，欠发达国家国民生产总值的平均增长率，要低于资本主义国家或社会主义国家的平均增长率。1950 年以来，另两类国家的年平均增长率为 5%左右。平均来说，欠发达国家不可能达到这样的增长率，尽管个别国家的增长率很高。

3. 欠发达国家人均国民生产总值的增长率，显然低于另两类国家。这可以从上面的假说 2 和欠发达国家较高的人口增长率推论出来。就高收入国家来说，人口增长率近来平均每年均为

1.4%,大多数国家为1%～1.5%。就欠发达国家来说,每年的平均增长率约为2.9%,大多数国家为2.5%～3.5%。

因此,欠发达国家必须取得高得多的国民生产总值增长率,其人均国民生产总值增长率才赶得上另两类国家,而它们显然是做不到这一点的。资本主义国家和社会主义国家的人均收入自1950年以来年平均增长率为3%～4%。根据很不准确的猜测,欠发达国家的人均收入增长率不到1%。因此,富国和穷国之间的差距正在扩大,而不是正在缩小。

4. 在1950—1970年这一时期,南部国家增长率的离中趋势,远远大于另两类国家。虽然无法精确地测量出增长率方面的微小差距,但大差距还是能够觉察出来的。因而可以这样说,在拉丁美洲,墨西哥和哥伦比亚的增长率要大于阿根廷和智利。在非洲,肯尼亚和象牙海岸(科特迪瓦的旧称。——编者注)的增长率要大于几内亚或刚果(金)。在亚洲,泰国和马来西亚的增长率要大于印度尼西亚或锡兰。在一些欠发达国家,人均收入显然正在增长,前景一片光明。

第一编结束语

至此,我们分别考察了三类国家。现在可以总结一下它们的主要特征,谈一谈它们在世界经济中是如何相互作用的。

结构比较

表4.1总结了第一编考察的结构特征。该表试图进行描述而

表 4.1　结构特征比较

特　征	资本主义经济	社会主义经济	欠发达经济
1. 政治结构	多党制	一党制	一党制(或军事统治)
2. 公共管理	很发达	很发达	很不发达
3. 市场结构	市场被广泛利用	市场被有限地利用	市场普遍存在但不完全
4. 人口增长率	低	低	高
5. 资本积累率	高	高	低
6. 农业部门	小	中等	大
7. 公共部门	中等	大	小
8. 贸易参与率	高	中等	高
9. 资源利用	通常接近于充分利用	需求过大	很大一部分未得到利用
10. 通货膨胀压力	中等	强大	零至强大
11. 人均收入	高	中等	低
12. 增长率	高	高	低
13. 收入分配	中等程度的但逐渐减少的不均等	较为均等	明显不均等

不是进行估价。做估价是一项冒风险的工作，因为经济成就包含许多不同的方面，而如何从不同方面估量经济成就以做出总体评价的问题，必然涉及价值判断。

读者应注意到，该表中的几乎所有项目都是可测的，虽然现有的测量方法并不都很准确。表中的简短评语表示程度的不同等级。但在每一类国家内部国与国之间仍有很大差异，而且还有重要的时间趋势。这种趋势与人均产出的增长率尤其有关。随着人均产出的增加，资本积累率趋于上升，人口增长率趋于下降，农业部门趋于相对缩小，等等。

资本主义国家和社会主义国家的发展水平固然差距很大，但各国经济的许多特征显然与人均收入而不是与所有制关系更为密切。

表4.1给人的印象是，资本主义国家和社会主义国家相像的程度，要大于它们与欠发达国家相像的程度。原因也许是，这两类国家都已踏上了稳步增长的道路。相对来说，欧洲社会主义国家，包括苏联在内，是发展队伍的后来者。因此，它们的人均收入仅达到中等水平，这反映在它们的经济结构上。不过，它们已处于发展的洪流之中，持续增长带来的利与弊将不会与资本主义国家的经验有太大不同。

不同经济的相互作用

缪尔达尔曾强调指出，1940年以前，特别是1914年以前，可以说有一个完整的世界经济，西欧和北美是它的“头”，世界其他地区都是其经济上的(以及常常还在政治上的)附属物。[①] 两次世界大战、社会主义国家的兴起以及殖民主义的销声匿迹,使这一结构支离破碎。前殖民地已摆脱了前殖民国家的控制,赢得了独立;前殖民国家至多只是在感情上仍觉得对前殖民地负有责任。社会主义国家也经过抉择以及出于必要,结成了经济集团——也许应该说结成了两个经济集团,因为亚洲社会主义国家和欧洲社会主义国家之间的经济联系很少。简单看一下这种新的贸易和资本流动格局,人们会觉得很有趣。

最强大的贸易流是西方资本主义国家内部的贸易和东欧社会主义国家内部的贸易。在这两类国家内部,相互交换的都主要是产成品和半成品。另一方面,欠发达国家之间的贸易则很有限,它们主要是同另两类国家做生意。经济学家一直认为,欠发达国家之间的地区性合作是有益的,在这方面也进行了有限的试验。但是,就大多数欠发达国家来说,最有可能进行这种合作的制造部门却很不发达。而且,欠发达国家的经济民族主义似乎比其他国家更强烈,这妨碍了本来有可能进行的有效合作。

东西方贸易过去十年增长迅速,虽然美国在很大程度上仍处于这一潮流之外。未来的增长速度部分取决于缓和政治紧张关系方面所取得的进展,但也存在着经济方面的障碍。社会主义国家有可能出口的许多初级产品,在西方已处于过剩状态;社会主义国家的产成品必须大大提高质量,才有可能在西方市场上竞争。

① 特别参看他的《超越福利国家》(纽黑文,耶鲁大学出版社,1960 年);以及《国际经济》(纽约:岭珀公司,1956 年)。

欠发达国家向资本主义国家出口初级产品面临的问题是，需求的收入弹性相当低。不过，因为资本主义国家的国民生产总值每年以大约5%的速度增长，所以初级产品出口的增长率仍然很大。较远的前景是，欠发达国家或许能够销售愈来愈多的劳动密集型产品。这不仅要求欠发达国家掌握更多的制造技术并提高质量水平，而且还要求发达国家采取乐于接受外国产品的贸易政策。美国近来对纺织品和某些其他消费品的进口实行了愈来愈多的配额限制，这预示了穷国在试图利用其丰富的劳动供给时可能会遇到的困难。

同对西方的出口相比，欠发达国家或许能较快地增加对社会主义国家的出口。由于社会主义国家需求普遍过大，商品普遍短缺，因而它们似乎是现成的市场。另外，社会主义经济与欠发达经济的互补性，要大于资本主义经济与欠发达经济的互补性。社会主义国家落后的农业往往造成粮食短缺，特别是在歉收年。因此，社会主义国家可以吸收大量稻子、小麦、糖、棉花和其他东西，而这些东西在西方则多得不受欢迎。反过来，社会主义国家侧重于资本品的生产结构，使它们能提供欠发达国家实施工业化计划所需要的机械和工业原料。鉴于以上所述，令人感到奇怪的是，欠发达国家和社会主义国家之间的贸易并没有得到迅速发展。部分原因也许是，社会主义国家本身也在迫不及待地实施工业化计划，长期过大的需求，使它们不愿拿出商品来出口，这实际上限制了贸易额。

同早些时候相比，现在资本流动的政治色彩更为浓厚了。私人资本与商品一样，主要是在资本主义国家之间流动。大多数欠

发达国家的政治局势都动荡不安，因而只有当预期报酬率很高的时候，私人资本才会流向这些国家，而允许高报酬率在欠发达国家是不得人心的，会遇到政治上的麻烦。所以，在大多数情况下，流入欠发达国家的资本，都是这些国家的政府从世界银行集团或个别放款国那里借来的。世界银行集团开设有三个“窗口”，一个发放硬贷款，一个发放软贷款，还有一个资助私人投资，该集团在世界放款总额中所占的比重很可能将不断增加。双边“援助”计划具有大家所熟知的局限性，如购买的东西被定得很死，缺乏连续性，缺乏长期规划，常常附带有政治条件等。长期以来欠发达国家一直抱怨说，富国只是提供了很有限的援助，有时还附有相当苛刻的条件，同时它们却严格限制向欠发达国家的出口，不愿在实施初级产品稳定计划方面采取合作态度。虽然政府对政府的放款额可能会继续逐渐增加，但增长速度似乎不会像十年前人们希望的那么快；由于还债支出正在迅速增加，资本净流动额很可能减少。在这种情况下，出口可能将不得不为偿付进口承受愈来愈大的负担。

社会主义国家虽然由于收入水平低而“提供”援助的能力较小，但在进口需要的结构上却享有有利条件。因为它们正好需要欠发达国家能够提供的粮食和其他初级产品，所以它们能够接受以当地通货即商品偿还的债款。另一方面，资本主义国家一般则要求用硬通货偿还贷款，从而减少了其贷款对借款国的吸引力。

在这三类国家之间，除了经济的相互作用外，还有政治和思想方面的相互作用。认为资本主义国家和社会主义国家是两个结合得很紧密的实体，在相互竞争，力图使第三世界归顺自己，同时认为第三世界在自觉地选择政治—经济制度，这无疑是不符合实际情况的。政治并非这么简单，历史发展也并非这么有理性。但是，当欠发达国家当今的政治领导人和未来的政治领导人观察资本主义制度和社会主义制度的运行时，当他们考察资本主义国家和社会主义国家的经营原则和思想观点时，当欠发达国家的学生到东方国家和西方国家受教育时，他们由此会产生自己的看法和偏爱，这种看法和偏爱则会对他们国内的政治发展产生某种影响。一些欠发达国家似乎将走上"混合经济"发展道路，其中一些国家最终将通过这条道路摆脱欠发达境地。另一些欠发达国家则将走上社会主义道路，正如我们在第二编中将证明的那样，没有理由怀疑这也是一条可行的发展道路。因此，从长期来看，可以预料，欠发达国家的数目将逐渐减少，而另两类国家的数目将逐渐增多。

资本主义国家和社会主义国家之间的收入差距，以及资本主义国家和欠发达国家之间的收入差距，在可以预见到的将来几乎肯定将继续增大。现在还看不出大规模的资本转移是否能扭转这种趋势，富国迄今也无意于向穷国提供大量资本。一个国家的发展主要依靠国内的努力，能做出这种努力的国家数目仍很有限。

第二编　经济政策

第五章　资本主义经济

我们首先假定，在我们的每一种经济内部，高度优先的政策领域是基本相同的。这样我们才能像所打算的那样，在本章中合理地讨论整个资本主义经济高度优先的政策领域；才能在随后的两章里为社会主义经济和欠发达经济编制类似的目录。这应仅仅被暂时看作是一个工作假说。其有效程度可以在我们试验后得到更好的判断。

我们所说的政策领域要比丁伯根意义上的政策目标涉及的范围广泛。某一政策领域通常包含有多个相互冲突的政策目标。制定政策的实质，就是在各项政策目标之间做出抉择，并对每一目标的分量做出判断。例如充分就业、价格稳定和国际收支平衡都是政策目标。但最好把含有这些政策目标的政策领域称为总需求的调节。类似地，收入分配的政策领域涉及资源的有效配置，各人间的公平，个人工作刺激和总储蓄水平等目标，要在这些目标之间做复杂的抉择。

说某一政策领域是“重要的”，其含义是什么？其含义可以认为是：(1)大量观点认为，经济没有满足该政策领域内的令人满意的运行标准(在某些情况下，例如在严重的萧条时，观点可能实际上是一致的；在另一些情况下，例如在争论收入分配问题时，可能存在着广泛的意见分歧)；(2)该政策领域的经济运行对普通公民，或对主要的社会阶层具有重大影响;(3)该政策领域的经济运行可以通过政府行动来加以改变。

为什么要依靠政府行动呢?难道经济运行不能通过改变私人集团的行为得到改善吗?显然可以这样。但是,刺激私人集团的行为朝着所期望的方向变化却是政府的职责,而且仅仅劝说私人集团改变行为方式往往是不够的。为了取得成效,政府有时必须改变法律和制度环境,以使私人集团按所期望的方式行事对自己是有利的。

我们在第一章已经指出,判断相对重要性并不一定仅仅是主观的。我们可以估计出多少人会从一项特定的政策行动中获利(或受损),可以估计出他们会获多少利。这种估计当然会有很大的误差,但这不应阻止我们做出估计。

也可以调查一下国会议员和政府官员把时间都花在哪些事情上,可以对消息灵通人士的观点做一次抽样调查。如果华盛顿、莫斯科或曼谷的许多高级官员一致认为,某一政策领域是重要的,则我们就有理由重视他们的观点。这并非是说官僚们无所不知。他们对某一问题的诊断可能是不合适的,而且他们提出的处方可能或多或少是错误的,但他们很可能指出了一个值得重视的领域。

在这方面,一些经济学家进行了一项令人感兴趣的研究工作。他们分析了共同市场国家以及美国、英国和挪威等国目前奉行的经济政策。[①] 他们的方法不同于我们的方法,这首先表现在他们

① E. S. 基尔申等:《我们时代的经济政策》,三卷本(北荷兰与芝加哥,兰德—麦克纳利公司,1964 年)。特别参看第一卷:一般理论。

评价的是具体的目标而不是涉及面更广的政策领域。诸如改变资源配置这样的复合目标被进一步细分为：通过国内竞争改善配置；通过国际贸易改善配置；改善要素流动性；以及进行“协调”，即进行政府干预，为的是考虑到外部经济效果，或为的是改善私人资源配置。其次，他们感兴趣的是不同政治集团的不同优先顺序。八个国家的政党被分为“社会主义者”、“中间派”和“保守派”这样三类。每个政党的目标是根据其党纲和执政时的行动确定的。汇总的八个国家所形成的顺序见表5.1。注意：保守派栏目中靠上的目标，通常位于社会党栏目中靠下的位置，反之亦然。

表5.1　各政治集团在经济政策目标上的偏好(综合八个国家)

优先顺序	社会主义者[a]	中间派[b]	保守派[c]
1	充分就业	价格稳定	价格稳定
2	改进收入分配	扩大生产	集体需要(防务)
3	集体需要(非防务)	充分就业	改善国际收支
4	扩大生产	集体需要(防务)	配置(国际)
5	减少工作时数	配置(国际)	保护—优先[d]
6	配置(协调)[e]	改进收入分配	扩大生产
7	保护—优先	集体需要(非防务)	充分就业
8	价格稳定	保护—优先	配置(国内竞争)
9	配置(国际)	配置(国内竞争)	集体需要(非防务)
10	配置(国内竞争)	改善国际收支	配置(要素流动性)

a. 社会民主党和工党。

b. 基督教民主党和美国民主党。

c. 激进派、独立党和法国戴高乐主义者、所有国家的保守派、德国和比利时的自由党，以及美国共和党。

d. 对特定产业和地区的特别支持，例如农产品价格补贴。

e. 为改进私人资源配置进行的政府干预，例如通过公用事业规章或城市规划的政府干预。

资料来源：E. S. 基尔申等：《经济政策》，1：227。

如果用单点加权方法把表 5.1 中的三个栏目合并在一起，则价格稳定、充分就业和经济增长（扩大生产）便会在这场全面竞争中取胜。按照顺序接下来的是集体需要和国际经济关系。在竞争性的国内市场这一通常的意义上，资源配置在三个栏目中都位于最低位置。

如果某一政策领域用定量检验标准衡量可以得到高分，同时从经济政策的制定者那里也得到高分，那我们就可以很有把握地把它列入优先表。虽然我们尽力遵守了这些大的准则，但还是应把下面的排列仅仅看作是一个比较了解情况的观察者个人所做的排列。

我们对资本主义经济的各政策领域，按照重要性逐渐降低的顺序，是这样排列的：(1)总需求的调节；(2)国际收支机制；(3)公共和半公共商品的供给；(4)经济机会的平等；(5)个人收入分配；(6)经济增长；(7)市场的改善。

尽管有基尔申的研究和其他人的努力，上面的排列顺序仍然包含了不可避免的主观因素。然而，即使我们的排列顺序引起其他经济学家的反对，促使他们编制自己的修改过的顺序表，它也仍将可以服务于某种目的。无论怎样，每个标题下的分析都不依赖于它们所呈现的次序。

我们的讨论将受到严格的限制，这些限制也适用于第六和第七章。我们不打算评价这些经济的运行，也不打算对它们的问题提出解决办法。我们仅仅试图指出有哪些领域的运行是人们普遍认为可以改善的。这将为第三编的论述奠定基础，在第三编我们将探索西方经济分析在描述方面和政策方面对于社会主义经济和欠发达经济具有的相关性。

对于熟悉西方经济的读者而言，这一章的讨论可能显得相当肤浅。但是讨论的对称性不但需要这样一章，而且需要它是简短的一章。对于西方读者来说，本章主要是一份清单，列出大家所熟悉的问题；对于非西方读者，它或许可以提供观察事物的新角度。

调节总需求

自20世纪30年代以来，调节总需求一直是最受重视的领域。问题是如何使产出按经济的“增长变量”所规定的最高速度稳步增长，与此同时保持合理的价格稳定。在大多数国家，价格和产出这两个目标之间的政策偏好造成了这样一种局面，即长期存在温和的通货膨胀，事实上，自1945年以来，情况一直是这样。

操纵总需求的方向盘，需要采取短期战术和长期战略。在短期内，洞悉潜在的经济衰退并采用货币和财政措施对付它们，需要不断做出诊断。较长期的问题是，如何在不过度降低资本边际收益的情况下，吸收资本形成的高比率。对此，传统的解决办法是推进技术进步。但我们不那么了解技术进步的性质和本源，不那么了解公共政策能对它产生多大的影响。所以，虽然短期宏观经济政策现在比较有效，但我们却不敢肯定是否有能力无限期地维持资本形成的高比率。

既然1945年以来西方经济取得了给人以深刻印象的成就，我们现在是不是就能不考虑总需求问题了呢？我认为不能这样。总需求仍是需要加以认真对待的问题，因为如果不逐月留心总需求，经济状况就很可能跌到人们所能接受的水平以下。固然,该领域内的经济管理取得了很大改善,但这并不意味着潜在的不稳定已经消失。而且,随着短期措施越来越有效,保持资本收益的长期问题就更为突出了。

该领域内还有另外两个问题一直没有得到令人满意的解决。首先是通常所谓的"收入政策"问题,即如何遏制伴随着持续的高就业而来的工资—物价压力,这方面的文献使人非常失望,大都力图逃避这个问题。一些经济学家坚持认为,适度的长期通货膨胀并不会"真正"损害经济,反而可能会增强企业的信心。另外一些经济学家认为,工资—物价的压力程度并不严重,可以用温和的劝说措施加以抑制。还有一些经济学家认为,固然这个问题很严重,但在私人成分占支配地位的经济中,我们对此无能为力。

以上回避这个问题的努力表明,我们的心理还不能适应持续的充分就业。但只要掌握了管理经济的适当技巧,在可以预见的将来,我们就将能够在高就业的条件下生活。在这种经济环境下长期的通货膨胀问题的确是严重的。它将不会消失,而且还没有一个国家设计出对付它的有效办法。

国际收支机制

第二个麻烦的领域,是国际收支调整领域。各国间的自由交换会依据比较优势从而形成专业化,进而增加世界产出,使双方都获利,这是经济学中最古老的命题之一。尽管这一命题近年来已大大复杂化和规范化了,但它仍是反对贸易限制的主要依据。

今天西方国家之间的贸易限制要比 20 世纪 20 年代和 30 年代少得多，而贸易额则比二三十年代大得多。自 1945 年以来，在大多数西方国家的经济中，贸易在国民生产总值中占的百分比一直比以往任何时候都高。最显著的例子是欧洲经济共同体国家之间贸易壁垒的减少，从而在可交换产品的生产方面加强了竞争并刺激了效率，使贸易额迅速增加。

但我们不应夸大这种进步的程度和持久性。鉴于工业企业的利润率很低，10％～15％的有效关税率（况且日本的关税率要比这高得多）仍然相当高。还有各种各样的数量限制。这在农产品方面最引人注目，因为农产品的国内价格补贴是由严格的贸易限制维系的。但贸易限制也发生在由于转移比较优势会使某个主要工业部门陷入混乱的地方，像美国的纺织业和制鞋工业。所以目前尚不能肯定西方国家是会朝着贸易自由化的方向走得更远呢，还是会走回头路。

自由贸易安排与固定汇率制度和货币—财政政策上的国家自主相结合，会不可避免地导致国际收支问题，从而增加贸易限制。一个国家如果物价上涨得比邻国快，则其国际收支就可能会恶化。即使与周围各国的物价稳定一致，一个成功地保持较高增长率的国家，也会在收入效应的作用下蒙受收支逆差之苦。还有其他许多原因会使国际收支发生变动，如偏好的变化、资源供给的变化、技术的变化及其他因素的变化。

目前有几种可供选择的调节机制，但没有一种令人完全满意。国际收支恶化的国家可以通过控制总需求来改善其状况；但如果这意味着失业和降低增长率，控制总需求就是令人不快的了。浮动汇率虽然得到了许多经济学家的支持，但却很少得到中央银行行长和财政部长们的支持。另一种可能的方法是实行经济的一体化，采用共同的通货，全面协调各国中央银行的政策。这样，各参与国(在经济上)就是地区，而不是国家了，总需求的扩大速度就必然会紧密同步，国际收支概念就会与美国各联邦储备区之间的收支平衡概念没有什么两样。由于采用这种方法实际上要大大限制国家主权，所以即使对于欧洲经济共同体国家而言，它也是相当不现实的；在可以预见的将来，整个西方世界是不可能采用这种方法的。

在此期间，我们将依靠以下特殊方法挣扎下去：一种方法叫作“可调整的钉住”，这是一种不对称的方法，按照这种方法，长期出现逆差的国家可以向下调整币值，而长期出现顺差的国家则无须向上调整币值；另一种方法是西方各中央银行之间签订“互换货币协定”，根据这种协定，可以大量转移货币来对付某种货币面临的投机威胁；还有一种方法是通过“纸面黄金”来扩大国际储备，以使调节者享有更大的自由，但这种方法却无法解决采取货币—财政政策的国家主权与实现国际均衡的要求之间的冲突。每当一个国家出现严重而持久的逆差时，它都会把贸易限制当作缩小逆差的一种方法。因而改进调整国际收支的方法，也许是使自由贸易政策坚持下去的一个必要条件。

公共和半公共产品的供给

在西方经济中，大多数商品和劳务都可以令人满意地依靠私人来生产和销售。但有三类例外：(1)公共产品，对于这种产品不能应用排他原则，也不能按某一价格出售这种产品；(2)半公共产品，或用马斯格雷夫的术语来说，即所谓“价值需求”(“merit wants”)，对这种产品虽然可以定价，但却有理由要求政府免费或按补贴价格提供这种产品(主要的例子是教育和医疗)；(3)即使是私人生产和销售的产品，在某些情况下，市场也不会产生完全令人满意的结果，因而需要政府进行某种干预。

就公共产品来说，关键问题是应该生产多少。根据定义，公共产品的需求在市场上是显示不出来的，也无法加以检验。公共产品的产出水平，是由为赢得公众支持而相互竞争的党派在“政治市场”上决定的。人们常常先验地认为，政治机制决定的产出水平，与了解情况的公民真正可能选择的产出水平是不一致的。加尔布雷思认为，政治机制往往使公共服务的产出水平过低，而经济保守派则常常持相反的观点。但事实是，我们几乎不知道公民对公共服务的需求有多大，不知道这种需求通过政治渠道以多大的精确度显示出来，也不知道这种需求随着公共服务种类的不同和政府级别的不同是如何变化的。政治科学家很少注意这些问题。现在经济学家正着手考察这些问题，经济学家的有利之处是对经济后果感兴趣，不是对政治程序本身感兴趣，而且他们习惯于进行数量分析。

半公共产品也有产出水平的问题。只要政府出面干预，以低于成本的价格提供教育、医疗等服务，消费量就必然大于没有政府干预情况下的消费量。提供补贴在某种程度上是考虑到外部效应的结果：邻居的孩子健康并接受良好的教育对我也是有利的。除此之外，人们还常常认为如果消费者消息更为灵通、更有远见的话，他们就会购买更多的医疗和教育等服务。不过，人们怀疑是否有理由假设消费者不谙行情和缺乏远见，而且，即使这一假设是正确的，所得到的结论也应该是提供更多的信息，而不是提供更多的补贴商品。无论是在被赋予“公共性”的产品范围上，还是在给予补贴的程度上，西方各国的实际做法都有很大的不同。

第三种情形——虽然产品以反映私人成本的价格在市场上出售，但却没有带来令人满意的社会效果——还可以进一步加以细分。分析一下就会看出，最简单的情形是私人成本或收益与社会成本或收益相背离。这种背离要比教科书通常所做的简要描述大得多。工厂的烟雾不只是弄脏了附近居民晾晒的衣服，而且还使整座都市覆盖层层尘垢，侵害千百万人的肺叶。在人口密集地区，空气和水的污染已严重得需要实施代价高昂的环境控制计划。

某一消费者决定购买汽车，这是一项私人决策。但是当许许多多的人购买汽车并试图同时驾车穿过拥挤的地区时，他们就会相互强加成本。所带来的直接后果是交通拥挤、旅途时间延长。由此而需要加宽道路，需要修建不靠街面的停车场，需要警察管理交通。市中心的零售商似乎可以从那些能够驾车直趋其大门的消费者身上得到好处，但超过某一限度，其地位可能就不如郊区的零售商有利了。显然需要做出集体决策来使成本和收益达到适当的平衡。一种方法是通过收费来限制私人汽车涌向市中心，使较为经济的公共运输系统得到更多的利用。

又例如：工人从退休年龄到去世期间的生活费用，可以合理地看作是曾雇用他的各行业的生产费用。但直到不久前，人们还不这样看，这笔费用任意落在个人或一般政府基金上。越来越多的西方国家现在实行了强制性养老金制度，这种制度通过对雇主和有时对雇员征税来维持。由此可见，总的来说注重市场所忽视的外部效果是一项重大的任务。

其次，让我们看一看诸如铁路运输和电力这样的部门，在这些部门，成本递减的幅度很大，而且边际成本大大低于平均成本。很难为这类部门制定最优的价格—产出政策，所以实施这种政策就更困难了。这类部门的公有化——大多数西方国家已这样做了——虽然肯定使实施正确的经济政策更容易了，但并不能保证所实施的政策是正确的。

铁路运输的情况很复杂，因为铁路运输直接与公路运输相竞争，在某种程度上也与空运和水运相竞争。后面这些运输方式通常也都在不同程度上实行了国有化或得到了政府补贴。因而需要对运输网做全面的规划，才能使货运和客运的成本降到最低水平。包括美国在内的许多国家，几乎还没有开始这样考虑问题。

最后，我们可以看一看都市化带来的问题。自产业革命开始以来，城市人口一直比总人口增长得快，而且在西方国家大多数人目前都居住在大城市中。城市人口的增长是由土地价值、工商业区位优势、消费者居住偏好和其他经济刺激因素引导的；但在某些方面，城市人口的增长似乎又显然是任意的。结果许多大城市作为居住和工作的场所，就不那么令人满意了。

要使大城市适于居住，就需要政府采取某种比以往更富于创新精神的行动。通过城市规划、区划管理、清理贫民窟、建立公园和娱乐设施，事情已经有了头绪。但许多国家，特别是美国，对于这个需要几十年持续努力才能解决的问题，尚只是进行了小小的探索。

在这个大问题中，住房是个专门问题。随着中等收入阶层不断向郊区迁移，市中心日趋由非常富有的人和非常贫困的人居住。私人住房市场无疑会继续为富人效劳，因为富人付得起昂贵地段的舒适公寓的全部费用。但穷人却会被这个市场挤入拥挤不堪的地区。房东由于从他们那昂贵的但却是破旧的房产上所赚不多，所以就听任房屋越来越破，同时私人建筑市场上的重置费用又很高，致使重建无利可图。

对于这个问题有没有“市场解决方法”呢？穷人收入的逐渐增加会有所帮助，但却没有现成的方法能使那些想改善住房条件的家庭重建市中心。随着收入的增加，会有越来越多的穷人迁出市中心。但毫无疑问，从经济上说，不会所有的人都有能力迁出市中心——市中心肯定还是有用的。于是，仍需要对整个城市进行规划，仍需要进行有计划的重建，而且（很可能）仍需要以补贴价格向低收入家庭出租房屋，尽管一般认为，从福利上说，用货币转移“自由购买力”要优于特地转移商品。

平等的经济机会

即使在高度资本化的经济中，劳动力对生产而言也是最大的投入。因此，劳动力市场是一种非常重要的市场。标准的理论是：只有当每个人根据未来收入前景、训练费用、个人能力和个人偏好完全自由地选择了职业时，劳动力才会得到最好的配置。由此而得出的劳动力供给曲线与市场特定的需求曲线相结合，就会达到福利最优状态。

目前资本主义国家的经济在一些重要方面背离了这种标准。低职业阶层的家庭对于获得较高职业的可能性，通常苦于缺乏信息；正是由于这个原因，他们往往对自己的孩子抱过低的职业期望（或有时是十分不现实的、幻想般的期望）。进入高职业阶层还需要广泛的基础教育和常常是特定的职业培训。这是很费钱的，大多数低收入家庭都不能或不愿支付这笔钱。最后，是培养技术人员、专业人员和行政人员的能力不足，即使提供足够的信息和资助，也不是所有那些选择这些职业的人都能如愿以偿。若不扩大教育能力，即使消除信息和资金方面的限制，只会加剧教育体系中的瓶颈现象。

西方国家的阶级结构不仅产生于财产继承权，而且还产生于教育和职业继承权。在每一职业阶层，甚至在特定的职业中，都存在着严重的近亲繁殖。医生的儿子成为医生，管道工的儿子成为管道工，商人的儿子继承家族企业。这种情况在美国和加拿大也许最少，因为在这两个国家，获得较高程度教育的渠道更为宽广，社会流动性的传统也更强。（另一方面，美国则有其特有的黑人问题，这个问题的一个组成部分就是黑人一直得不到受教育的机会，而这种机会本可使他们以适当比例进入较高级的职业。）

教育机会所受到的限制以及由此在自由选择职业方面受到的限制，不适当地配置了劳动力，并减少了总产出。但这种说法过于温和了。职业选择所受到的限制扩大了工薪差距，增加了个人收入的不平等。这种限制还违背了人们广泛持有的公平标准，并会破坏政治民主的基础。这方面的市场机能不全特别令人烦恼。

核心问题是教育机会的平等，这种平等只受个人能力和偏好的限制。但这种一般性说法掩盖了许多细节问题。究竟怎么个“平等”法儿呢？是否因为学习技术和专业知识的人可望得到较高的收入而应该向他们收取部分教育费用？一些人正是基于这种考虑主张发展教育贷款制度。或者是否应免费提供技术和职业教育？如果应该免费提供技术和职业教育，那么究竟仅仅是免缴学费呢，还是提供连同生活费用在内的奖学金？奖学金越丰厚，申请接受这类教育的人或许就越多。是否应使入学人数与所预测的需求相一致，如果应该这样，那应该采取什么方法做到这一点呢？如果需要扩大教育设施，那资金又应从哪里来呢？以上就是应用经济学所面临的重要课题。

这种有关资本主义国家阶级结构的观点，不同于马克思主义的通常解释。马克思主义者所强调的财产私有权之所以重要，是因为它增加了家庭收入的不平等，从而增加了教育机会的不平等。然而我们认为，社会各阶级主要是职业的专门化及由此而带来的教育和收入水平的差距造成的。如果这是正确的，就可以通过教育制度来放松阶级结构。从原则上说，或许可以设计出一种每代人根据能力而重新组成社会各阶级的制度。毫无疑问，绝不会完全做到这一点。“平庸的富家子弟”会继续接受教育。这或许是社会性的浪费，但却是人们对之不应过于激动的浪费。更为严重的是低收入家庭才智的浪费。如果这些家庭的有才智的青年能在教育上不受到限制，他们就会与那些虽享有较多特权但才智较低的人展开竞争。在大多数西方国家，这方面的进展是清晰可见的；因而随着时间的推移，阶级界限似乎很可能越来越具有渗透性。

收入分配和再分配

这是经济理论和政策最为古老的领域之一。在功利主义哲学熏陶下，19 世纪的英国经济学家不仅断言更为平等的收入分配会增加公众的满足感，而且还断言他们能证明这一点。现代经济学家受到了由于对各个人之间进行效用比较而普遍受到批评这一警告，则不肯断言一种收入分配可以证明优于另一种收入分配。然而，他们的个人选择倾向于平均主义，而且他们最终常常提出平均主义的建议，尽管他们坚决否认这种建议有任何科学依据。

把不平等问题同贫困问题区别开来是有用的。既然目前资本主义国家中的大部分收入是劳动收入，因此不平等主要（虽然绝不是全部）源于不同职业的不同工资率。在大多数西方国家，这种差别在过去半个多世纪已大大缩小。如果接受教育的机会从而获得高级职业的机会像上一节所说的那样更加不受限制，则职业差别会进一步缩小。可以认为，根本问题并不是收入的不平等，而是职业机会的不平等。

不过，收入不平等至少在以下两种意义上仍是有待于解决的问题。首先，某一职业集团常常不满足它相对于其他职业集团——由于这个或那个原因，它们被当作参考点——的工资水平。在集体谈判中，常常可以听到人们说，某一集团相对于其他集团已降低了工资水平，或某一集团由于特殊情况应该提高工资水平。这个问题在美国称为“工资差别”问题，在英国称为“相对工资”问题，是无论什么样的收入政策都得不到工会一致支持的主要原因。几乎没有哪一个集团愿意被冻结在其现在的相对地位上。大多数集团总是强调特殊情况，宣称特殊情况使它们成为例外。

其次，在设计税收结构，特别是设计个人所得税率表时，核心问题正是分配的公平。各收入水平的人一般都认为，相对于他人而言对自己课征的税是不公平的，认为税负应该上移或下推。如何解决这个问题会对可支配收入的分配产生巨大影响。

显然存在着贫困，但却不那么好衡量。传统的定义方法通常是对一个家庭达到某种“最低的健康和体面水平”需要哪些东西做出判断，由此而得到的定义是武断的，并随着时间的推移而变化。1900年人们认为可以忍受的水平，到1970年就不可忍受了。维克托·富克斯提出了一种不同的方法。按照这种方法，某一人数的家庭，无论居住在城市还是农村，其贫困线都用这类家庭平均收入的某一百分比来表示。[①] 因而虽然贫困线会像现在这样随着一般收入水平的提高而上升，但却上升得有条不紊。

所谓职业工资差别正在缩小，是指最低工资率上升得比高工资率快。这会使越来越多的至少有一个人工作的家庭脱离贫困线。然而，还有很多人由于这种或那种原因不能工作，如残疾人、老人、家庭破裂而带着幼儿的母亲。从原则上说，人们都同意应该通过转移支付向这些人提供帮助。争论的问题主要是这种支付的规模应多大，应由哪一级政府提供这种支付，以及获得这种支付是

① 参看维克托·富克斯在李·索尔托编辑出版的《关于财富和收入的规模分配的六篇论文》（纽约：哥伦比亚大学出版社为国家经济研究局出版于1969年的一书中所做的评注），第198—202页。

否应附加条件。另一个问题是，究竟应转移现金，还是应以补贴价格提供食品、住房、医疗以及基本生活水平所需要的其他组成部分。尽管谁都知道后一种方法在福利上是低劣的，但西方国家还是广泛提供消费补贴。

经济增长

在经济政策方面，也存在着赶时髦的现象，20 世纪 50 年代和 60 年代早期，各国都致力于“加快增长速度”。这在某种程度上也许仅仅是相互模仿。既然增长实际上是社会主义国家和欠发达国家的重要目标，那为什么不也是西方国家的目标呢？在这一时期，经济理论家使增长模型获得了显著发展，不论是实证模型还是规范模型；他们很自然地认为自己的研究必然具有实际相关性。在冷战时代的顶点，一些人认为资本主义国家在经济增长方面必须与社会主义国家展开竞赛。当时人们认为社会主义国家的增长速度要快于资本主义国家。约从 1958 年至 1965 年这段时间，美国的特殊情况是开工不足，人们因此而忙于做诊断和开处方。

最近，对经济增长的忧虑似乎减少了，甚至反而对经济增长有某种反感。一些人现在把国民生产总值称为“国民污染总值”，赞美禁欲主义的生活方式，并认为越来越严重的都市拥挤状态和日益增加的军费开支虽然也许会提高国民生产总值，但却减少了福利。我们认为，稳妥的观点依然是：生产力的提高会增加社会的选择自由，其中包括闲暇时间、教育和文化活动的选择自由。但是由于资本主义国家的生产能力一直在以每年5%以上的比率增长，所以现在尚不清楚是否有必要采取特殊行动来加快这一速度。混乱还产生于可以对“增长政策”做以下几种不同的解释：

1.增长政策或许仅仅指适当注意总需求。前面我们已指出总需求是重要的。如果能调节总需求，使总需求的水平不严重偏离充分就业所需要的水平——这种偏离的主要表现是投资活动减少——那将提高资本形成的平均水平和国民生产总值的增长率。也许主要正是由于成功地调节了总需求，西方自1945年以来的增长率才远远高于前几十年的增长率。

2.增长政策或许指的是规划未来五年或十年国民产出的水平和构成，以此告诉人们应对专门人才、基本原料、进口货物、电力和运输以及政府服务等投入做什么样的规划。目前，所有资本主义国家都在大力开展这方面的工作。这对于避免潜在的瓶颈现象和规划长期建设中基础设施的扩大是有用的。然而，从提高国民生产总值增长率的意义上说，这并不是增长政策。

3.增长政策或许指的是政府应致力于提高某些影响增长率的变量的数值，诸如研究和发明的数量，或通过教育和职业培训劳动力质量的提高速度。毫无疑问，政府应该在这些领域有所作为，而目前某些领域内的支出水平可能不是最优的。不过，只能通过对特定的政府计划进行仔细的成本—收益估算才能发现最优支出水平。总量增长指标似乎不会对决策有多大帮助。

4.增长政策或许指的是政府应尽力提高储蓄和资本形成率。也许可以通过财政机制提高储蓄和资本形成率，尽管提高的幅度很可能不是很大。反对这样做的传统论点是，目前的储蓄水平反映了消费者的时间偏好，政府干预消费者的选择是毫无道理的。但是假如目前的大多数储蓄是公司或政府的储蓄，不是个人的储蓄，假如个人的储蓄大都是制度化的和习惯性的，假如这方面的私人决策具有巨大的、未被意识到的外部效果，那么上述反对论点就不再具有说服力了。如果举行一次全国公民投票，让人们在现在与未来之间做出抉择，那么实际的储蓄与充分了解信息的公众可能进行的储蓄就很可能是不同的。

但不能因此而说我们知道实际行为与某种意义上的最佳行为之间偏离的方向。现在尚不清楚，公众若充分了解信息是否会比现在储蓄更多的钱，以使他们的、无论如何会比我们富有得多的孙子辈儿更为富有。（一位瑞典经济学家把这种行为比作“给我们在美国的富有的孙子、孙女寄去救援的包裹！”）而且，还得提供投资机会。富国的投资所受到的限制，与其说是储蓄的供给，还不如说是投资机会的缺乏所致。固然，政府可以通过有利的税收待遇，通过刺激研究和发明以及其他手段鼓励投资。但是我们不知道政府在这方面是否能给予足够的刺激，使美国的总投资率从例如占国民生产总值的20％上升至25％，假如能证明这是合乎需要的水平的话。

简言之，资本主义国家已经相当富裕。实际人均收入如果按现在的速度增长下去的话，每隔30年就会翻一番还多。从人们对非必需品的欲望是无止境的这个意义上说，稀缺性仍然是个问题。但是如果我们把这看作是主要问题，因而勒紧裤腰带拼命储蓄，那就缺乏远见了。正是由于这个原因，根据我们对西方的优先政策领域所做的排列，增长才处于相当低的位置。

市场改革

从传统上说，在西方经济学中，产品和要素市场的竞争性与垄断性组织问题，一直很受人们重视。然而，现在尚不清楚垄断的作用——至少是静态资源配置的作用——是否值得这么受重视。根据哈伯格的粗略估算，在所有产品市场上恢复纯粹竞争，并因此而重新配置资源，只会使国民生产总值提高不到1%。[①] 在劳动力市场上，工会运动对工资结构的影响似乎也比人们先验地认为的要小。H.格里格·刘易斯对所得到的证据做了概括，由此而得到的估计数字是，在美国，1960年左右，同假如没有工会的情况相比，参加工会的工人的工资也许会提高大约7%～11%，没有参加工会的工人的工资也许会降低大约3%～4%。[②]

这并不是说垄断问题不重要，而是说垄断的重要性在于不同于人们通常所想象的方面。关于生产方面的垄断，最令人感兴趣的问题是熊彼特提出的动态问题，即从长期看，垄断或强大的寡头垄断是否比纯竞争更加有利于革新从而使成本的降低（或产品的改进）保持高速度？令人相当惊奇的是，经过数十年的思索和研究，人们仍未就这一问题取得一致意见。另外两个令人感兴趣的

① 阿诺德·C.哈伯格："垄断与资源配置"，载《美国经济评论》，1954年5月，第77—87页。并参看戴维·施瓦茨曼："垄断的负担"，载《政治经济学杂志》，1960年12月，第627—630页。

② H.格里格·刘易斯：《美国的工会运动和相对工资》（芝加哥：芝加哥大学出版社，1963年），第5页。

悬而未决的问题是：(1)垄断者和半垄断者实际上会使利润最大化到什么程度？同受竞争驱使的经理人员相比，他们是否懒于降低成本？他们是否只寻求满意的预期利润率？(2)不同行业的垄断者之间的竞争(熊彼特很重视这种竞争)，加上潜在的国际竞争，在多大程度上可以有效地代替纯竞争？

至于工会，人们往往侧重于研究工会对工资的扭曲作用，这种研究方法也忽略了若干也许更为重要的问题：(1)集体谈判究竟是使物价在持续的高就业条件下保持合理的稳定更难了呢，还是更容易了？(2)"基础"行业的工人举行停工斗争究竟使产量下降了多少，给公众带来了多少不便？(3)工会向工人提供的保护是否弥补了这种损失而有余？(4)工会是否具有充分的代表性，也就是说工会是否平等而公平地对待其所有成员，是否准确地反映了成员的经济偏好？

认为没有工会的劳动力市场具有充分的竞争性，也是十分错误的。可以做许多事情来改善市场环境，如建立职业介绍所，改进对劳动力需求的预测，根据需求预测进行职业培训，向年轻人提供更好的职业咨询，实施重新培训成年工人的计划，以及促进劳动力在各地区间的流动等。这些事情与人们就"工会垄断"的争论毫无关系，而且把注意力过分集中在"工会垄断"的问题上会忽略这些事情。

总之，在市场的组织方面，有一些重要的政策问题，但其中许多问题并不能嵌入传统微观经济学的框架。

第六章　社会主义经济

每一社会主义经济都既包含市场因素，又包含计划因素，前者指的是企业、工人和消费者之间的水平关系，后者指的是分层垂直管理系统发布的信息和指令。在全面公有制的情况下，这两种控制系统的混合可以有很大差异。如何达到最优混合，可以看作是社会主义经济管理的核心问题。

这个问题是以许多具体形式表现出来的，例如：如何控制日常生产计划，如何控制投资拨款，中央在多大程度上控制原料分配和部件分配，用什么方法计算成本和价格，使价格决定轨迹保持什么形状。这些问题是相互关联的，都涉及这样一个大问题，即应该给予市场关系和受市场指导的企业行为以多大的自由。这个问题显然具有政治色彩。虽然放松中央对经济的控制并不一定会相应减少党对政治组织的控制，但这两者也并非互不相关。维护党的控制是压倒一切的目标，其他所有目标都得服从这一目标。

自1960年以来，整个社会主义世界就上述问题展开了热烈讨论，大多数国家都试着采用了新的控制方法。这些试验将是本章考察的主要对象。不过，我们还将考察另外几个政策领域：投资水平和增长目标的选择、消费品清单的确定、农业生产水平的提高以及贸易关系的合理化。

经济管理中的计划与市场

十年前，社会主义经济的计划方法与教科书中描绘的图景没有什么两样：生产性企业受各种各样实物指标的指导；实绩指标制度和奖金制度并没有使企业管理达到最优状态；主要商品的需求和供应由中央计划人员用“材料平衡法”来加以调整；利用配给制来加以调整；利用配给制来管理商品的流动；价格并不精确地反映资源稀缺的程度，在经济管理中只起次要作用。我因此而可以指出这些做法带来的经济上的缺陷，西方读者读到这里会往椅子上一靠，产生一种优越感。[①]

但经济智慧并非西方所独享。许多东方经济学家和行政官员早已清楚地看到了中央实物计划带来的种种弊害。60 年代在采用新的控制方法方面进行了许多试验，虽然各国试验的新方法在细节上有所不同，但方向却都是下放更多的权力，增加灵活性以及增加企业自主权。在搞试验方面表现得最为积极的是南斯拉夫、匈牙利和（1968 年以前的）捷克斯洛伐克，表现得不那么积极的是苏联和其他东欧国家，后一类国家的试验较多地是采取管理合理化的形式，而不是采取广泛利用市场手段的形式。

因此，要概括社会主义计划方法的一般特征就更加困难了。

---

① 在严厉批评别人的同时，我也得严厉批评自己。拙作《经济学》第一版（1963 年）在描述苏联经济的情况时就表现出了那样一种优越感。但读者可以看到，第四版对苏联经济的讨论就完全不同于第一版的讨论了。

稳妥的说法只能是:“这是南斯拉夫1965年实行的制度”,或“这些是匈牙利1968年实施的改革”。不过,我们可以概述正在讨论的问题和试图进行的主要制度变革。

传统计划方法的某些缺陷

首先让我们弄清,为什么许多人会对苏联首创的、1945年以后几乎原封不动地搬到东欧国家的计划方法感到失望。这里我们关心的不是最终的商品清单。让我们暂且认为“计划者的偏好”是有道理的。人们争论的是如何按照这一清单生产出所要的商品,特别是企业在达到这一目标时所遇到的问题。

首先,在有千千万万种产品的经济中,并非每件事情都能被计划到。中央不能足够快地得到充足的信息,现有最大的计算机也承担不了所必须做的计算工作。企业在选择投入和安排产出方面总得有某种自行处理权。因而便有以下两种可能性:一是企业经理在可以自由行使处理权的领域不受任何约束;一是上面强加一些规定,导致企业经理做出不经济的选择。在传统计划方法下往往出现后一种情况,因为传统方法强调的是(金属产品的)重量、(布匹的)码数或(石油产品的)数量等实物指标。

其次,用产量而不是用销售量衡量实绩,会减少生产者满足消费者偏好的动力。尽管某一企业卖不出去的产品越积越多,但它却可以是很“成功的”企业。另外,传统方法注重产量而不注重增值价值,促进了纵向瓦解,同时还可能损失了效率。

卖家几乎不关心如何为买家服务,与买家的接触也很有限。在整个供给链条上,从成品生产者到原料供给者,情况都是如此。

此外，产量目标也过高，需求也长期过大，由此而带来的结果是，企业甚至难于获得国家分配给它们的投入。于是企业就不得不暗中采取"走后门，拉关系"等手法；即使如此，生产还是常常由于原料短缺而中止。降低增长速度可以缓和这个问题；但这会使经济处于走走停停的状态，出现第三章提到的那种循环。

企业的产量可以用价值加总的办法来计算。但由于传统的成本加成价格不是稀缺性指标，因而降低了算得的总和具有的意义。另外，资本和土地的价格不是稀缺性价格这一事实，扭曲了对生产技术的选择。

最后，在企业一级进行技术变革也很困难。大变革虽然从长期来看可以带来好处，但在短期内却会中断生产，而且还包含有风险。如果企业经理关心的只是企业的正常运行，如果他的视野被年产量计划所局限，那他就不会为了将来可能得到的利益而拿眼前的利益去冒险。

这些并不是西方的"局外人"所做的苛刻批评。这里所说的一切，东方的评论员都甚至用更强烈的措辞批评过。我们做这些论述，仅仅是为了使读者了解东方决策者进行改革的背景，了解制度改革为什么会成为东方决策者关注的主要事情。

"经济改革"的意义

没有哪个社会主义国家完全重新建立控制机制。也许可以把匈牙利的改革看作是接近于重新建立控制机制的改革。但大多数国家的改革都被嫁接在了传统管理制度和方法之上。同样重要的是，改革基本上是由原来的人马进行的，因而是逆流航行，必须克服官僚主义和惯性。

关于经济改革的速度和方向，存在着很大的意见分歧。改革的很大一部分动力，来自波兰的布鲁斯、捷克斯洛伐克的西克、匈牙利的利奈、苏联的利伯曼和康托罗维奇等经济学家的开拓性研究工作。60年代的经济讨论要比前几十年更为自由、更为深入。但也有许多保守的经济学家对改革抱怀疑态度。管理人员已习惯于现存制度，在现存制度内感到很安稳，因而也倾向于反对改革。因为对改革的意见不一致，因为改革途中可能会出现不稳定状态，所以可以预料，改革控制结构的道路必然是曲折的。

在颁布的新规章和经济行为发生的实际变化之间也存在着差距。一种新方法可能会带来预期的结果，也可能实际上毫无结果，或者可能会带来与本意不同的结果；而且要过一段时间才能看到结果。因此，只有在改革措施实施几年之后，才能评价它们。

一些国家所做的试验要多于另一些国家所做的试验。南斯拉夫走得最远，建立了一种工人参与管理的特殊制度，这在其他国家是见不到的。匈牙利于1968年年初实施了一整套精心设计的改革措施。捷克斯洛伐克也于1967年和1968年进行了类似的改革；但苏联进行干涉后，最积极拥护改革的人便不再受到信任，被赶下了台，他们的许多政策也被完全放弃了。

描述一下匈牙利的新制度，对我们将是有用的，因为该制度体现了60年代社会主义国家试验过的大多数新思想。在此之后，我们将考察其他社会主义国家进行的较为有限的改革。

全面改革：匈牙利的实例

匈牙利新制度的主要特征是：①

1. 具体生产计划现在是由企业来制订而不是由中央主管当局来制订。显然也有一些例外，新工厂的建立、工厂的大规模扩建、某些重要的出口产品、军事项目以及另外几种商品，仍由中央来控制。然而，一般说来，企业可以着眼于赢利，自由地在产出、投入和生产方法等方面做出自己的决定。这种企业自主权是在社会所有制这个大框架内行使的。若要创立、改组、合并或清理企业，需得到上级主管部门的批准。企业经理由上级主管部门委派，若企业办得不好，可予以撤职。

2. 企业自主意味着放弃对原料和中间产品的行政分配，除了少数具有特殊重要意义的出口商品和特别紧缺的商品外，已做到了这一点。一般说来，现在买者和卖者可以直接就数量、规格和交货日期进行协商。而且还为生产资料的批发业务建立了一种新的组织系统，以特别满足小买家的需要。这些组织遵循普通商业原则，赚取交易利润。

建立这种新系统的一项重要辅助目标，是打破卖家的垄断地位。现在买家可以到各处去采购，而不再只是到某一被指定的卖家那里采购，这增强了生产资料市场上的竞争。明文禁止卖家订约分割市场或以其他方式妨碍商业活动。

---

① 以下描述依据的主要是收录于伊斯特万·弗里斯编辑的《匈牙利经济机制改革》（布达佩斯：Akademini Kiado，1969 年）一书中的论文。

3. 很大一部分投资决定下放给了企业。允许企业保留60%的折旧费和大约40%的利润。现在企业可以向国家银行借款。据估计,企业因此而掌握了大约40%的国家投资,这一比例在几年之间将增至50%。仍需得到中央批准和资助的投资有:(西方意义上的)一般"公共部门"投资;新建工厂,或为了大大提高生产能力而进行的扩建;以及基础设施投资,如电力、运输、供水等方面的投资。

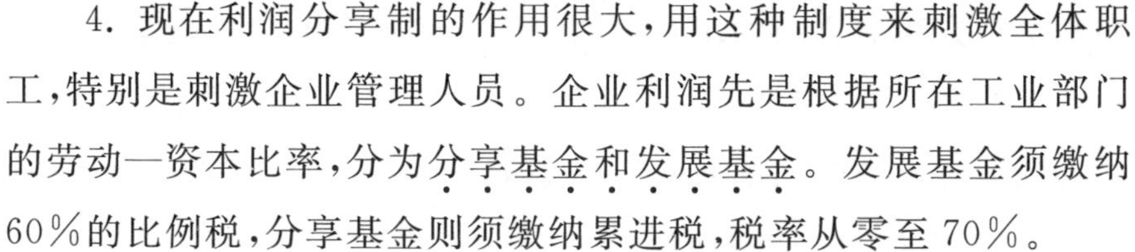

4. 现在利润分享制的作用很大,用这种制度来刺激全体职工,特别是刺激企业管理人员。企业利润先是根据所在工业部门的劳动—资本比率,分为分享基金和发展基金。发展基金须缴纳60%的比例税,分享基金则须缴纳累进税,税率从零至70%。

这种制度建立于1968年,目的是把个人得到的分享基金最高额同其在企业中的地位联系起来:(a)总经理、部门经理和副经理(他们的人数在劳动力总数中所占的比例不到1%)分享的利润可达其正常薪金的80%;(b)"车间主任、班组长、设计员、技师、工艺员、经济师等"(他们的人数在大多数工业部门劳动力总数中所占的比例为4%~12%)的奖金,平均说来可达其薪金的50%;(c)所有其他雇员分享的利润,平均说来可达其工资和薪金的15%。由此可见,如果企业赢利的话,那么谁在企业中所负的责任最大,谁得到的奖赏也最高。

这种制度已被大大修改了,一部分以前的奖金变成了固定薪金。固定薪金与总收入比率现在要远远高于改革初期。

5. 采用了计算成本的新公式,并正在努力使价格接近(虽然并非在努力使其等于)用这种新公式计算的成本。每个企业除了支付工资费用、原料费用和折旧费外，还须根据其经营中使用的固定和流动资本的价值支付5%的资本费用。企业须为从国家信贷机构那里得到的贷款支付利息，地租也已有限地引入了成本估算。引入资本估算的还有一笔净收入，相当于工资总额的12%加上所使用的资产价值的10%。

第二步就是使生产者价格接近修改后的成本。根据西科斯—纳吉的估计，1968年价格改革之前，工业价格平均低于真实成本24%，而改革以后，工业价格则平均高于成本6%。[①] 各项工业价格调整以后，其总水平得到了大大提高。不过，人们认为提高零售价格水平是不可取的，因为如果零售价格提高，就得大规模调整工资，在宏观经济的其他方面也会造成失调。因此，生产者价格和消费者价格之间的差距现在要比过去小得多，从而政府得到的营业税收入也少得多。另外，各种产品的生产者价格和消费者价格之间的差距是不同的。到目前为止，消费者价格还没有像生产者价格那样得到全面调整。所继承的消费者价格结构是严重扭曲的，这种结构使人们养成的消费习惯又根深蒂固，因而专家们认为，要使整个经济的零售利润接近于均等，得花10～15年的时间。

6. 以前清一色的固定价格已被以下四种价格所取代：(a)固定价格；(b)最高价格或最高限价，这种价格在需求过大的情况下会成为实价；(c)可以在规定界限内浮动的价格；(d)自由价格。在从原料到零售的全过程中，这些价格的混合情况变化很大。价格在加工阶段最为灵活，在该阶段，全部价格的大约3/4不受控制。

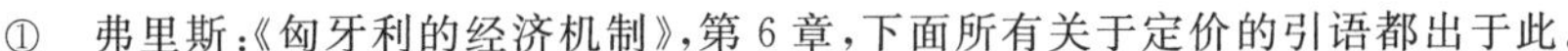

① 弗里斯：《匈牙利的经济机制》，第6章，下面所有关于定价的引语都出于此。

但是，就一般很紧缺的基本原料来说，只有1/3可以自由定价；消费品的价格也只有30%不受控制，因为通货膨胀的压力仍然很大。因而呈现在人们面前的图景是价格的灵活性很有限，不过，灵活性今后是会不断增加的。

7. 成本和价格被修改后，国民收入的构成和政府收入的结构也发生了变化。在工业部门，工资现在占增加价值的2/3，资本费用和租金费用占1/3。对于整个经济来说，比例约为3/4对1/4。这一比例与发展水平相似的资本主义经济所具有的比例相差不大。

在国家预算中，营业税收入所占的比例下降幅度很大，已从改革前的53%降到了改革后的7%。减少的营业税大都被用来补贴了消费品，因为消费品的零售价格现在低于新的生产者价格。现在政府的收入大约3/4直接以这种形式或那种形式来自企业：利润税、资本费用和租金费用、政府享有的折旧提存份额、25%的工资税以及社会保险金。

8. 放松中央控制，增加了工资和物价上涨的可能性，迫使政府更多地注意宏观经济政策。所使用的工具是大家熟悉的：规定大多数消费品的价格或规定其最高限价；实施"收入政策"，例如1968年规定，工业部门工资总水平的上升不得超过4%；实施货币政策，其中包括根据投资计划和总需求水平具有的社会意义来变动利率和信贷额；变动实施中央投资计划的时间。似乎没有把变动赋税看作是重要的短期工具。

9. 根据挣得外汇的估计成本，确立了两种标准汇率，一种用于与社会主义国家的贸易，另一种用于与其他国家的贸易。出口企业现在出售其产品得到的是国外价格，而进口企业为进口商品支付的也是国外价格，都按适当的汇率折算。这是为拉平国内价格与国外价格所做的努力，试图以此增加对出口的刺激，同时利用进口商品加强国内市场上的竞争。尽管现在鼓励竞争，但企业的规模却限制了国内竞争的可能性，庞大的企业在大多数市场上都造成了垄断或寡头垄断的局面。[①] 国外竞争的增强会缓和这种局面。

以上便是新经济结构的粗略轮廓。在这种结构下，经济的情况怎样呢？改革头两年的情况一般说来很令人鼓舞。[②] 企业发现，没有上面的具体指示也能办好企业。工业产量不断增长，虽然物价的上涨幅度也相当大。分散性投资在某种程度上超过了计划规模，但中央主管部门乐于削减自己的投资计划以适应这种情况。目前中央似乎无意于扭转改革趋势——实际上是对价格和分配的控制进一步有所放松。

苏联的经济改革

苏联的改革虽然较为有限，却具有重要意义，因为苏联的经济

① 普赖尔发现，社会主义国家企业的平均规模远远大于西方企业的平均规模，其中规模最大的是捷克斯洛伐克和匈牙利的企业，尽管这两个国家的市场都比较小。20世纪60年代中期，在一些国家，1,000人以上的采矿企业和制造企业在这两个行业企业总数中所占的比例如下：捷克斯洛伐克为92%，匈牙利为86%，波兰为71%，苏联为64%，美国为63%，意大利为32%，西德为27%（弗雷德里克·L.普赖尔："20世纪60年代中期东欧市场社会主义所遇到的障碍"，即将发表在《比较共产主义研究》上：这篇论文对所有东欧国家在整个60年代后期进行的经济改革做了很好的比较研究）。

② 除了普赖尔的论文外，还可以参看理查德·D.波特斯的"匈牙利的经济改革"，载于《美国经济协会学报》，1970年5月，第307—313页。

规模很庞大，因为这表明同前些年相比苏联采取了更加注重试验的态度。虽然从某种意义上说1965—1967年已“完成了”改革，但人们仍在继续讨论改革的成就和不足，而且仍在进行一定数量的试验。[①] 60年代中期采取的主要步骤有：

1. 全面修改了批发价格。资本费用按照15%的标准比率计入了成本，大大增加了价格与成本之间的差额。现在已没有哪个工业部门整个说来处于亏损状态，亏损企业的数目也已大大减少。由此而产生的副作用是：转移给政府的资本费用和企业利润，现在是公共收入的最大来源，超过了以前占主导地位的营业税。

2. 企业计划已在原则上不像以前那么具体，也不像以前有那么多物量指标。在得到批准的资金总额内，企业享有较大的灵活性，可以调整投入来降低成本，可以调整产出来满足顾客的需要。对于企业来说，自留利润和银行贷款现在已成为投资资金的重要来源，虽然所占的比例仍然较小。

3. 现在衡量企业经营情况的主要指标是销售价值（而不是产量）和获利总额。完成计划的百分比，用一个很复杂的公式来计算，公式中就包含销售价值和获利总额，而且在不同行业之间公式也有所变化。然后这一百分比被应用于企业的工资基金，以计算出“奖励基金”，工人和管理人员的奖金就是从奖励基金中支付的。

① 最近发表的好文章有：科宁的“经济改革与进一步改进价格形成方面所面临的任务”，载于《经济学问题》，1968年12月，第39—46页；M. 加林和A. 德鲁曾科的“现场工程师”，载于《苏联报刊文摘》21，第29期，第14—17页；“下一步改革措施：从工厂角度来看”，载于《苏联报刊文摘》20，第39期，第19—22页。

4. 鼓励企业更为主动地寻找客户和原料来源，鼓励企业直接与客户就数量、规格和交货时间进行谈判。

苏联最近发表的文献指出，虽然一般认为上述措施的方向是正确的，却存在一些尚未解决的棘手问题。主管部委对企业的指导似乎仍然过细。仍然下达具体的物量指标，而且常常隔一段时间便加以修改，通常是向上调整。中央继续控制原料流量，限制了企业之间的谈判自由。即使企业甲已同意向企业乙出售一定数量的原料，也得花好几个月的时间等待中央采购官员审查和批准必要的文件。

有人批评价格缺乏灵活性，建议更加经常地修改价格，在某种程度上下放制定价格的权力。有人批评现有体制不利于新产品或改进产品的引入。在这方面有人建议，应允许企业为新产品制定高额初始价格，这种价格会随着时间的推移而逐渐下降，这个建议很有意思，使人不禁想到了熊彼特。有人抱怨，确定奖励基金的公式太复杂了，很容易成为发展生产力的障碍。举例来说，由于工资基金是计算奖励基金的基础，从而降低了节约劳动力的积极性。苏联各工业部门似乎都大大超员，这通常被委婉地称为“内部劳动力储备”，整个经济中劳动力的缺乏由此而被加重。

一些主张合理定价的经济学家，例如康托罗维奇，提出了一项较为具体的批评，即各工业部门的利润率现在仍有很大差别。例如，1967 年，轻工业部门的利润率为 38%，机器制造和金属加工业的利润率为 20%，伐木、木制品、纸浆和造纸等行业的利润率为

14%,电力工业的利润率为7%。[①] 应用于新投资计划的预期赢利定额也有很大差异。例如,电力投资项目的预期利润定额仅仅为10%,而纺织投资项目的预期利润定额则为33%。[②]

这些批评都是权威人士自由地提出来的,这一事实表明,不远的将来可能会实施进一步的改革。固然,也许由此而会养成进行实用性的零碎改革的习惯。

不彻底的改革是否行得通

由以上叙述可知,苏联的改革很保守,匈牙利的改革比较彻底。大多数东欧国家的改革都比较接近于苏联的模式。在成本计算、定价、考核指标和自筹资金等方面进行了有限的变革,而且增加了企业在其他方面的自主权。但这些变革被嵌入了这样一种制度,在该制度内,计划由中央来制订,价格保持固定不变,原材料的分配受到控制。这等于要把有限的改革嫁接在对改革相当冷淡的结构上,由此而造成的困难局面值得我们简单地谈一谈。

把新旧事物混合在一起,很可能会造成这样一种局面,在这种局面中,名义上授予低级管理部门的权力,有些无法得到有效的行使,或者行使这些权力会产生意想不到的结果,也许会导致重新进行集中管理的压力。第一,在这样的混合制度下,企业很难行使名

① N. 加里托夫斯基:"在新制度下利润和赢利能力对从经济上刺激生产所起的作用",载于《经济学问题》,1969年8月,第3—30页。

② L. 瓦加:"什么时候革新有利?",载于《苏联报刊文摘》21,第40期,第7页。并参看V. 博加彻夫和L. 康托罗维奇:"时间的价格",载于《经济学问题》,1970年2月,第3—27页。

义上享有的权利来改变投入和产出。既然持续过大的需求在投入方面仍维持着卖方市场,企业就不得不使用它能够得到的投入,而不是使用它想要得到的投入。因为对于主要产品仍然规定物量产出指标,所以企业在选择产出方面也同样受到限制。而且,利润的增加并不一定表示经济实效有所提高,因为无论是产品价格还是要素价格都未必反映资源的稀缺性。

第二,在不允许存在市场清算价格的情况下,准市场制度很难运行。假设(与通常的情况相反)企业享有充分的自由,彼此之间可以直接买卖原料、中间产品和资本品,但假设这些商品的价格被固定在市场清算水平以下。结果是,商品普遍"短缺",交货不及时,囤积存货,生产常常中断。这很自然地会产生压力,导致重新实行配给制,以维持原料的正常流动。

第三,假设投资决定权的下放,致使计划投资水平高于资本品工业的生产能力。不仅通货膨胀压力会由此而加重,而且一些计划投资项目会受到排挤(或者其建筑时期会大大延长),剩下的项目也不会是最优混合。举例来说,捷克 1967 年进行改革后,似乎就出现了这种情况。企业科润、自留利润以及计划投资,都大大超过了计划水平。而且,企业都很聪明,设法使自己的许多投资项目走在了中央计划的或"政府的"投资项目的前面,因而被排挤的几乎都是中央的项目。这样的结果在经济上很令人失望,无论如何不会被中央主管经济工作的部门所接受。

第四,一些国家对企业进行分类,使每个工业部门内的企业属于一个"托拉斯",这种托拉斯是处于企业和中央主管当局之间的监督机构。这也会带来问题,带来什么问题要看这种托拉斯如何行使其名义上的权力而定。一方面,它们可以仅仅充当传声筒,把上面的指示传达下去。在这种情况下,实际上没有下放任何权力。另一方面,它们可以试图像垄断集团那样发挥作用,不顾其他部门的利益而尽力维护本部门的利益。实行这种政策,在西方会导致人们力图解散托拉斯,在东方则很可能会使人们重新要求实行中央控制,以此限制托拉斯的权力。

实施局部改革而出现上述困难局面后,一些人会认为,改革得太厉害了,另一些人则会认为,改革得还不够。在社会主义国家经常可以听到这两种议论。那些向来不赞成改革的人会说:“我们说得不错吧。问题在于允许市场的无政府状态进入了我们有秩序的计划经济。”他们因此而主张限制企业的自主权,加强中央控制。另一方面,“自由主义”经济学家会争辩说,如果要依赖市场工具,就得完全彻底地依赖。出现问题不是因为给予生产单位的自由太多了,而是因为给予的自由太少了。不过,这种论点常常被看作是“学院派的”、非正统的论点。在社会主义国家,人们从思想上憎恶“市场的无政府状态”,官僚机构喜欢因循守旧,党的领导担心党的控制会削弱,这三方面的因素结合起来,力量很大,最终主张重新集中管理的人常常会取胜。

但是,加强中央控制,会重新陷入前面指出的困难局面;而当这种困难局面不断恶化,叫人无法忍受时,则会再次产生压力,要求进行分散管理的新试验。由此可见,社会主义经济的制度演变可能会沿着一条辩证发展的道路前进,一段时间强调集中控制,一

段时间强调市场控制，如此循环往复。[①]

分散管理与“计算机乌托邦”

一种完全不同的观点是，计算机发明得正是时候，可能会使全面的中央计划成为可行的计划。既然社会主义国家的政治不利于建立“市场社会主义”乌托邦，那么为什么不建立另一种乌托邦呢？在这种乌托邦中，将用计算机复制市场过程，将根据由此而计算出来的数据发布具体的生产指令。彼得·怀尔斯把这称为“取代完全竞争的完全计算”，另一些人则把这称为“计划计量学”或“计算机乌托邦”。

这种方法的基本原理主要是由数学家而不是经济学家提出来的，其中包括苏联的内姆奇诺夫、诺沃奇罗夫和康托罗维奇。[②] 数学家的有利条件在于相对来说没有意识形态上的偏见，因而能对

① 蒙泰尔斯曾强调过这一点，他说：“经验已经表明，虽然计划者力图把过多的活动纳入计划，但他们却掌握不了这些活动。在基层，总是存在着‘自发的’活动，使已被批准的计划不沾边，因为中央的计划太笼统了，指导不了具体活动……在权力部分下放的体制内，还存在着要求重新实行集中管理的力量。这种力量部分来自高级管理人员，他们力图消除低级管理人员的不相协调的决定产生的负面作用；部分来自企业本身，它们常常要求上级主管部门制止原料供应者或职能组织做出对其不利的决定。在政治压力下，官僚机构相互牵制，其结果是，很大一部分具体决定最终被推给了最高决策当局。总之，非市场经济的自然均衡往往被极端的集中管理和极端的分散管理所代替。”（约翰·M. 蒙泰尔斯：“展望捷克斯洛伐克的经济改革”，见乔治·R. 菲韦尔：《新潮流》，第508—509页）

② 该方法的一个主要来源是L. V. 康托罗维奇的《经济资源的最佳利用》（坎布里奇：哈佛大学出版社，1965年）。并参看V. S. 内姆奇诺夫：《数学在经济学中的应用》（坎布里奇：麻省理工学院出版社，1964年）；以及约翰·P. 哈特等人编：《数学与计算机在苏联经济计划中的应用》（纽黑文：耶鲁大学出版社，1967年）。

经济问题采取直截了当的效率观点。而且，他们有自然科学这块挡箭牌，使用的是深奥的语言，不像“政治经济学家”那么容易被指责采取非正统观点。因此，他们能够较为自由地工作，尽管是在很抽象的水平上工作，并且（至今）对经济事务没有产生什么看得见的影响。

这种方法的核心是线性规划。线性规划是由苏联的康托罗维奇和美国的丹齐克、库普曼斯等人几乎同时提出来的。在西方的著作中，标准的线性规划是如何使两种或更多种产品的产值最大化，这些产品的价格是给定的，生产资源的数量是给定的，线性转换关系也是给定的。在康托罗维奇那里，问题被颠倒了过来。计划当局已决定了要产生什么商品。问题是如何以最低的资源成本生产这些商品。解决这个问题就是在产品之间配置投入并估价每种投入的价值——用康托罗维奇的话来说就是求出“客观确定的价值”，用西方术语来说就是求出“影子价格”。客观确定的价值相当于完全竞争经济中的市场价格。康托罗维奇观点的核心是，既然这种价格反映稀缺性和生产率，就应该用它们来取代现行制定价格的方法，：以获得最佳的经济效果。

线性规划作为一种工具是用来解决微观问题的，主要应用于工厂企业。（康托罗维奇最初是在列宁格勒的一家胶合板工厂进行试验，运用线性规划来把圆木分配给剥皮机，以便圆木产量在单位时间内最大；他的著作列举的实例大都与此相类似。）问题是如何扩大这种方法的适用范围，用它来解决整个经济的计划问题。首先应该指出，最终的商品清单是给定的，不涉及“效用”、“消费者偏好”等问题。谁也没有提出让计算机来决定产量。因此，计划计量学充其量只能解决西方经济学家的所谓最优化问题的一部分。

在这种限度内，问题是：中央计划者为做出有效率的决定而应该知道的所有事情是否都能用数量来表示，来自各个经济角落的大量信息是否能准确而迅速地传送给一个中心，以及现有的计算机系统是否能够承担随后的计算工作。上述问题也许可以通过“计算机分散化”而得到缓和，所谓计算机分散化就是建立分中心来处理得自各个经济部门的信息，然后由这些分中心向莫斯科的“巨型机”提供信息或从巨型机那里接受指示。人们甚至可以想象一种“非常新颖的”计划系统，在这种计划系统内，坐在办公室里的将不再是大小官僚而是计算机，由计算机来完成现在一级级的经济管理人员所做的工作。

然而，经济管理人员似乎不会欣然退出舞台。而且，即使从技术上说，信息和计算方面的问题似乎也无法解决。专家们的普遍看法似乎是，计算机乌托邦暂时完全是一种空想。①

为了公平对待苏联鼓吹“最优规划”的人，应该补充一句，他们并没有把这种乌托邦当作可行的建议来鼓吹。相反，他们所要证明的是，合理的价格体系可以用来间接地指导经济。他们非常关心控制结构中的不同管理层次之间的关系，关心什么是适当的决策水平，关心如何把一般的中央控制同具体的企业自主权结合起

① 例如参看艾布拉姆·伯格森：“修改后的市场社会主义”，载于《政治经济学杂志》，1967年10月，第655—673页；埃冈·纽伯格：“利伯曼主义、计算机乌托邦以及看得见的手：信息效率问题”，载于《美国经济评论汇编》，1966年5月，第131—144页；亚历克·诺夫：“计划者的偏好、优先事项以及改革”，见乔治·R.菲维尔：《新潮流》；并参看沃德、蒙泰尔斯等人在哈特编的《数学与计算机》专题论文集上发表的论文。

来(他们相信,假如价格合理,这种结合就会产生最优的社会效果)。他们主要主张要合理地对待经济效率的计算,而不要像旧式"政治经济学家"那样采取教条主义态度。[①]

匈牙利的吉诺斯·科奈尔沿着这条路线做了一些令人感兴趣的研究工作。[②] 虽然科奈尔相信线性规划是有用的,并协助有关部门在匈牙利的计划工作中使用了线性规划,但他从未鼓吹过计算机乌托邦。相反,他把计算机和市场看作是互补商品。线性规划的目的不是取代市场,而是在必须由中央做决策的领域,使这种决策更加有效率。

经济增长的速度

社会主义经济的压倒一切的目标是扩大产出能力。达到这一目标的主要工具是高资本积累率,虽然也十分重视人力资源的开发。[③] 高投资意味着低消费,这是"古典派的"增长战略。由于实际工资的增长慢于人均产量的增长,因而能够对生产资料工业进行大规模投资。

经济规模不同和开放程度不同,这种战略所采取的形式也不

① 迈克尔·埃尔曼评价了这派苏联经济学家最近所做的研究工作,参看他的"最优规则"(一篇评论文章),载于《苏联研究》20,第1期,第112—136页。

② 参看他的《结构决策的数学规则》(阿姆斯特丹:北荷兰公司,1967年);并参看雅诺什·科奈和T.利波塔克:"两级规划",载于《计量经济学》,1965年1月,第141—169页。

③ 第三章引证的普赖尔的研究发现,社会主义国家的教育费用同人均收入与其相同的西方国家一样高,研究与发展费用则远远高于人均收入与其相同的西方国家。

同。苏联主要是靠自己的力量发展经济,在这一过程中,它向基础设施工业和重工业大规模转移劳动力和其他国内资源,采取的是“用机器建造机器”的战略。自给自足程度更高的中国经济也是如此。在像罗马尼亚那样经济规模较小的经济中,未得到充分利用的劳动力和其他国内资源部分被用来进行出口货物的生产,收入用来从捷克斯洛伐克、东德和苏联进口机器和工业原料。1945 年以后,罗马尼亚重建了生产食品、林产品和原油的能力,这些产品本来可以用来满足消费需要,也就是说,食品本来可以让人们吃掉,木材本来可以用来建造房屋。但实际情况却相反,食品、木材和石油通过对外贸易转变成了资本品。[①]

人们常说,社会主义经济同其他经济的区别在于,它们的增长率是故意选择的结果。不过,这并不意味着增长率不受客观条件的限制。在短期内,国内资本品工业的生产能力,进口可能性,可获得的原料、燃料和动力等都是有限的。如果这些限制受到的压力过大,就会出现瓶颈状态,从而不得不降低增长速度。而且,因为不能完全预测和控制经济实绩,所以国民生产总值的事后增长常常偏离事前目标,在一般情况下总是低于事前目标。差额并不是均匀地分布在整个国民产出上。动力、冶金和机械等部门完成计划的情况,通常要好于消费品工业、建房和服务等部门。原因是当投入明显不足时,动力、冶金和机械等部门在配给过程中就会受

① 蒙泰尔斯在“共产党匈牙利的经济发展”一文中证实了这种情况。

到优先照顾。[①] 实际上，很大一部分消费品产出可以看作是用剩余投入生产出来的产品。

无论何时，增长率所受到的客观限制在某种程度上都是不确定的。人们会接受多大程度的紧缩，或应该要求人们接受多大程度的紧缩，关于这一点也存着意见分歧。因此，选择什么样的增长速度，也就成了党内不同派别争论的一个问题。主张高投资水平的领导人，往往被称为“强硬派”；而那些愿意降低投资目标以在短期内向消费者提供更多东西的领导人，则被称为“温和派”。不过，即便是温和派赞同的投资率，也高于世界水平。

投资水平的选择并不决定投资的具体分配。还需要做进一步的选择，而社会主义的经济文献几乎没有告诉我们如何做这种选择。在苏联，人们常常提到“有计划、按比例的社会主义经济发展规律”，但这种说法似乎没有什么具体含义。一项较为具体的原则是，资本品工业的产出应比消费品工业的产出增长得快。所选择的工业化的顺序是重工业至轻工业，而不是相反的顺序。就苏联来说，从其经济的规模和对防务的极端重视来看，这种选择是有道理的。对于东欧的一些小国来说，这种选择显然就不那么合适了，可是这些国家却一味仿效苏联的模式。

对制造业、电力以及其他工业部门的投资是大量的、“不平衡的”，而且也不可能把有限的年度预算均匀地分配给所有申请者。这肯定是苏联经济增长不稳定和不平衡的部分原因（这里所谓的

① 在集中化的实物计划体制下可以照顾动力、冶金和机械等部门，是一些人反对分散管理的重要理由。中央主管经济工作的部门自然想知道，“如果允许每个人在市场上争夺资源，是否还能够确保高度优先的工业得到所需要的原料？”

“不平衡”是指在5～10年这样一段时间内的不平衡，而50年以后，不平衡也许会变成“平衡”)。每一计划期都挑选出若干工业部门，把它们看作是对未来增长的主要限制。资源不断输往这些“主要环节”，而其他工业部门则暂时受到忽视。然而，随着这些被挑选出来的工业部门不断发展，与它们相关的工业部门，即投入—产出矩阵中的其他部分，就会表现出能力不足。于是这些新瓶颈便成为下一个计划期的攻击目标。

社会主义经济的增长还在以下意义上是不平衡的，即这种经济过分重视“直接生产能力”，而相对忽视“基础设施”。固然，动力生产得到了很大发展。但在运输方面，公路和铁路被使用得越来越凶，越来越破旧，而建造和维修方面的投资却较少。住房这一社会基础设施的主要项目得到的拨款也较少。用赫希曼斯克的话来说，社会主义国家的战略是“凭借(基础设施)不足来发展”，而不是“凭借生产能力过剩来发展”。

从社会主义经济已经获得了发展而且正在发展这个意义上说，这种战略是奏效的。工业基础在逐步形成。但从这个意义上说，在许许多多条发展道路中，不就可以说任何一条道路都是奏效的了吗？那么，究竟有没有标准可以据此认为一条(暂时不平衡的)发展道路要优于另一条发展道路呢？我们将在第九章中考察西方的概念工具对于分析这些问题有没有用。

满足消费者的需求

无论对于资本主义经济来说还是对于社会主义经济来说，都可以把国民产出分为投资品、社会消费品和“私人”消费品这样三部分。在传统的社会主义计划体制下，投资份额是由中央决定的。即使企业在投资方面享有某种程度的自主权，政府也可以运用宏观经济工具把投资总额控制在规定的范围内。不管在哪种情况下，家庭的时间偏好都未直接起作用，虽然这种偏好可以通过要求提高消费水平的压力而间接地起作用。社会主义经济的计划者喜欢高投资，从而使贴现率很低。（也许无论哪一种经济的计划者都喜欢高投资，区别在于社会主义经济的计划者掌握着优良的工具，可以付诸实施其偏好。）

无论从投资分配的规模来说，还是从决定这种规模的机制来说，现实生活中的社会主义经济和资本主义经济，都不像理想模式所展现的具有那么大的差别。在资本主义国家，大部分储蓄同样来自工商企业和政府机构，家庭储蓄在储蓄总额中只占较小部分。费雪根据资本在市场上的生产率表，绘制了个人时间偏好图，但他描绘的情形与当前的现实相差甚远。资本主义国家的政府也通过税收结构、货币控制、研究与发展拨款以及其他政策工具来影响全国的储蓄和投资水平。平均来说，资本主义经济的投资分配要比社会主义经济低几个百分点，但差距并不很悬殊。

社会主义政治制度是否也倾向于比西方的政治制度把更多的资源分配给公共品？对于某些种类的公共品来说情况也许是这样，但肯定不是所有的公共品都如此。在第三章，我们曾提到普赖尔的研究成果，即国家的人均收入水平是最重要的决定因素，而“制度”差异则不那么重要。就军费这一特殊项目来说，决定因素是有关国家的大小和该国在战略性联盟中的作用。美国和苏联同其较小的盟国相比，都把过多的资源分配给了军事部门。

占总产出60%左右的“私人”消费品的情况怎样呢？人们很容易看出，社会主义国家的生产工具不那么侧重于为消费者服务。社会主义国家特有的情况是：一些商品短缺，另一些商品（不那么经常地）过剩，产品与产品之间的价格和成本之间的差距很大，这种差距对产量决策没有丝毫直接影响，也几乎不努力通过市场调查或市场试验来弄清消费者的偏好。有人说，社会主义国家的产出结构反映的是计划者的偏好，不是消费者的偏好。不管计划者偏好这个概念有没有用，这种说法都有一定的道理。正如诺夫指出的，“计划者喜欢握有选择权”①。除了这一点外，我们尚不清楚为什么计划者选择这一商品组合，而不选择另一商品组合，更不清楚所选择的商品组合具体是怎样排列和设计的。即使做出了明确的选择，也不能指望实际出现在零售市场上的产出与计划相符，因为可能存在着不同程度的计算错误和误差。实际情况可能是事前谁也不会选择的情况。这便又回到了已经描述过的困境：需求长期过大，普遍存在着卖方市场，零售企业相对于制造厂商而言处于不利的地位，企业的“实绩”指标未充分注意质量、式样和设计，对服务产出存在着意识形态偏见。

① “计划者喜欢握有选择权。……决策体制使他们享有既得利益，因为在这种体制下，他们有权做决策。由于种种原因，负责资源分配的公共当局在许多情况下似乎并不很关心老百姓的利益，这也是社会和经济方面的一个事实，但这完全是另外一个问题。喜欢选择权并不意味着计划者偏爱某一商品组合。他们并不是有意希望顾客得不到想要的东西，然而制度安排却使顾客得不到想要的东西。”（亚历克·诺夫：“计划者偏好、优先项目和改革”，载于《经济杂志》，1966年6月；重印于菲维尔的《新潮流》，第286页）

很显然，在社会主义经济中，“价值商品”（和“非价值商品”）的种类较多。即便是资本主义国家的政府也向学校午餐、医疗以及低收入住房提供补贴，同时对烟酒课以重税。但在社会主义经济中，有计划的价格差别待遇（在补贴方面）扩展到了所有住房、基本食品和衣服、书籍和其他教育材料以及短途和长途旅客运输，（在课以重税方面）扩展到了许许多多“奢侈品”。①

广泛提供补贴的目的是，使每个家庭都买得起基本必需品，从而确保最低消费水平。社会主义国家用差别定价的方法取代现金转移和累进所得税，以此改变实际收入的分配，使其朝着平均主义的方向发展。大多数西方经济学家也许会说，这可能是重新分配收入的一种可行方法，但从福利观点来看，却是一种低级方法。重新分配收入的最有效方法是提供转移支付，让消费者根据自己的偏好自由选择商品，维持反映资源成本的（通常是）中立的价格体系。

但这种论点并不是无懈可击的。该论点假定消费者掌握一定的信息，具有一定的远见和理性，而哪怕是在没有广告的经济中，

① 一位苏联经济学家在指出基本食品的价格较低后，接着说：“以下消费品的价格也定得较低：罩衣、鞋、家用电器、钟表、儿童用品、教科书、练习本、药品、卫生用品以及其他许多商品。一般说来，这些商品的价格都接近于原始成本。……一套带厨房两居室住房，其房租加上电费、煤气费、热水费和冷水费，每月不超过10～12卢布。在苏联，房租约占职工家庭预算的5%。……在城市交通方面，单程车费为3～5戈比……很自然地，在苏联有一些商品国家试图通过课征销售税和规定高价来限制其需求，它们是伏特加、其他一些烈性饮料、烟草制品。……宝石、香水、高级服装以及另一些商品都定价较高。”〔B. 贝鲁索夫：“价格作为规划国民经济的一种手段”，见道格拉斯·C. 黑格编：《各种不同经济中的价格形成》（纽约：圣马丁出版社，1967年）第143—144页〕小汽车也许应该算高价商品，而卡车的价格则较低。

消费者也不具有这些特征。它忽视了消费方面的相互依存和外部效应。而且，只要政策目标是增加**某类家庭**，如多子女家庭、病人家庭和残疾人家庭的福利，就有理由采取直接达到这一目标的措施，如向儿童提供低价食品、衣服和课本，提供低价医疗服务。[1]

总之，社会主义国家的计划者即使学完了有关理想定价原理的课程，也不会把它们看作是普遍适用的原理。原因可能是：他们对为消费者服务这个问题的看法，以及他们对最终将要实现的商品普遍短缺，人们排队争购这些商品的看法，不同于西方流行的观点。在我们所设想的黄金时代，收入的边际效用对每个消费者来说将很低，但每个消费者获得的总效用将很高。得到货币收入和由消费者在零售市场上分配这种收入，仍将是分配商品的主要方法。但随着实际购买力水平的不断提高，每增加一美元的收入所具有的意义将逐渐减小。

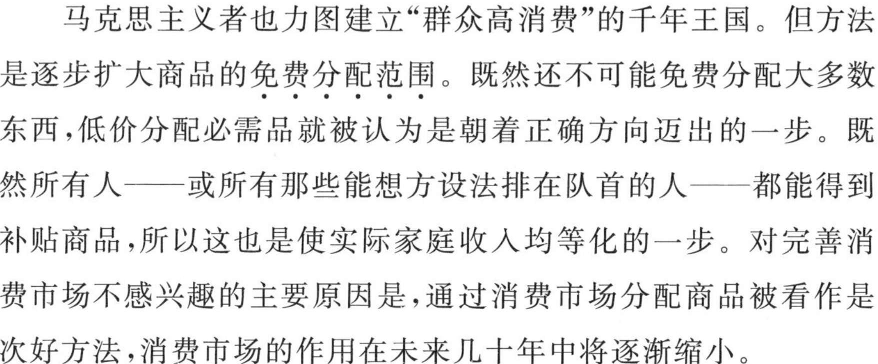

马克思主义者也力图建立“群众高消费”的千年王国。但方法是逐步扩大商品的**免费分配范围**。既然还不可能免费分配大多数东西，低价分配必需品就被认为是朝着正确方向迈出的一步。既然所有人——或所有那些能想方设法排在队首的人——都能得到补贴商品，所以这也是使实际家庭收入均等化的一步。对完善消费市场不感兴趣的主要原因是，通过消费市场分配商品被看作是次好方法，消费市场的作用在未来几十年中将逐渐缩小。

这种理论最适用于这样一些商品，这些商品一般认为是达到

① 莫里斯·多布很好地阐述了这种理由和有利于差别定价的另外一些理由，参看他的《福利经济学与社会主义经济学》(剑桥：剑桥大学出版社，1969 年)，第 10 章。

像样的生活水平所必需的,其某一最低数量是每个人都想有的。[①]在补贴并最终在免费的基础上提供这一最低数量,也许是一个合理的政策目标。但是,随着经济生产力的增长,随着基本需求的不断满足,消费者的需求就会愈来愈多地涉及奢侈品和半奢侈品。奢侈品和半奢侈品在总产出中所占的比例将愈来愈大。较有可能出现的,不是马克思理论中所谓"全面的共产主义",而是"错层式的经济"。在这种经济中,免费分配基本生活必需品,其他商品则由市场分配。对于市场上的商品来说,明智的做法似乎是使价格与成本之间的差额均等。对于所有商品来说,产出应根据消费者在质量、品种和设计方面的偏好而变化。

由此可见,确实存在着弄清和满足消费者偏好的问题,随着社会主义国家富裕程度的提高,这个问题将愈来愈重要。社会主义国家的许多经济学家和管理人员已认识到了这一点。要解决这个问题,就需要在制造商和零售商之间建立更为密切的关系,让零售商在质量和设计方面享有更大的发言权,用销售额代替产量作为实绩指标。社会主义国家的经济学家正着手讨论需求弹性问题,讨论是否有必要对消费者的偏好和意愿进行市场调查,这种讨论

① 在这方面,多布(《福利经济学》,第218—219页)提出了一个令人感兴趣的技术问题。当消费者的收入达到一定水平时(假设收入分配较为平均),某一新的消费项目,例如自行车、收音机、电冰箱以及最终小汽车,似乎就成为必需而可获得的了。每个家庭就想拥有一单位这样的商品,而且在大多数情况下只想拥有一单位。因此,在达到饱和点之前,需求的弹性很大,但超过饱和点之后,需求的弹性则很小。"这……意味着,在零(或很低的)产量和饱和(或接近于饱和的)产量之间没有市场均衡。……最重要的决策是究竟生产不生产这种新的消费项目,如果生产,社会是否有能力以满足需求的规模生产。这种决策几乎不可能是市场指导的决策,更不可能是按照边际法则做出的决策。"

必然涉及弄清和满足消费者偏好的问题。[1] 而且，消费者所表现出来的偏好会愈来愈多地影响定价和投资决策。例如在苏联，某些产品，例如手表、照相机、收音机、自行车的产出能力现在已太大，以致在传统的营业税制度下，这些产品已开始使销售渠道堵塞。一些商品不得不因此而降价，销售单位也不得不引入了“大拍卖”和分期付款等方法。其含义是现在应削减这些产品的投资拨款，苏联的计划者肯定不会看不到这一信号。苏联的计划者根据销售数字调整投资和产出计划的速度，也许要慢于市场经济的调整速度，但没有理由认为反馈完全受到了阻碍。

落后的农业部门

在社会主义国家，农业通常是落后部门，其缓慢的增长阻碍了经济的一般发展。如何加速农业产量的增长，是社会主义国家最基本的也是最棘手的一个政策问题。

如何加速农业产量增长这个问题，根据农业生产是由私人来组织还是由集体来组织，其表现形式也不一样。在一些社会主义国家，大部分土地仍掌握在私人手里。这被看作是过渡阶段，因为集体耕作在原则上被认为是正确的；但这种过渡也许要延续很长一段时间。这里的问题是提供培训、现代投入和现金刺激，以此使

① 可参看 B. 戈戈尔：“研究和评价公共需求涉及的问题”，载于《经济学问题》，1970 年 1 月，第 43—58 页；B. 戴维多维奇和 E. 彻蒂基纳：“预测需求的数理统计方法”，载于《经济学问题》，1968 年 5 月，第 18—26 页；以及 V. I. 雷森：《根据消费定额计划生活水平》，专题著作，作为《经济学问题》第 11 卷第 6—7 期(1968 年)出版。

千千万万小农增加产量。这些社会主义国家的农业问题,类似于欠发达国家提高农业生产率的问题,我们将在第七章考察这类问题。

提高集体农场产量水平的问题,可以从以下几个方面来考察:

1. 集体农场的最佳规模究竟是多大?随着时间的推移,苏联的集体农场不断联合与合并,其平均规模已大大增加。人们显然认为,成本绝不会随着规模的扩大而增加。不管工业部门的情况如何,这个命题对于农业部门来说似乎是值得怀疑的。在农业部门,监督管理在空间上很分散的生产活动,必然要比监督管理小规模的生产活动复杂。大多数集体农场和国营农场的规模可能已超过了最佳规模,这也许就是集体农场和国营农场在生产方面遇到困难的部分原因。

2. 农业进步需要有各种各样的"现代"投入,这种投入一般由非农业部门生产,由政府安排提供,其中包括农业研究与教育、推广服务、现代动力机械、电力、化肥、优良种子和优良育种牲畜、农药以及各种其他物资。而且,由于农业的合作性很强,这些现代投入必须按正确的比例提供才行。人们可以按最优比例把良种、化肥、农药、耕种方法以及水等投入组合成一个整体提供给农业,也可以一项一项地提供这些投入;对于提高农业产量来说,前一种方法要比后一种方法有效。

苏联的农业极为缺乏投入,而城市工业部门则受到偏爱。①

① 关于这个问题及与此有关的问题,参看 D. 盖尔·约翰逊:"苏联农业实现技术变革所需要的环境",载于《美国经济评论》1966 年 5 月,第 145—153 页。

苏联一直不愿意向农业机器生产、化肥生产以及其他农业投入的生产提供充足的投资资金。就这些农业投入而言，由于存在着卖方市场，制造厂商便不积极根据农民的需要改进产品的质量和设计。苏联也不注意按最优比例提供现代投入。同时现代投入在各地区之间的分配也不均等，一些地区得到的投入远远多于另一些地区。推广服务特别薄弱或根本不存在。政府派驻集体农场的代表往往被看作是采购官员，任务是征购到计划规定的粮食，而不是被看作信息来源。

不过，60 年代，一些严重依赖农业的社会主义国家改变了政策重点。中国于 60 年代初宣布了优先发展农业、其次发展消费品工业、最后发展重工业的政策，这种政策与 50 年代的政策正相反。古巴最初也是力图迅速实现工业化，但过了一段时间后，也把政策重点转到了蔗糖和其他农产品上。波兰农业部门在固定资本投资总额中所占的比重，从 50 年代初的 10％上升到了 1968 年的 16％；苏联农业部门所占的比重从 50 年代的 15％上升到了 1966—1968 年的 18％。然而，其他东欧国家农业部门在固定资本投资总额中所占的比重则没有呈现上升趋势。一般来说，农业部门得到的投资比重为 15％左右，而工业部门则为 45％～50％。[①]

3. 农产品的价格水平具有重要意义。如果像一些社会主义国家有时出现的情况那样，农产品与工业品的交换比率明显不利于农业，那么农业生产就会在以下几方面受到损害。受过良好训练而精明能干的年轻人会迁往城市，而使农业劳动力的素质下降。

① 联合国欧洲经济委员会:《1968 年欧洲经济概览》，第 150—151 页。

留下来的农业劳动力为市场生产粮食的积极性会受到挫伤，他们或者干活不卖力，或者只为自给自足而生产。而如果集体农场的收入较低，用来购买农业机器和其他现代投入的资金也就较少，生产率的提高由此而会受到阻碍。

就苏联来说，虽然农产品的一般价格水平比过去有很大提高，但农产品的价格结构仍有很大改进余地。① 某些产品的利润率远远大于另一些产品。一般来说，利润率最高的是糖用甜菜、向日葵、纤维亚麻和烟叶等经济作物，其次是谷物产品，最后是肉类和畜牧产品。正是由于这一原因，苏联的畜牧生产才处于众所周知的落后状态。由于自然条件不同，不同农场的生产成本也有很大差距。虽然收购价格上的差异部分抵消了这种差距，但农场之间在净收入和劳动报酬方面仍存在很大差距。没有迹象表明苏联想把某些农作物的生产集中在最适宜种植这些作物的地区。

4. 生产决定应怎样做出？一方面，可以像对待重工业那样对待农业。可以由上级监督管理部门决定每种作物种植多少亩，决定每个地区和每个集体农场耕种多少亩土地，同时集体农场可以提出自己的建议，尽管没有最后的决定权。另一方面，政府可以决定收购农产品的价格，允许每个农场根据收购价格选择生产结构，如果由此而得到的全国总产量不符合需要，则可以调整相对价格以减少剩余产品或弥补产量缺口。多年反复调整后，便有可能得

① 关于苏联农产品的定价情况和苏联农业计划的其他问题，最近人们所做的分析，请参看 I. 卢基诺夫："价格与农业生产中有计划的经济调整"，载于《经济学问题》，1969 年 5 月，第 67—90 页；并参看莫里斯·博恩斯坦："苏联就农业价格与收购改革展开的辩论"，载于《苏联研究》，1969 年 7 月，第 1—20 页。

到符合需要的产量组合。

过去采用的一直是详尽而具体的中央计划。但价格指导体制似乎较为适合农业的独特生产条件。农业生产函数是高度专门化的。每块土地都有地形、土壤特征、植物养分、湿度、阳光和种植季节等因素的独特组合，这些因素决定了这块土地对于各种作物的比较优势。上级部门对这些因素无法了解得很清楚，因而也就不可能制订出最优生产计划。某一农场适宜种什么，只有这个农场的经理最清楚。

就人们研究得最多的苏联的情况来说，农业计划工作显然过于集中了，因而犯了一些错误，而且有时是很大的错误。如果环境适宜，种植杂交玉米固然很好，但赫鲁晓夫却发动了种植这种作物的运动，结果在不适宜种植杂交玉米的地区也种植了杂交玉米。由于赫鲁晓夫非常厌恶燕麦，从而妨碍了玉米、燕麦和小麦之间的有效轮作。

5. 国营农场工人是工资挣取者，集体农庄庄员实质上也是工资挣取者。的确，他们的一部分收入是奖金，奖金取决于整个农场的产量；但众所周知，这种集体奖金对于调动个人积极性没有什么作用。因此，国营农场经理和集体农场经理也和美国的许多农场主一样，面临着如何调动“雇工”积极性的问题。看来社会主义国家不可能设计出一套刺激农业工人的制度，其有效程度能与“家庭农场”的所有者兼经营者受到的刺激相比。但社会主义国家现在的奖励方法也许要比过去的方法有效。

贸易关系合理化

“合理化”这个词应该按现代意义来解释。所有国家都在某种程度上限制贸易。各国政府都喜欢国内生产而不喜欢国外生产，而且都喜欢全面发展，尽管专业化也许会带来较高的收入。况且，政府要比单个企业家爱国，所以上述倾向在社会主义经济中就更为强烈。但是，正如哈里·约翰逊所说，①把这些倾向斥为“不合理的”倾向，毫无意义。经济学家可以试图估计出自给自足造成的资源损失，但他却不能说某国政府宁愿承受这种损失是错误的。

有确凿的证据表明，由于东欧各国的经济规模都很小，它们的制造业部门已过分多样化了，因而它们没有获得专业化分工和规模经济可能带来的利益。② 从原则上说，这种利益可以通过制订超国家计划或者通过市场协调而获得。50 年代后期，赫鲁晓夫总理曾提议把经互会转变为协调各国经济计划的机构。提议调整各国的投资计划，以使各国的经济发展相互补充，甚至打算让投资资金在经互会各成员国之间自由流动，以取得均衡的全面发展。但一些东欧国家，特别是罗马尼亚，认为这是企图使它们的发展服从于苏联的利益。这项建议化为了泡影，而且似乎不可能再重新提出它。

① 哈里·约翰逊：“新兴发展中国家经济民族主义的理论模式”，载于《政治科学季刊》，1965 年 6 月，第 169—185 页。

② 参看巴拉萨：《半工业化国家的增长战略》，第 24—47 页。

东欧各国之间也毫无希望实现自由贸易，也就是说，商品和劳务不可能在统一的市场和价格体系指导下自由流动。不过，伴随着一些社会主义国家在其内部愈来愈多地利用市场，它们的对外贸易受到的限制也有所放松。这种趋势似乎在匈牙利、东德和捷克斯洛伐克最为强烈，尽管在捷克斯洛伐克已夭折。[①]

社会主义国家到目前为止在对外贸易方面所进行的小改小革包括:第一，改革外贸组织。在一些国家，允许从事对外贸易的实体已大大增加了。已允许生产出口商品的大型企业直接与外国买主谈判，而不必通过国家的外贸企业与外国买主打交道。在另一些国家，各工业部门则成立了自己专门的外贸企业，由本部门的生产厂家共同经营。无论在哪种情况下，都放松了对贸易的计划性限制。利润原则愈来愈受重视，出口方面的指标已不再一种商品一种商品地具体加以规定，而是用出口总额来规定。

第二，在修改国内生产者价格时，已努力使商品价格与流行的国际价格相一致，以便更清楚地看出比较优势。目前这种努力还很有限，但从长远来看却具有重大意义。

第三，匈牙利在贸易活动中对于社会主义国家采用一种汇率，对于自由兑换货币的国家采用另一种汇率。波兰和捷克斯洛伐克也朝着这一方向有所迈进，虽然捷克斯洛伐克已半途而废。匈牙利采取这种做法，是为了使汇率“反映出实际情况”，也就是反映出挣取外汇所实际消耗的国内通货。然而，因为匈牙利是根据平均

① 详尽的讨论参看联合国欧洲经济委员会出版的《欧洲经济公报》第 20 卷，第 1 期(1968 年 11 月)第 43—55 页。

成本而不是根据边际成本进行计算，所以仍然可以认为福林的币值定得过高。根据计划，若企业不能按新汇率保持损益平衡，则将逐步取消补贴。不过，无论是受到解雇威胁的工人还是管理人员都会反对取消补贴，因而政府必然会放慢采取这种措施的速度。

第四，经互会国家采取了一些有限的步骤，来使其相互间的贸易多边化。每年的双边贸易谈判结束后举行一次清算会议，力图相互抵消未清算的金额。还建立了一家附属于经互会的银行，可以在规定的限额内向债务国放款。目前这种交易涉及的金额只占经互会成员国之间贸易总额的很小一部分，但涉及的金额将会逐渐增加。

第五，还采取了一些步骤减少东西方之间的贸易壁垒。波兰于 1967 年加入了关税及贸易总协定，而捷克斯洛伐克则是这个组织的一个创建国。西方国家主要依靠关税限制进口，东方国家则主要依靠数量限额来控制进口，因而问题是这两类国家在贸易活动中如何相互让步。匈牙利加入关税及贸易总协定后，是通过在数量限额上做出让步而解决这一问题的。为了回报西方国家做出的具体让步，匈牙利同意在未来的若干年内增加其从西方国家的进口数量，每年的增加幅度不低于 7%。不过，西方国家仍严格限制农产品的进口，而就大多数制造品来说，东方国家面临的主要问题是如何把产品质量提高到能在国际上竞争的水平。

以上是最近所做的一些变革，但我们不应夸大其总的影响。双边贸易仍然是社会主义国家之间的主要贸易形式，保护主义情绪仍很强烈，而且双边贸易中还存在着第三章所描述的那些困难。社会主义国家已采取了一些贸易合理化的步骤，但未来的发展显然与各国经济改革的速度相关联。应该看到，贸易合理化对于苏联来说不像对较小的东欧国家来说那么重要。因此，苏联的政策决定者也许会对增加贸易的灵活性和可变性较为冷淡，特别是如果增加贸易的灵活性与国内的自由化措施相联系的话，因为他们对这类措施一般都采取保守态度。既然未能通过超国家的实物计划取得协调，他们就不会立即同意依靠市场手段进行协调。

第七章 欠发达经济

许多欠发达国家都面临着国家统一和民族团结方面的特殊困难。殖民时期的边界，本来是用来划分欧洲列强的管辖范围的，现在却成了国家的边界。但边界内的居民并没有因此而与假想的国家结成一体。他们考虑的主要是自己村落的利益。部落间的冲突和战争由来已久，一触即发。有效的中央政府建立得很缓慢，而且常常遇到挫折。一些拉丁美洲国家虽然赢得独立已有 150 年，但其政府仍然很不稳定。

因而首要任务是建设国家。经济持续增长的先决条件是：享有某种程度的政治团结和稳定，保持国内和平，各项法令能够贯彻实施，能够执行简单的政府职能，如举办公共工程，课征赋税。以下讨论只涉及满足这些先决条件的国家，也就是说在这些国家当人们鼓吹政府采取某一行动路线时，他们不是在说废话。

应该强调指出，我们将仅仅提出政策问题，而不是解决政策问题，而且是很泛泛地提出政策问题。对于每个国家来说，这些问题常常具有不同的特性。即便是在欠发达国家具有长期工作经验的经济学家，对于如何分析某一具体问题以及应该采取什么样的行动路线，也往往意见不一致。欠发达国家往往缺乏做出合理的政策选择所必需的情报资料。所以，我们将尽量避免说“应该如何如何”的话，这种话在经济发展文献中已经够多的了。

我们认为以下问题应放在高度优先的位置：(1)降低人口增长率；(2)提高农业产量增长率；(3)部分依靠教育系统来提高人力技能；(4)创建现代经济制度；(5)建立物质基础设施；(6)提高国内储蓄率；(7)刺激制造业的发展；(8)处理好对外经济关系；(9)减少失业人口和半失业人口。最后一项并非最不重要。我们把它放在最后仅仅是因为就业只反映整个经济成就的一个方面，因而有关就业问题的讨论必然有赖于对其他问题的讨论。

人口增长

大多数欠发达国家每年的自然人口增长率为 2.5%～3.5%，而且这一比率还在随着时间的推移而不断提高。这种比率远远高于西方国家 18、19 世纪的人口增长率，并且来得很突然。

就老资格的工业国家来说，其人口增长方面的长期情况是大家所熟知的。工业时代来临时，这些国家的人口出生率为 0.35%左右。死亡率接近于出生率，人口增长很缓慢。19 世纪，供水系统和下水系统逐渐得到改善，垃圾处理系统得到完善，医生和医院不断增多，控制传染病的技术得到提高，医学研究不断进步，所有这一切逐渐而稳步地降低了死亡率。因为出生率暂时没有什么变化，所以出现了大规模的“人口膨胀”，这种膨胀在大多数国家延续了 50～100 年。然而，最后，由于大家所熟知的种种原因，出生率同死亡率一样，也不断下降。这些原因包括城市不断增多，收入水平提高，生活方式发生变化，避孕技术不断提高，社会风俗从崇尚大家庭转变为崇尚小家庭。因此，这些国家的人口在“一次性”猛增之后，又恢复了新的均衡：出生率将近2%，死亡率将近1%，人口增长率每年约为1%。

欠发达国家作为后来者可以很方便地借用先进的医疗技术，由此而极为迅速地降低了死亡率。锡兰的情况无疑是很特殊的，在该国，因为喷洒滴滴涕和采取其他控制疟疾的措施，死亡率从1945年的2.15%降到了1947年的1.4%。但许多欠发达国家在不到20年的时间里都把死亡率降低了1%～2%。与此同时，出生率则保持在4%～5%这一生物学上的最高水平，几乎没有降低的趋势。结果是，人口的自然增长率每年约为3%。

如此高的人口增长率并不总是立即带来问题。非洲和拉丁美洲的许多国家，甚至亚洲的一些地区，仍有未开垦的可耕地；但即使在这些国家和地区，再过二三十年，也将看到未开垦土地的尽头。对于人口已经很稠密的国家来说，人口压力是一种严重的威胁。这些国家需要付出很大努力来增加粮食产量，以养活迅速增加的人口，不降低营养水平；这意味着这些国家只能使其人民勉强维持生存，根本谈不上经济进步。有些国家甚至连这一点也做不到，已从粮食出口国或粮食自给自足的国家转变成了粮食进口国。一个国家若要进口粮食，就不得不减少机器和原料的进口，从而其工业发展目标的实现就不得不推迟。人口的迅速增长还给教育系统和其他公共设施带来了沉重压力，加重了城市的拥挤，并使失业人数不断增多，在一些国家，失业人数之多，已达到了政治上的爆炸性比率。

对于欠发达国家的人口问题，一些人抱极为悲观的态度，另一些人则抱较为乐观的态度。抱乐观态度可能是基于以下两点：一是调查结果表明，欠发达国家的大多数家庭并不需要很多成活下来的孩子，因而随着得到一定数量的成活者所需要的新生婴儿的数量不断下降，实际出生率便可能下降；二是有理由预期，城市化、教育的发展以及人均收入的提高，将对出生率逐渐产生抑制作用。但这些都很不可靠。专家们一致认为，欠发达国家应积极开展计划生育工作。一些国家已正式开展了这方面的工作，虽然其规模仍然很有限。

有哪些因素阻碍着计划生育工作的进展呢？主要不是技术问题，因为人们已拥有各种各样可靠的技术，或者可望拥有这种技术。（这方面的情况与提高农业生产率的情况相似，专家们都知道现在能够做些什么，但却没有一个人真正认真去做。）预算也不是主要问题。用具投入并不大，况且还常常可以从国际援助计划那里获得。较为严重的是文化和宗教方面的抵触情绪，但大量证据表明，宗教因素对于实际生育行为的影响并不像人们想象的那么严重。

实际上，主要问题是缺乏医生、护士、助产士和其他医务工作者，大规模预算拨款在短期内并不能解决这一问题。第二个困难是，在大多数欠发达国家，妇女的地位都很低。许多做丈夫的都对计划生育持冷漠态度或否定态度，例如在拉丁美洲，子女多被看作是具有男子气概，而做丈夫的都很珍视男子气概。因此，即使妇女愿意节制生育，男人们的态度也会使她们的愿望无法实现。只有当妇女像在资本主义和社会主义国家那样在社会和经济方面获得愈来愈大的解放时，计划生育工作才有可能取得进展。

农业生产率

无论从分析上还是从历史上，都很容易证明，欠发达国家的农业必须保持某种最低限度的增长速度。在西方国家，农业革命一般似乎都先于或伴随着工业革命，随后的发展特征似乎便是每英亩耕地和每个农业工人的产量持续上升。实际上，大多数西方国家的农业生产能力现在都已大量过剩。从分析上说，所谓“李嘉图的粮食瓶颈”已存在了150年。在人均收入不断提高的封闭经济中，粮食产量必须保持足够快的增长速度，以防止国内交换比率转而不利于工业品，若发生这种情况，工业品的利润率就会不断降低，最终窒息工业的发展。在开放经济中，农产品通常在出口总额中占很大比重，因而为了提高进口能力，急需增加农产品出口。

如何才能使农业产量的增长达到所需要的水平呢？我们并不自称能回答这一问题，而只是指出政策制定者应该注意的几个问题：

1. 在一些国家，若要发展农业，就需要重新设计各项农业制度，特别是需要重新设计土地占有制度。人们常常举出收入分配、经济机会以及社会正义等方面的理由来支持土地占有制度方面的改革，但实际上，这种改革还会促进农业产量的提高。

人们并不能说租佃制度必然妨碍农业生产率的提高。然而，在租佃制盛行的地方，农业要提高产量，地主就得积极关心耕作，地主就得愿意投资，愿意革新，愿意对农业进行物质投入。租期就应保持稳定，地租就不应过高，佃户就应得到所增产量的足够大的份额，以鼓励佃户多打粮食。最客气地说，租佃制对农民的激励作用也许不如自有自营农场那么大；最不客气地说，租佃制也许是农业停滞不前的保护伞。

2. 通常需要进行农业研究和实验。需要分析不同作物、不同地区和不同土壤的生产函数。需要培育种子或家畜的新品类。需要研究控制害虫和消灭杂草的方法。还需要进行经济研究，研究农民是如何利用时间的，他们打多少粮食，用粮食干什么，收入在消费和再投资之间如何分配，是否有迹象表明农民会对更大的收入机会做出反应，并研究最优产出和投入组合。尽管农民很精明，但系统的观察研究还是会发现一些更加有效的方法，不仅在传统的技术下是如此，而且在经过改进的技术和产出结构下也是如此。

3. 必须推广研究成果，而要推广研究成果就得开展有效的推广服务。一些国家实际上没有一个现场农业技术员。在另一些国家，政府委派的农业技术推广人员则被看作是税吏，因而很自然地成了农民的敌人。另一常见的问题是，农业技术推广人员往往是从城里来的文官，怕脏怕累。而农民则只有看到了农业技术推广人员是如何操作的，特别是只有看到了其朋友和邻人的成功经验后，才会采用新技术或新品种。因为种植新作物或采用新技术如果失败的话，会给仅能维持生存的农家带来灾难性后果，所以还要尽可能地使农民放心，使他们相信失败的风险极小。农民之所以墨守成规，其主要原因也许就是怕冒风险。

4. 需要有充足的投入流量来做新产出和新技术的后盾。增加化肥产量几乎在所有国家都是关键的一环。必须以合理的价格公平分配新农具、良种、农药和其他投入。这一工作并不一定要由政府来做，实际上，政府在分配农业投入方面的低效率，有时已成了阻碍农业发展的薄弱环节，但却常常需要政府开个头并给予资助。

5. 定价、销售、税收和地租等方面的安排，应该能够使耕作者可望得到所增产量的相当大的份额。农民到底得到多大份额才足以鼓励革新和激发干劲，是需要加以认真分析的。所谓"相当大"并不一定意味着 90%，但肯定应超过 10%。舒尔茨已有力地证明，许多欠发达国家的政府采取的政策，都倾向于压低农民的收入，而提高工业品的价格，这种政策倾向正是导致农业停滞不前的一个重要原因。[①]

我们概述这些问题，并不是说欠发达国家的政府没有注意到这些问题，也不是说它们在这些方面没有取得任何进展。大多数欠发达国家的政府在最初对工业化表现出来的狂热情绪消退之后，都提高了农业在其发展计划中的地位。在引进新作物品种，例如墨西哥小麦和国际水稻研究所培育出来的水稻，以及使新作物品种适应当地情况方面，已取得了很大进展。化肥产量和使用量在不断增加，灌溉面积和双季栽培面积在不断扩大。在这些因素和另外一些因素的作用下，所谓"绿色革命"的发展速度，即粮食产量的增长速度，现在要比十年以前快得多。

---

① 特别参看 T. W. 舒尔茨：《经济增长与农业》（纽约：麦格劳—希尔图书公司，1968 年）。

提高人力技能

欠发达国家不仅缺乏物质资本，而且还缺乏人力资本。技术人员、专业人员和管理人员的供给量，相对于潜在的需要来说往往少得可怜。在许多方面，有技术的操作人员和办事人员也供应不足。因为资本形成需要有专门人才方面的辅助性投入，所以人才的缺乏限制了资本增长率。

许多操作技能确实可以边干边学。但如果受过一定程度的教育，边干边学的能力肯定会提高。从办事员到专业人员，所需要的正规教育量是递增的。因此，训练劳动力的工作主要还得依靠教育部门，而制定最优教育战略也就成了经济发展的核心问题。

从表面上看，问题似乎是在教育和政府预算的其他项目之间如何分配资金，以及在不同水平和种类的教育之间如何分配资金。然而，成本大都是教师和学生花费的时间。即便在西方国家，成本也主要是教师和学生花费的时间，而相对来说，这种成本在欠发达国家所占的比重更大，因为欠发达国家的气候温暖，降低了物质厂房设备的成本。所以可以把教育结构看作是一种人力流动系统。该系统低层的产出可充当高层的投入（学生），而高层的部分产出又反馈为低层的投入（教师）。

欠发达国家的教育金字塔，相对于每一年龄组的人数而言，都很窄，而且随着高度的增加而急剧缩小。因此，虽然可能有50%的孩子跨入小学一年级的大门，但只有10%念完中学，1%念完大学。上面提到的那种流动关系，限制了加宽金字塔的速度，举例来说，进入大学的中学毕业生人数加上“反馈”为小学教师的人数，不可能超过中学毕业生的人数。通过赋予每一层次的投入和产出以数值，可以求出最优发展方案。廷伯根、鲍尔斯等人已利用线性规划方法来解决这一问题。然而，难点是，教育的发展会改变价值关系。随着专业人员供应量的增加，其相对价格也会降低。假如不把这一点记在心上，不考虑未来价值表的变化，则教育计划就会破产。

即使在先进国家，有关教育收益的估计数字也是很粗略的，在欠发达国家就更粗略了。主要的一项未知数是初等教育的价值。一个农民或工人念五六年书，其生产率究竟有多大提高？教育的消费价值由此而增加多少，外部社会效应和政治效应又增加多少？在决定以多快的速度扩大小学的招生人数时，以上考虑必然会发生作用。一项重要的实际考虑是，如果招生人数超过教育部门的承受能力，例如过分扩大班级的规模，则保持率就会降低。一种方法是慢慢地发展初等教育，使大多数入学者都能毕业，另一种方法是急速发展，使大量儿童入学，但几年之后，便有许多学生辍学，实际上又沦为文盲。两种方法相比较，还是前者比后者好。

一般说来，中等教育是主要的薄弱环节。无论是就政府部门和工业部门的需要来说，还是作为高等教育的投入（学生）和初等教育的投入（教师）来说，对中学毕业生的需求都很大。而缺少小学教师又是妨碍教育发展的主要因素。但在许多欠发达国家，接受中等教育却是上层社会的特权。教育设施很少，而且常常属于教会和其他私人团体，学费高得连一些中产阶级家庭也望而却步。要增加中学入学人数，突破口正在这里。

高等教育通常也需要加以扩大，需要对普通人家子弟开放，需要在更大的程度上向职业方向转变。当前应该加以重视的是工程技术、科学、医学、农业、经济学和管理等学科，而不是法律和人文等传统上享有很高声誉的学科。作为一项短期措施，在某种程度上可以通过聘请外籍教师和派遣出国留学生，来缓和国内教育能力的不足。无论是资本主义国家还是社会主义国家，似乎都能在这方面做出比现在更大的贡献，同转移物质资本相比，派遣教师和接受留学生会对欠发达国家的发展做出更大贡献。

这种教育方面的对外贸易经济学，有一些令人感兴趣的问题需要加以分析研究。欠发达国家怎样才能以最低成本扩大其大学毕业生的供给量？欠发达国家的最优方案是否会使先进国家付出很高的教育成本(取代欠发达国家自己培养的大学生)，致使后者不愿承受这种成本？增加教育上的交换会导致多大程度的“人才外流”，如何制止这种外流？除了短期最优方案外，每个欠发达国家还需要制定长期战略，使高等教育系统实现自给自足，也就是实现教育上的进口替代。在这方面，日本提供了可资借鉴的有益经验，日本目前仍大规模地从西方聘请教师和向西方派遣留学生。

教育是否会过剩？大家所熟悉的问题是，在印度，技工学校的一些毕业生已陷于失业境地，工程师现在似乎也已过剩。在西非，中学毕业生大量向城市迁移，寻求白领工作，而经济又不能提供足够多的白领工作，在这种情况下，中学毕业生便开始面临失业问题。以上情况需要加以认真对待，但并不一定表明受教育的人太多了。应该加以考虑的事情是：(1)修改课程表，使某些专门人才的供应量更加接近于看得见的需求量；(2)为中学生提供更多的职业信息和咨询服务，以帮助他们选择课程，消除不切实际的幻想；(3)使中、小学教育工作更富于吸引力，把更多的知识分子吸引到中、小学教育工作上来。就印度来说，农村地区严重缺乏教师，而与此同时却有成千上万大学毕业生宁愿待在城市处于失业状态。

制度方面的基础设施

大多数欠发达国家都自愿地或非自愿地严重依赖于私人决策。但私人经济活动只有得到帮助才能发展壮大，需要政府开展辅助性活动，来建立所谓制度方面的基础设施，其中包括保护财产权和强制履行契约，制定公司成立和活动法，建立银行系统和其他金融机构，加强市场在整个经济中的作用。这类经济制度在西方国家被认为是理所当然的，但在欠发达国家却常常很不完全甚至根本不存在。

法律制度的重要性是显而易见的，而有些欠发达国家的法律制度不健全得叫人瞠目结舌。举例来说，人们会惊奇地发现，在一些欠发达国家是不能为索债提出诉讼的。在这样的国家，能够结成合伙经营关系的只是相互之间具有紧密血缘关系的人，也就是说通常只能在近亲之间结成合伙经营关系；这限制了企业的规模。要改变这种状况，建立具有众多合伙人的大公司，不仅需要进行经济变革，而且还需要进行法律改革。

欠发达国家需要在整个经济范围内建立或改进其主要的市场。这一点在农业方面表现得最为明显，因为不能指望消息不灵的农民和贪婪的商人建立高效率、低成本的销售体系。但城市中的劳动力市场、批发市场和零售市场，情况也是如此。金融市场常常需要从头建立，而且开头几乎都需要政府给予帮助。

改善市场还包括提供较好的经济信息，即预测某些产品的出口市场，为建立新的工业企业进行市场调查或可行性调查，提供有关现行经济运行情况的精确数据，估计国内需求增长率。如果发展计划制定得符合实际情况并经受住了实践的检验，则其用处之一就是使私人投资者对未来市场的扩大抱有信心。发展计划可以成为提供信息和减少风险的重要工具。

在建立新的大企业方面，政府常常处于最有利的地位。然而，企业建立起来以后，政府既可以进行永久性控制，也可以不进行永久性控制。19 世纪 80 年代和 90 年代，日本政府建立了大量现代企业，后来则把其中许多企业卖给了私人投资者。最近，巴基斯坦等国也采取了类似的做法。政府还必须决定外国私人公司可以在多大程度上以及以什么条件参与经济发展。

最后是如何确保经济控制刺激而不是压制私人经济活动。刺激私人经济活动的一个有效手段就是调整税收结构，这里需要随时权衡税收的刺激效应与收入效应。另外一些有效的手段是信用透支、关税保护、外汇控制，等等。在经济政策方面，主要应该把智慧运用在阐明政府不应做什么上，以此避免瞎指挥，让私人对利润的估计充分发挥作用。在这一点上，斯密、穆勒等人的告诫仍是有益的。

有人也许认为，制度设计问题不是经济学所要研究的问题，因为它们不涉及资源供应、分配和定价等数量问题。哪怕是对于发达经济来说，这种看法也太浅薄了，对于不发达经济来说就更浅薄了。制度结构对于经济运行具有决定意义。只有专门评价经济运行的经济学家，才最有资格分析制度结构与经济运行的这种关系。

物质基础设施

只有当商品、居民和信息能够以合理费用在某一地理区域内流动时，该地理区域才成为所谓经济。要做到这一点，就需要有铁路、公路、沿海运输（在具备条件的地方）、电话通信、邮政服务以及无线电通信。还需要发展电力来满足城市现代生活的需要和工业企业日益增长的需要。

这些基础设施，投资数额巨大，而且具有外部效应，需要政府加以协调，所以一般认为，它们应由政府来建立；由此便产生了以下几个政策问题。第一个问题是，是应该在出现需求以前建立基础设施呢，还是应该等到感受到需求压力再建立它们。从以下两点考虑，提前建立基础设施可能是合理的。许多基础设施项目都规模巨大，因而一次建好也许要比事后一点一点地建设节省费用。而且，基础设施的建设期一般都很长，如果等到基础设施显露出不足再开始建设，其他部门的发展就会受到严重阻碍。另一方面，如果基础设施的建设过于提前，则万一对需求的估计不正确，就可能浪费资源，在投入使用以前，建好的设施还可能损坏。权衡以上因素，便可以确定建设特定项目的最佳时机，因而需要加以解决的是优化问题，而不是要在相互对立的战略之间做出抉择。

第二，一般都存在着如何分配资金的问题。政府的资金是有限的，基建工业的生产能力也是有限的。通常在某一时期内只能开工兴建一定数目的基础设施项目。是否应该为了修建公路而推迟电力和灌溉事业的发展？是否应该用政府的资金来修建公路支线和发展沿海运输？在大国，资金如何在各个地区之间分配，也是需要加以研究的问题。投资预算是应该在各个地区之间平均分配呢，还是应该把较多的资金分配给经济较为发达的地区而暂时忽略其他一些地区？这里可以应用成本—效益分析，尽管由于缺乏统计数据，由于在经济发展的早期阶段结构变化的幅度很大，欠发达经济应用成本—效益分析的精确程度，必然要低于较为成熟的经济应用这种分析的精确程度。

如果像铁路公司和电力公司这样的公营企业按某种价格出售其产出，那么它们应该执行什么样的价格政策呢？是否应采用边际成本定价原则，如果采用这种原则，由此而带来的亏损额应该如何弥补？公营企业是否应承担经营费用，并赚取足够的利润来满足投资需要？除了以上经营费用和利润外，公营企业是否应赚取更多的利润来为国家的财政收入做出贡献？这些问题都很复杂。有证据表明，无论是在欠发达国家还是在其他国家，公营企业总的说来亏损额都很大，虽然国与国之间以及不同工业部门之间有很大差异。[①] 但人们几乎没有探究出现这种情况的原因。这种赔本经营在多大程度上是有意执行经济政策的结果？另一方面，这种赔本经营在多大程度上是由管理不善以及要求降低价格、提高工资和过多地雇用工作人员的政治压力造成的？

① 安德鲁·H.高尔特和吉塞普·达托："欠发达国家国营企业的财务情况"，载于《国际货币基金组织文集》，1968年3月，第102—142页。

国内储蓄与资本形成

在正常情况下，早期经济增长都要求资本形成在国民产出中所占的比重有所增长；投资增长所需要的资金虽然有些可以来自国外，但大部分通常还是来自国内的储蓄。

从原则上说，可以利用政府预算来进行资本积累。可以使经常支出的增长率低于当期收入的增长率，从而使储蓄缺口不断增大。[①] 这样，政府储蓄的边际比率就将超过平均比率，后者就会随着时间的推移而逐渐上升。但是，这个药方很难应用，在一些欠发达国家，政府储蓄率不是在上升，而是在下降。困难不仅在于很难增加税收——尽管许多国家在这方面做得很不错。而且，即使税收增加得很快，也会被要求增加军事预算，要求增加教育、卫生和福利支出，要求增加政府雇员薪金的压力所吞没。[②] 国营企业通常也是从财政预算中领取补贴，而不是对财政预算做出贡献。

我们对于私人储蓄不能发表什么意见，因为在大多数欠发达国家，这方面的资料都很不全面，决定私人储蓄的因素也很难分

① 当然，传统上对经常支出和资本支出所做的划分，与增长引致支出和公共消费之间的划分并不一致。花在教育、公共卫生等上面的部分经常支出，有助于未来生产能力的提高。因而有些国家把这类项目包括在了“发展预算”内，发展预算涉及的范围要比传统的资本预算宽。但是，国与国之间的分类方法有很大差异，因而人们往往还是分析资本支出，而不采用增长引致支出这一更好的概念。

② 对政府储蓄问题进行的较为详尽的分析，参看 L. G. 雷诺兹：“公共部门储蓄与资本形成”，见 G. 拉尼斯编：《经济发展中的公共部门》(纽黑文，耶鲁大学出版社，1970 年)。

辨。随着工商企业规模的增大，留利可以成为投资资金的一个重要来源。但企业利润，特别是外国公司赚取的利润，很容易成为课税对象，有时工会还会借口利润增加而要求提高工资。在这种情况下，制定适当的税收政策和工资政策是一项很复杂的工作，需要考虑到相互冲突的政策目标之间的替代，还需要掌握大量经济信息，而这在欠发达国家往往是做不到的。

至于家庭储蓄，似乎有理由认为，从事经营活动的人，例如农场主、商人、手艺人等等，要比相同收入水平的工薪挣取者，具有更高的储蓄倾向。原因是，前者具有直接的投资机会，往往可以获得很高的收入。一项可望获得 30％收益的商业投机，要比利率为5％的邮政储蓄更能诱使人们储蓄。只有允许小企业主（包括农场主）利用投资机会，允许他们得到一部分收益，上述刺激才会起作用。由此可见，刺激家庭储蓄的问题，是与鼓励小企业发展这一较大的问题交织在一起的。

工薪挣取者缺少直接的投资机会，刺激他们储蓄的方法是发展储蓄银行、保险公司、政府储蓄系统以及其他金融机构。同时还应使利率接近资本在经济中的实际价值，而不是像现在这样利率很低（在通货膨胀的经济中，常常是负利率）。

工业发展

在正常情况下，伴随着经济增长，制造业产出在国民生产总值中所占的比重会不断增加。这一方面是因为产成品的消费具有大于 1 的收入弹性，在该阶段，资本设备使用量的增长要快于收入的增长；另一方面是因为随着时间的推移，整个国家对产成品的需要量会越来越多地由国内生产来满足，而不是由进口来满足，也就是说，随着时间的推移，会出现进口替代。进口替代的“自然”速度，在很大程度上取决于相对于国内市场规模而言的生产的最低效率规模。在工业化的早期阶段，生产规模往往较小；在后期阶段，生产规模往往较大。霍夫曼、库兹涅茨、切纳里以及另外一些从数量上研究经济增长问题的学者已经证实了这一趋势。

因此，关于工业发展政策，主要问题是为什么应该有政策。为什么除了鼓励工商界人士对经济增长中出现的赢利机会做出反应外，还需要政府做更多的事情？人们对于这个问题做出了许多种回答，其中一些回答的说服力较强，另一些回答的说服力则较弱。首先是传统的回答，即所谓“幼稚工业”论。欠发达国家的劳动力未受过工业操作方面的训练，管理上没有经验，创办工业企业的费用要比发达国家高。但是，企业被保护 5～10 年以后，费用就会逐渐降低，国内价格就可以与国际价格相竞争。不过，并非所有工业都潜在地具有该意义上的竞争优势，显然存在着滥用这一论点的危险。

其次，人们认为，在欠发达国家，生产要素的市场成本常常不能很好地反映社会成本。特别是，（当前未得到充分利用的）劳动力的社会成本可能远远低于其市场价格。因此，虽然根据社会成本和社会收益计算，某一工业部门是有利可图的，但它对于私人企业家却没有吸引力。

第三个论点依据的是外部效应和工业部门间的连锁效应。如果 A 工业向 B 工业和 C 工业供应原料，那么发展 A 工业，就会降低B工业和C工业的生产费用。因此，同时建立这三个工业部门可能是有利可图的，而单独建立它们则可能无利可图。而且，如果能考虑到工业部门之间的相互依存，则每一工业部门建立起来的有利可图的生产能力通常较大。固然私人投资者也会考虑到这些可能性，但如果所需要的资本量很大，例如在建立煤炭—矿石—钢铁联合企业或石油化工联合企业时，可能就需要由政府来创办，需要政府提供财政援助。

依据这类论点，人们便可以证明政府支持工业发展是正当的，政府的支持会加速工业发展速度，使其快于“自发的”私人主动性推动的工业发展速度。但阿根廷、巴基斯坦等国的经验却表明，这种做法可能会犯严重的错误，可能会造成极大的浪费。政府的支持很容易扶植出这样一些工业部门，它们的社会效益很低，或者是负的，无法在可以预见到的将来依靠自己的力量生存。这意味着，其他部门，特别是农业部门被征税来支持代价高昂的国内制造业，而这对这些部门的产出带来了不利影响。

对外经济关系

大多数欠发达国家都严重依赖对外贸易，因而面临着大家所熟知的各种政策问题。首先是要增加传统初级产品的出口量，因为初级产品在很长一段时间内仍将是挣取外汇的主要手段。虽然一些初级产品在发达世界面临着价格降低和收入弹性不足等方面的问题，但情况并不都是这样。一些初级产品的前景要比另一些初级产品的前景光明，资源常常可以在产品之间转移，最近三四十年，一些欠发达国家在出口初级产品方面取得了很大成绩。促进出口并不一定在资源上与工业发展和其他国内政策目标相冲突。不过，要促进出口，税收和汇率政策就不得严重歧视出口生产，就得努力降低生产成本，就得努力维护本国的竞争地位。

每年得自初级产品出口的外汇收入波动很大，这是欠发达国家经济不稳定的一个重要原因。[①] 运用国内政策在某种程度上可以缓和这种波动的影响。除此之外，还可以进行某种程度的国际合作，来稳定某些出口产品（咖啡、小麦，等等）的价格，并建立辅助性的资金供应系统，来减缓出口收入的暂时下降。在这方面应该走多远，对于欠发达国家和发达国家来说，都仍然是一个重要的政策问题，而发达国家的支持对于取得成功通常又是必不可少的条件。

如果欠发达国家进而想出口轻工业产品的话，那还需要发达国家采取宽容政策。欠发达国家拥有大量廉价劳动力，因而在出口轻工业产品方面似乎享有天然优势。亚洲的一些规模较小的经济体，如中国台湾、中国香港、新加坡，在这方面已取得了很大发展；但大多数发达国家却用关税和进口限额等方法来阻止欠发达国家的轻工业产品渗入其市场。美国尽力保护其纺织业，就是一个突出例子。从长期来看，美国这样做无疑会丧失比较优势。

在进口方面，关键问题是，加速制造品的自然进口替代速度是

① 不过，有人认为，使初级产品出口多样化会减少经济的不稳定，认为欠发达国家的出口收入整个说来要比西方国家更不稳定。这两种看法似乎有道理，但尚未能很好地经受住统计资料的检验。

否明智以及是否可行。前一节已概述了加速进口替代的理由。然而，调查研究文献表明，某些国家过快地实施了进口替代计划，由此而付出的高昂代价阻碍了而不是促进了经济发展。至于哪个工业部门应该得到政府的补贴，所做的挑选似乎常常是主观任意的，而不是依据仔细的经济计算进行挑选。

很显然，如果欠发达国家能联合起来组成"共同市场"，便会增强其新兴制造业的活力。中美洲国家已经这样做了，东南亚国家和南美洲国家也积极地讨论了这方面的计划，但到目前为止，行动却很少。所遇到的主要困难是，欠发达国家的工业发展程度差异很大。工业最不发达的国家往往认为，建立共同市场是要使它们永远从属于工业较为发达的国家。这些国家所进行的讨论，类似于第六章提到的罗马尼亚和捷克斯洛伐克之间的辩论。秘鲁不想让阿根廷接管其工业品市场。乌干达不想为工业化的肯尼亚充当产品倾销市场。由此可见，经济一体化计划往往会撞在政治和经济民族主义的暗礁上而沉没。

另一主要的政策领域涉及汇率和外汇控制。大多数欠发达国家的通货都定值过高，因为在目前的汇率下，进口需求超过了出口收入加资本转移。一般是用定量供应外汇的方法来弥补这种外汇差额。因而分配外汇就成了具体控制经济活动的一种手段，而这可能会给经济发展带来不利影响。人为的高汇率还往往会降低农业生产的出口赢利能力，而提高受到保护的工业生产的赢利能力，从而扭曲国内经济的发展重点。在这种情况下，一些欠发达国家便转而实施"自由化"体制。一般说来，这意味着在某种程度上同时采取以下几项措施：降低本国货币对美元和其他硬通货的币值；

不再一笔一笔地分配外汇，而让需要外汇的企业竞标；从国际货币基金组织、美国以及其他国家那里借钱来增加硬通货储备，以此缓和过渡时期遇到的困难。

最后，大多数欠发达国家都有“借款政策”问题，正像发达国家都有“援助政策”问题那样。欠发达国家很自然地需要长期借债。美国、加拿大、澳大利亚等国在很长一段时期内也曾是这样。但借债国必须使其不断增长的还债款项与未来的出口收入保持某种合理的关系。另外还有如何安排借款种类和借款来源，以使实际还债负担最小的问题。借款也是一门复杂的“技术”，涉及许多方面的问题，如宽限期，利率，偿还期限，能否用商品或本国通货偿还借款，贷款是否附有必须向放款国购买商品的条件，是否附有政治条件等。一个国家最好是既能让美国和苏联对其感兴趣，又能设法避免与它们当中的任何一个结盟，同时又能从所有国家以有利条件获得借款。

就业与就业不足

在许多欠发达国家，劳动力利用不足是个越来越严重的问题。人均产出很可能会增长，工业产出也很可能会增长，但与此同时，就业不足问题也会越来越严重。发展经济学家极为关切这一问题，他们越来越强调，经济发展不仅应该有产出标准，而且还应该有就业标准。

这个问题的根源在于人口的迅速增长。如果自然增长率稳定在比如说 3%，那么大约 15 年以后，劳动力也将以 3% 的速度增长。通常还有大量人口从农村向城市迁移，因而城市的劳动力增长得更快。但农村劳动力也增长，只不过以较慢的速度增长。例如在拉丁美洲，1950—1960 年，城市人口以每年 4.5%的速度增长，而农村人口则以每年 1.4%的速度增长。[①]

在一个人口众多而农业处于停滞状态的国家，农村人口的增长往往压低劳动的平均边际产量。在这样的国家，只不过是把现有的工作分配给越来越多的人手，因而在总劳动时间不变的情况下，每个工人的劳动时间将减少。或者，如果投入的劳动时间增加，则每小时劳动的平均边际生产率将降低。无论是哪一种情况，家庭生活水平都会随着相同面积的土地供养越来越多的人口而下降。

那些迁移到城市的人，情况也常常是这样，他们希望在"现代部门"找到工作，得到较高的工资。然而，要吸收所有这些迁入城市的人以及自然增加的城市人口，现代部门就得极为迅速地增加其就业人数。假设全部城市工人的 1/3 就业于现代部门，其中包括政府部门，那么，如果城市劳动力以每年 5%的速度增长，现代部门的就业人数就得以每年 15%的速度增长来容纳新增加的劳动力。

实际就业增长率远远低于这一速度。在大多数非洲国家，1953—1963 年，每年非农业就业人数的增长都低于 1%。[②] 加纳

① 拉尔夫·H.霍夫梅斯特:《拉丁美洲在失业条件下的增长:对亚洲的某些含义》,油印品(提交给国际开发署就业大会的论文,加德满都,1970 年 7 月),第 4 页。

② 小查尔斯·R.弗兰克:《非洲的城市失业问题》,油印品(提交给国际开发署就业大会的论文,加德满都,1970 年 7 月),表 2。

(4%)、塞拉利昂(3.5%)和尼日利亚(2.5%)等国是例外。在拉丁美洲,1950—1960 这十年,制造业的就业机会只增加了 29%,全部工业就业机会增加了 33%。制造业的情况特别令人失望。就业的增长率远远低于产出的增长率。举例来说,1953—1963 年,阿根廷的制造业产出每年增长 3.8%,而制造业的就业人数每年则下降 3%。巴西的制造业产出每年增长 9%,而就业人数只增加 1.8%。[①] 其他许多国家也有与此相类似的证据。

产出增长率和就业增长率之间的这种差距,表明生产率提高得很快。欠发达国家新建的工厂,虽然表面上看与先进工业国家的同类工厂没有什么两样,但在一般情况下,最初每个工人的产出却低得多。然而,管理人员和工人却能够而且也确实在从经验中摸索学习,每单位产出所需要的劳动在逐渐减少。因此,在新投资创造就业机会的同时,旧工业的就业机会则在减少,这阻碍了工业就业总人数的增长。

节约劳动的倾向,由于工业劳动力定价过高而不断增强,即使在劳动力过剩的经济中也是这样。在各种各样的政治压力和社会压力下,工资率不断上升,远远超过了传统生产部门的收入水平,超过了补充劳动力所需要的水平。工商企业由于是对市场工资率而不是对影子价格做出反应,因而便削减雇员。政府部门也是这样,它的大部分预算都用来支付雇员的工资。

城市工人若在现代部门找不到工作,便涌入零售商业和服务业。同农业部门一样,这些部门是“海绵”部门,可以吸收无限多的

① 霍夫梅斯特:《拉丁美洲在失业条件下的增长:对亚洲的某些含义》,第 8 页。

劳动力。但它们在吸收劳动力时，必然会压低每个工人的产出。让我们再来看拉丁美洲的情况，使人多少感到惊讶的是，1960～1965年迅速增加的就业机会，大都被“各种各样的服务业”（每年4.2%）和“不便指明的各种活动”（每年9.4%）吸收了。[①] 其中许多肯定都是名义上的就业，都是城市经济中次要部门的零活。

问题主要不是公开的失业，虽然在大多数欠发达国家，这个问题也越来越严重。根据零散的数据，在拉丁美洲和非洲的一些城市，全失业率在10%～20%之间。但从数量上说更为重要的是劳动力利用不足，即那些名义上有工作的人每小时和每天的产出很低。毫无疑问，还有大量的“隐蔽性失业”，即每当对劳动力的需求减少时，劳动力参与率便下降。在萧条时期，这种失业甚至在发达国家也会出现。

我们提不出解决办法，因为这几乎等于是提出一般的发展政策。不过很显然，增加制造业和其他“现代”行业的就业人数，只能解决很小一部分问题。一方面应把主要力量放在控制人口上，另一方面应致力于在农业部门创造生产性就业（包括而不是只限于农业部门的直接就业）。如果不在这些方面下更大的气力，则大多数欠发达国家的就业形势在未来三四十年将继续恶化。

结　束　语

1. 我们尚未明确讨论**发展计划**，尽管大多数欠发达国家目前

---

① 霍夫梅斯特：《拉丁美洲在失业条件下的增长：对亚洲的某些含义》，第10页。

都以这种或那种形式实施发展计划。欠发达国家实施的这类计划，迥然不同于另两类国家实施的计划。欠发达国家的计划是高度综合性的，主要是财政计划，而不是实物计划，受控制的主要是公共部门。这种计划服务于以下几个具体目的：第一，规划外汇的供应量和需要量，这可以说是制订借款战略必不可少的步骤。实际上，致使发展计划不断完善的一个主要原因是，债权国坚持申请借款的国家必须全面说明其当前的经济形势和未来的经济前景。第二，由于试图在公共部门内制订长期计划，政府各部门不得不看得远一些，在制定年度预算时不得不做长远规划。由此而为制订发展计划准备了较好的条件，并增加了资本预算的合理性和连贯性。不过，财政部长和各支用政府预算的部门，通常都握有很大权力，可以与计划部门"抗衡"。

第三，在私营部门，所谓"计划"，实际上不过是长远规划。这种计划虽然不纯粹是梦想，但也不是现实；在所制订的计划和所实施的计划之间常常有很大差距。即使如此，这种计划演习也很有用，可以暴露出为各经济部门制订的计划有哪些不协调之处；人们还常常会在这种演习中提出一些政策措施，政府可以用它们来增加实现计划目标的可能性。第四，计划活动的一项副产品是，基本经济数据的准确性会不断提高，这并非是最不重要的副产品。一旦发现缺乏必要的数据投入，就会产生压力导致更多的人力物力投入收集和整理数据的工作。

由于以上原因，计划演习显然是有用的；但同样很显然，计划演习并不是必不可少的。一些国家例如墨西哥，虽然没有制订全面的经济计划，但经济却发展得很好。另一些国家虽然计划制订得很好，但对经济的影响却微乎其微，这些国家的名字还是不说出来为好。

2. 如果某一欠发达国家选择社会主义的而非混合经济的发展道路，情况又会怎样呢？这里的社会主义，指的不是某些非洲和亚洲国家宣称的温和的、主要是口头上的社会主义，而是指中国、朝鲜或古巴实行的产生于马克思主义、由共产党领导的社会主义。这类国家的政策问题是否会突然发生变化，从而不同于本章所概述的问题？如果非要做肯定或否定的回答，那也许应该做否定的回答。这类国家仍必须建立基础设施，发展教育事业，提高农业生产率，建立并管理新型工业。

但“软国家”却变成了“硬国家”。政府信仰斗争哲学，拥有强大的惩处权，能够在消费方面强制实行自给自足，能够充分调动资源用于投资。发展战略无疑会转向苏联模式，同非社会主义的情况相比，强调更加迅速地建立基础工业，强调更大程度的自给自足。资本品和工业原料的供应地将是东方而不是西方。由此而需要从东方进口零部件，需要向东方出口以偿还贷款，这样，撇开意识形态方面的原因不谈，以上原因就会使这些国家依附于东方贸易区。

这条道路是否比混合经济道路更牢靠，更能确保经济的持续发展，这是个极为令人感兴趣的问题。中国、古巴以及其他社会主义国家确实是从人均收入很低的水平起步的，可它们所走过的道路还太短，还不能提供确凿的证据。但是，假如仅仅由于抱有偏见而排除通过社会主义道路取得较高发展速度的可能性，那就不妥当了。社会主义道路是否在某种意义上也是代价高昂的道路，或者说，政治和社会方面的弊害是否超过了经济方面可能带来的好处，探讨这类问题需要做价值判断，这超出了本书论述的范围。

3. 在这一章中，我们讨论了资本主义经济、社会主义经济和欠发达经济的政策重点；这里我们把它们排列在表 7.1 中，将很有用。由此而得到了一个令人感兴趣的结论。这三组政策问题有些是相互重叠的；但更为引人注目的还是它们的巨大差别。每类经济都把政策重点放在由于某种原因搞得不好的领域；而对于这三类经济来说，这样的领域又各不相同。

表 7.1　政策重点的比较

资本主义经济	社会主义经济	欠发达经济
1. 总需求管理	1. 最适宜地分散经济管理权	1. 降低人口增长率
2. 公共和半公共产品供应	2. 发展战略：速度和格局	2. 提高农业产量
3. 经济机会均等	3. 使生产适应消费者的需要	3. 安排好对外经济关系
4. 收入再分配	4. 提高农业产量	4. 发展基础设施，包括物质的、人力的和制度的
5. 国际收支问题	5. 使贸易关系合理化	5. 提高国内储蓄率
		6. 吸收闲置劳动力

例如，在西方的“凯恩斯世界”中，关键问题是运用货币和财政政策来使总需求稳步增加。但在东方的“马克思世界”或欠发达国家的“萨伊世界”，这却不是关键问题。对于社会主义国家来说，核心问题是贯彻执行具体的生产计划；但欠发达国家却做不到这一点，而资本主义国家则不需要这样做。欠发达国家的核心问题是建立基础设施，无论是物质的、人力的，还是制度的，而这却不是另

外两类国家的核心问题，因为相对说来，它们的基础设施已很发达了。资本主义国家和社会主义国家也不像欠发达国家那样，要对付很高的人口增长率。

既然政策问题互不相同，既然经济学至少在某种程度上是政策科学，所以相同的分析工具在世界所有地方就不会具有相同的适用性。同在其发源地相比，西方的各种分析工具应用于社会主义经济时，其相对有用性会发生变化，应用于欠发达国家时，其相对有用性又会发生变化。要解决社会主义经济和欠发达经济的某些问题，就得发展许多新工具。我们将在第三编讨论发展新工具的可能性。

第三编　经济理论

第八章　西方经济学的有用性(Ⅰ)

西方经济理论可以在多大程度上转给其他类型的经济,是个有争议的问题,人们在这个问题上往往固执己见。这也是个很复杂的问题,有关它的任何简单陈述都肯定是不准确的。我们先得阐述一些复杂问题,说明我们将如何解决它们。所谓“西方经济学”指的是什么?它在不同制度背景下的“有用性”指的又是什么?

一套分析工具

正如琼·罗宾逊在大约三十年前所说的,最好把现代经济学看作是一套工具。在某种意义上,或在某种一般水平上,这些工具是一个相互关联的整体。任何为它们分类的企图都必然是主观任意的;但我们相信,做以下排列将有助于达到某些实际目的。首先列出的是一些微观程度最高的经济概念,它们仅涉及单个决策单位。第二组具有混合性质,在涉及整个经济的意义上是宏观的,在仅仅讨论特定产品、特定市场和特定价格的意义上是微观的。最后列出的是高度综合性的工具,它们把全部经济活动分为若干大范畴。

A. 微观性质的工具

1. 严格意义上的微观经济学:厂商、家庭

2. 规范微观经济学:运筹学、管理学、成本效益分析

B. 混合性质的工具

1. 市场经济学;“价格理论”

2. 部门间分析

a)总体规划模型

3. 一般均衡理论

a)福利经济学

4. 贸易理论

C. 宏观性质的工具

1. 短期宏观经济学;货币理论

2. 增长理论:实证变体

a)增长理论:规范变体

这张表没有把应用经济学的许许多多分支都抄录下来。在大多数情况下,这些分支如何与经济理论的核心相连接是显而易见的。例如,劳动经济学主要是通过上面的 A.1 和 B.1 而与经济理论的核心相连接。货币银行学主要是通过 C.1,但在微观方面也通过 A.1 和 B.1 而与经济理论的核心相连接。财政学涉及整个经济,要利用上面的几乎所有工具。因此,要弄清西方的分析工具有多大转让性,还牵涉到以下问题,即应用经济学的各个分支要做多大改动才能“适应”某种经济。

有用的含义

我们首先提出这样一个命题:经济学是经验科学,其主要目的是解释和预测经济事件。实证经济学是这门科学的核心。因此,检验有用性的主要标准是解释力和预测力。从这一意义上说,某一理论要有用,就得考虑到被应用以这种理论的经济的实际结构。

所以，我们不应指望某一工具在所有时间和所有地点同样有用。

经济学在某种程度上也是政策科学。如果一套理论所做的预测对政府制定政策具有重要意义，就可以说这套理论具有“相关性”。正如我们在第七章中指出的，不同种类的经济其政策重点也不同，所以经济理论的某一分支不会在所有情况下具有相同的相关性。

现实性和相关性显然是两个多少有点不同的标准；讨论结束时，我们将分别根据这两个标准评价我们的分析工具。

我们并不认为前面列出的所有工具在其发源地，即西方资本主义国家都具有很高的现实性和相关性。一些工具由于在其发源地就没有什么用，因而在其他类型的经济中也没有什么用。我们将随时附带谈到这一点。

对谁有用？

在所有非西方国家，特别是在社会主义国家，经济思想是否可以转让是个棘手的问题，因为它带有意识形态色彩。说社会主义国家可以更多地利用西方的某些经济概念，这意味着社会主义的经济制度多少类似于，甚或正在变得越来越类似于资本主义的经济制度。但社会主义的“政治经济学”教科书却断言，社会主义制度的经济原理必然不同于资本主义制度的经济原理。社会主义国家不鼓励公开借用西方的经济概念。即使是暗中的借用，也会遇到意识形态方面的阻力，因而通常不得不说成是新发现。

欠发达国家常常也同样敏感。它们认为，采用西方的经济学工具，就是采取了特定的**政策立场**，就是赞赏市场机制，而厌恶政府活动。正如我们将要证明的那样，这种观点把某些西方经济学家的政策偏好同他们的分析工具所具有的逻辑力量混淆在一起。微观理论并不意味着盲目崇拜私人市场，并不是要完全依靠私人市场来发展经济，也不是要政府采取自由放任政策。但有些人却认为微观理论具有这种含义，在讨论西方的分析工具是否有可能转让时，这种观点会搅乱人们的思想。

那么，当我们谈论西方的某一分析工具在某种经济中的“有用性”时，我们指的究竟是在讨论经济问题或制定政策时实际使用它呢，还是指它的潜在有用性。如果是指潜在的有用性，那么是在谁眼中的潜在有用性呢，是在西方局外观察者的眼中呢，还是在有关国家经济学家的眼中？人们也许认为，我们应该把注意力集中在有关国家的经济学家和行政管理人员对西方分析工具的实际使用上。但我们将不这样限定我们的讨论范围，而是将随时对潜在有用性做出判断，尽管欠发达国家和社会主义国家不会完全接受我们的判断。我们这样做并没有推行知识帝国主义的意思，而是想促使人们进行有益的争论。

不同程度的概括与适应

把西方经济理论看作是一个层次分明的系统，由概括性极强的至非常具体的理论概念所组成，这是很有用的，虽然丝毫不是什么创举。有些概念概括性很强，在任何时间或地点都必然是正确的，之所以正确，也许是因为它们极为空洞，也就是说它们是定义或同义反复。但当理论越来越接近于解释确定的现象时，其结构也就越来越精致，越来越具体，越来越注重经验。举例来说，人们最终可以提出美国钢铁工业在20世纪60年代的投资决策模型。不过，大多数经济学家都认为，为个别事情建立具体模型要花费大量劳动，是得不偿失的。理论的任务并不是复制现实。

这里我们感兴趣的是中级概括，即这样一类模型，它们很具体，对特定时间的特定经济具有预测力，然而是用相当概括的语言表达的。可以假设是这样一个模型，例如有关美国城市体力劳动者市场的模型。让我们来看一看该模型是否有可能转让给社会主义国家或欠发达国家。我们可以想象出以下两种极端情况：

1. 这个模型可以原封不动地转让给另外两类国家。使模型在新环境下的预测能力与在其发源地完全一样。

2. 该模型的转让价值为零，也就是说，经过考察，人们发现它对于分析有关的非西方经济毫无帮助。(特别是就欠发达国家来说，一些人认为，西方经济理论的某些分支具有负价值，原因是，受过西方经济学训练的经济学家往往把注意力集中在这些分支上，而忽略欠发达国家的主要问题，久而久之，他们分析这些问题的能力便不断降低。)

可以预料，这两种极端情况实际上很少见。情况通常是西方的某一工具具有一定的转让价值，但却不能原封不动地转让。需要进行某种程度的修改，使其适应有关国家的情况，而这不仅仅是重新估算参数值，各国的参数值当然是不同的。所谓适应，指的是重新考虑所要回答的问题，重新考虑包含在各种行为关系式中的变量，重新考虑可以从修改后的模型中推导出的假设。

该意义上的适应性调整可以很小，也可以很大。修改后的模型既可以仍然非常类似于其西方原型，也可以与其相去甚远。我们由此而可以对西方的工具使用一种"记分卡"。在写作本书的过程中,我们曾试图仿效法国饭店的所谓米什林评价方法,对某一工具适用于某类经济的程度,根据我们的判断而授予一星、二星或三星的称号。但这并没有显示出需要进行多大程度的适应性调整,而且单一的评价方法还会把现实性标准和政策相关性标准弄得模糊不清。所以,在我们的所谓"现实性"记分卡上,将使用"需进行小幅度的适应性调整"、"需进行中等程度的适应性调整"以及"需进行大幅度的适应性调整"等词语来打分;政策相关性将作为另一个问题来处理,为此也准备一个记分卡。

对于论证方向做了上述预告,下面就让我们来做具体论证。

严格意义上的微观经济学

根据我们的定义,微观经济学分析的是单个决策单位,一方面是工商企业,其中包括以市价出售产品的国营企业,另一方面是消费者和工人,或者更为准确地说是这些个人的家庭。

我们首先必须承认,微观经济学中的一系列概念即使在其发源地也仍是有争论的。所取得的主题进展是,经济学家更为精细地规定了最大化行为的含义。由此而再向前迈一小步似乎就可以假设最大化行为是价格理论和一般均衡体系的基础。令人十分吃惊的是,许许多多经济学家不考察有关实际行为的证据就愿意迈出这一步。他们愿意这样做可以归因于以下几个因素:(1)在建立一般均衡体系和试图从这种体系中引出福利结论时,似乎在逻辑上必须有某种最大化假设。如果指责这样做是不现实的,理论家很可能会回答说，“除此之外又能做什么呢？”（2）从总体上研究企业或消费者行为的计量经济学家可能认为，只要有统计恒性就够了，究竟是什么动机造成了这种恒性，则没有人感兴趣。（3）与此相关的论点是，只要根据假设推导出的定理具有预测力，“假设就无关紧要”。

然而，另一派经济学家却认为，偏离于假设行为的实际行为很重要。加尔布雷思等人强调生产者往往有计划地操纵消费者的偏好，由此而使人怀疑尽力满足“给定的”欲望是否会最大限度地增加消费者的满足。还有一些人则强调消费的模仿性和竞争性。如果认为某一消费者的满足仅仅取决于这个消费者相对于其同等地位的人的消费，那就会得到与标准模型不同的结论。另一些人则把批评的矛头指向了现存模型的静态性质，因为在这些模型中，家庭只是根据给定的偏好调整均衡，而回避了新欲望是如何形成的这样的问题，也没有说明不断提高的教育水平和不断增多的闲暇在这方面所起的作用。

人们一直不那么注重作为劳动供给者的个人，不那么注重与工作而不是与消费联系在一起的满足。但以福利标准衡量，工作上的满足同消费上的满足一样重要；[①]令人感到鼓舞的是，有迹象

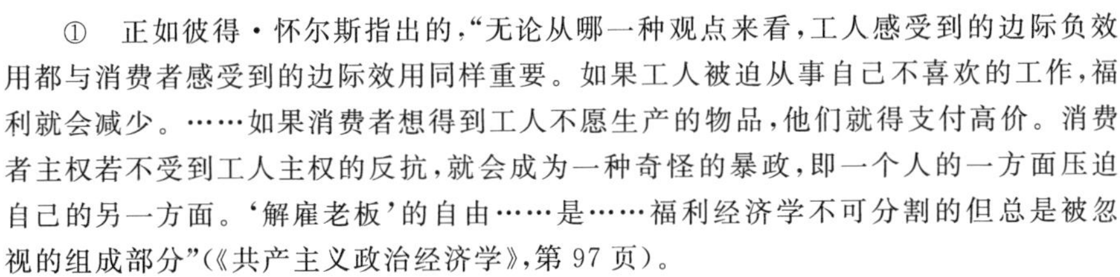

① 正如彼得·怀尔斯指出的，“无论从哪一种观点来看，工人感受到的边际负效用都与消费者感受到的边际效用同样重要。如果工人被迫从事自己不喜欢的工作，福利就会减少。……如果消费者想得到工人不愿生产的物品，他们就得支付高价。消费者主权若不受到工人主权的反抗，就会成为一种奇怪的暴政，即一个人的一方面压迫自己的另一方面。‘解雇老板’的自由……是……福利经济学不可分割的但总是被忽视的组成部分”（《共产主义政治经济学》，第 97 页）。

表明，这一点正逐渐被人们所承认。[①] 在富裕程度日益提高的经济中，由于职业结构不断改进，越来越多的人很可能将为工作而活着，而不是(像通常认为的那样)为活着而工作。

还有人认为，我们有关工作和消费的理论个人主义色彩太浓了。首先，个人与家庭分离了开来，而个人通常是家庭的一部分。其次，个人被分作了两半，他作为生产者的反应与他作为消费者的行为互不相干。所有这些都歪曲了大家所知道的实际情况。我们知道，个人愿不愿意加班加点或干第二份工作，是与他的家庭责任相关联的。我们知道，劳动力参与率，特别是妇女的劳动力参与率，是与家庭收入和家庭构成相关联的。我们知道，购买住房和耐用消费品，是与婚姻状况、抚养子女数以及退休与否相关联的。但到目前为止，我们却没有一种理论能既考虑到家庭作为购买者的作用，又考虑到家庭作为劳动供给者的作用，同时还考虑到家庭作为资产持有者的作用。

现在让我们来看工商企业的情况。工商企业力图获取最大利润的行为所具有的含义，已由许多人做了详尽阐述，而且已被无数教科书奉为神圣的学说。但是，当我们讲授这种普遍被人们接受的学说时，我们当中几乎没有人对它完全满意，人们一直在力图从这一方向或那一方向摆脱这一传统模式。

第一，利润最大化假设不断受到攻击。人们建立了另外一些模式，在这些模式中，企业试图达到某种传统的利润目标(即“令人

① 在理论方面，参看加里·贝克尔的开创性文章：“时间分配理论”，载于《经济杂志》，1965 年 9 月，第 493—517 页。在经验方面，参看威廉·G. 鲍恩和 T. 奥尔德里奇·法因根：《劳动力参与经济学》(普林斯顿：普林斯顿大学出版社，1969 年)。

满意的”利润目标），或试图维持已获得的市场份额，或试图获得最高的销售额增长率，或试图最大限度地增加管理部门的安全感和额外收入。这些模式都试图在某种程度上脱离纯粹竞争条件，以使企业能有自己的政策。[①]

第二，许多经济学家接受了熊彼特的观点，认为企业最重要的活动不是根据给定的条件做最佳的调整，而是通过发明新产品和新技术改变给定的条件。经济学家对以下一些问题进行了越来越多的理论研究，例如，是什么因素推动了研究与发展活动，这种活动可以创造多少可测量的产值；新技术在本国企业和外国企业之间是如何传播的；随着时间的推移，生产某种新产品的成本是如何沿着“学习曲线”逐渐下降的。

第三，人们日益注意到，企业往往在预见不完全的情况下做出其决策；由此而出现了大量文献，讨论企业如何在情况不确定的条件下做决策。

第四，人们对大企业的决策情况做了许多研究，以弄清企业的**内部组织**。日常信息流量以及决策分散的程度和种类等因素是如何影响大企业的决策的。科奈在尖锐而深刻地批判现在的微观经济学时，提出了一种观点，把企业看作是战场。不同的职能部门，如生产部门、销售部门、产品设计部门、财务部门等等，所要达到的目标是迥然不同的。管理部门讨论企业的目标时，上述职能部门

① 大多数读者可能熟悉阿尔千—弗里德曼的论点，即在纯粹竞争的条件下，利润最大化假设之能够成立，完全与企业家认为或说自己在做什么无关。在长期中，只有那些——或许在随机的基础上——力图赚取最大利润的企业才能够生存。对此，许多近来研究企业行为的理论家所做的回答是，现实生活中不会出现接近于纯粹竞争的情况。

争吵不休，最后不得不达成某种妥协。现在已没有哪一个人能实现传统意义上的那种最优化了。①

第五，关于公营企业的运行，西方国家几乎没有这方面的实证经济学。倒有大量规范文献，告诉人们应该如何管理这种企业，提出了投资计算准则、边际成本定价准则，等等。但这不同于提出这样的问题，即公营企业实际上是如何运行的。国际货币基金组织最近的一份研究报告表明，大多数国家的大多数公营企业都处于亏损状态，以致要用政府预算弥补一部分经营成本和全部资本成本。② 这种状况究竟是应用最优原则造成的呢，还是政治决策和管理无能造成的？这就无从知晓了。

社会主义经济

在社会主义国家，如果认为经济机制依靠对消费者偏好和工人偏好的自发表现做出反应而运行，那会被看作是异端邪说。也许正是由于这一原因，社会主义国家的经济文献几乎没有讨论过这种偏好，因而我们不得不从观察社会主义国家的经济管理来推知社会主义的经济思想。

在消费领域，社会主义国家往往把“必需品”和“非必需品”看作是两个不同的范畴，而不是看作同一光谱上的两个不同范围。就必需品来说，社会主义国家似乎常常认为，每一家庭都想得到或需要某一固定的实物量，如多少多少平方米的(某一质量的)住房，

① 科奈:《反均衡》，第 7 章。

② 高尔特和达托:《国营企业的财务状况》，第 102—142 页。

多少多少卡路里的摄取量,每年多少多少套衣服,多少多少双鞋子,等等。(请注意,这不同于美国劳工统计局界说消费者预算的方法,这种消费者预算被认为是“维持最低水平的健康和体面”所必需的。这种预算被广泛用来确定最低工资,劳资谈判中也常常利用这种预算。)这种实物量乘以个人或家庭总数就是一国经济所要达到的产量目标。

这种方法也许可以用莫里斯·多布提示的那种方法加以合理的说明。假设收入在家庭之间分配得相当均等,假设消费者对某种商品的需求表是相同的。当社会的平均收入很低时,商品 A 会被认为是人们无法得到的奢侈品,因而计划者认为只需要象征性地生产一点这种商品。然而,随着收入的增加,商品 A 最终将能够为人们所获得,并从某种意义上说将成为必需品。于是需求在很广的数量范围内将具有很大的弹性。但是当产量达到该商品的“充分利用”点时(例如每个成人都有一块手表,每个家庭都有一台电视机),需求会再次丧失弹性。在这种情况下,把需求看作是一种数量而不是一种表,就是有道理的。关键问题是,是否应该把商品 A 包括在消费者的基本需求表中。如果把这种商品包括在基本需求表中,其产量就没有理由低于“充分利用”点。[1]

按照理想,这样的战略意味着对需求具有足够的预测能力,能适当向上调整产量,并能采用市场清算价格。我们已说明,实际上价格常常太低(或者说相对于可得到的商品数量来说,收入“太高”),致使消费者花费大量时间寻找所需要的商品和排队购买商

① 多布:《福利经济学》。

品。社会主义国家的计划者似乎不那么关心这一问题，这一事实意味着对家庭主妇的时间估价很低，这叫人感到奇怪，因为在社会主义国家，劳力供应不足，妇女的劳动力参与率很高，并且据认为，每小时劳动的价值将随着经济的发展而上升。然而，西方经济学也只是最近才注重研究时间的价值的，而且主要是运筹学中的排队理论和其他问题引起的，而不是作为需求理论的一部分研究时间的价值。

消费者的需求是从哪里产生的？他们的偏好是如何被左右的？社会主义经济和资本主义经济在这方面有哪些明显的不同？在社会主义制度下，生产者试图左右消费者偏好的情况比较少见，因为在吸入经济中几乎没有必要讨好消费者。（但这并不完全是好事。事情的另一面是，生产者对革新产品、变换品种和提高质量不感兴趣，而做这些事情是对消费者有利的。）另一方面，在社会主义国家，政府却试图在较大的程度上影响消费者的偏好。得到补贴的不仅有基本消费项目，而且还有书籍杂志、戏剧和文艺演出、户外娱乐、旅客运输以及假期旅行。西方国家也促进这类“价值需求”，但规模不如社会主义国家大。

在工人偏好领域，显然也有若干预先假定的前提在起作用。首先，工作显然是一种美德，应该受到鼓励。懒惰则受到斥责，像早期清教徒所做的那样。不仅鼓励妇女从事各种各样的职业，而且还建立了托儿所、幼儿园，并做出了其他制度安排来使妇女参加工作成为可能。

虽然工作是一种美德，但工作过多就是另外一回事了。不言而喻，随着生产能力的提高，一方面应增加消费，另一方面应增加闲暇时间。因而减少工作时间是一项重要的政策目标。然而,实现这一目标不是依靠单个工人在市场上做边际计算,而是依靠党和工会来传递工人的一般偏好。在这一领域,不那么强调市场机制的一个原因可能是认为政治机制充当记录装置就足够了。

社会主义经济的工资结构表明,社会主义国家的工人是有工作偏好的,他们主要对物质刺激做出反应。(现在只有像中国和古巴那样的国家仍然认为,单单社会主义国家便可以提供足够的刺激。)例如,必须支付较高的工资来诱使人们接受长期训练,诱使人们在煤矿或钢铁厂工作,或诱使人们到西伯利亚东部工作。至少在苏联,工资差额相当大,而且很少变动,这一事实表明,工资差额不是根据精确计算边际人力的转移价格制定的。也许可以通过这种工资差额来确保重要工作有人去做。把上述思想上升为劳动力供给理论也许并不困难,而这样一种理论是不会与西方的劳动力供给理论有多大不同的。

当讨论从家庭转向企业时,显然需要进行新的理论建设工作。一个原因是,社会主义企业分为若干不同的种类,每种企业都有自己的运动规律。南斯拉夫的工人拥有的企业,是人为创造出来的一种特殊企业,在这种企业中,可以在企业职工之间分配利润。本杰明·沃德为这种企业建立模型的努力,引起了东方和西方经济学界的讨论。[①]

---

① 最近发表的一篇评论文章是帕维尔·佩利坎和鲁道夫·科坎达合著的"作为市场参与者的社会主义企业",载于《捷克斯洛伐克经济文献》,第九卷(1968 年),第 49—64 页。

匈牙利的企业是另一种特殊类型的企业，在这种企业中，不同级别的雇员得到不同数额的奖金。现在苏联的企业也很特殊，在这种企业中，利润是主要的实绩指标，一部分利润可以用来支付奖金，用来为工人建房以及用来支付娱乐费用。苏联的老式企业受各种各样实物指标的约束，也是一种十分特别的企业。由此可见，社会主义国家需要有若干种有关企业的理论，而不是像资本主义国家那样只有一种有关企业的理论。

即使我们假设社会主义企业遵循某种简单的最大化原则，社会主义国家也仍然需要有若干种有关企业的理论。但这种假设在社会主义国家和在资本主义国家一样是不可靠的。不但要考虑企业在制度上的利益，还要考虑经理人员的个人目标。有人曾认为，在传统的苏联企业中，经理人员往往不思进取，避免担责任，以此最大限度地增加自己的安全感。企业内部的（以及企业之上各监督机构的）不同集团很可能追求大不相同的目标，科奈把企业描绘成战场的那幅图画也许并不那么牵强附会。

欠发达经济

这里我们必须先考察这样一种论点，这种论点认为，个人行为的“经济性”在欠发达国家要比在工业化国家少得多。据说，这破坏了微观经济学的整个结构，因为在微观经济学中，理性筹划和物质刺激发挥着突出作用。

这种论点的含义模糊不清，可以做几种解释。它的意思可能是，在欠发达国家，个人行为并未经过事先的筹划，或者说是非理性的，因而是不可预测的，但几乎没有学者会为这种过激主张辩护。它更有可能具有这样的意思,即个人行为是墨守成规的,应该用根深蒂固的风俗习惯而不是用带有个人主义色彩的筹划来解释。因而便假设“农民惰性十足”,用传统方法年复一年地种植传统作物。然而,最近的调查研究结果使人对这种假设产生了严重怀疑。对农民的抽样调查表明,在一定的技术和资源条件下,农民的生产行为很有经济性。他们不断运用劳动和资本,直到这些投入的边际产量降到很低的水平,一旦达到这一水平,他们就不再投入劳动和资本。[①] 而且大量文献表明,农民很善于对能够现售其产品的新机会做出反应;如果一块土地能种不同的作物,农民一般是会对这些作物的相对价格的变化做出反应的。[②]

第三种解释可能是,在许多欠发达国家的文化背景中,非物质目标要比在西方更多地进入个人偏好函数。但正如罗宾斯等人指出的,这并不能成为反对经济分析的理由。固然,要进行经济分析,人们就得有偏好函数,但其内容却完全是非限定性的。人们运用财力物力所要达到的目标,除个人消费方面的满足外,还可以是美学方面的满足、家庭或部落的团结、心灵上的满足以及其他许多事情。

一种更符合实际情况的解释是,由于存在着文化和制度方面的差异,欠发达国家的个人偏好图常常不同于西方国家的个人偏

① 这一点是由 T. W. 舒尔茨强调指出的,参看他的《改造传统农业》(纽黑文:耶鲁大学出版社,1964 年)。

② 可参看贾格蒂什·N. 巴格瓦蒂和苏卡莫伊·查科拉瓦蒂对农业的讨论,参看他们合著的“对印度经济分析的贡献:一份研究报告”,载于《美国经济评论》,1969 年,附录,第 29—59 页。

好图。我们可以想象大家庭的情况，在这种家庭中，人们挣更多钱的愿望几乎等于零，因为增加的收入将由许多亲戚共享。还可以想象“易于感到满足的农民”的情况，一旦实际收入超过某一水平，他们就不再对收入刺激做出反应。非洲流动工人到城市干活，传统上是为了节省出一笔钱以达到某一目标，如凑足聘金，给房子加个镀锡铁皮的屋顶，或得到像自行车、收音机这样的高价消费品。目标一达到，他们就会返回家乡；日工资越高，越容易返回家乡。但上述情况并未超出经济分析的范围。向后弯曲的劳动力供给曲线在西方教科书中很常见。经济学家肯定具有足够的创造性，能以各种特殊方式使劳动供给曲线向后弯曲，来精确描述各种特殊情况。

认为人们可以对欠发达国家的微观行为进行经济推理，并不等于否认需要从事许多新的理论工作。之所以要进行新的理论工作，一个主要原因是这些国家具有不同的生产组织。在社会主义国家和资本主义国家，大部分国民产出都来自雇用工资劳动者的大企业。在这种条件下，便可以把家庭经济学和企业经济学分开来。一直到马歇尔，企业经济学分析的都是小所有者兼经营者的动机，但近来已越来越注重分析被雇用的经理人员的动机，企业正是由这些经理人员为在外所有者经营的。

然而，在欠发达国家，大型现代企业只生产很小一部分产量。整个经济受小企业的支配。在这种小企业中，所有者既提供资本，参加劳动，又进行管理。农业、手工业、传统商业、运输业和服务业的情况一般都是如此。在这种企业中，关于投入多少劳动时间，这种时间多少用于生产供销售用的产品，多少用于生产企业本身使用的产品，多少收入用于再投资，多少收入用于消费，所有这些方面的决策都是同时做出的。虽然仍可以把“生产”决策、“消费”决策以及“劳动供给”决策区别开来,但这些决策却构成了一个紧密关联的体系。企业经济学和家庭经济学是交织在一起的。欠发达国家的企业理论要有用处,就必然不同于西方的企业理论。

一项令人特别感兴趣的工作,是建立更好的农业生产行为模型。这种模型不仅本身很重要,而且作为经济增长模型的组成部分也很重要。欠发达国家的增长模型有时未能明确说明农业部门的结构。在另一些情况下,仔细看一下欠发达国家的发展模型,则会发现在这种模型中,农业采取了某一特殊的组织形式。因此,这种模型虽然看起来完全是一般的,但实际上却是特殊的,只要插入另一种农业,就会得到不同的结论。

农业可以有各种不同的组织方式。有集体农业,有种植园或庄园农业,这种庄园的土地由大土地所有者雇用农业工人来耕种。有自营农业,在美国称作“家庭农业”,在欠发达国家称作“自耕农业”。有缴纳现金或分成的租佃农业。因而所需要的是各种各样的模型,而不是一种模型。人们在这方面已做了一些工作,特别是考察了自营农场分配家庭劳动时间的情况,用多少时间为自家生产粮食,用多少时间为自家生产其他东西以及用多少时间为市场生产农产品。但这种建立理论的工作还处于初级发展阶段。

规范微观经济学

经济分析通常假设,工商企业在每一时点都力图使成本最小。但是,一方面我们假设成本最小化,另一方面我们也认识到,很难实现成本最小化。正是由于这一原因,才建立起了许多企业管理学院。最近五十年,企业管理已成了一门比过去复杂得多的学科,越来越多地要应用到逻辑、数学、经济学、心理学以及工程方面的知识。“旧的科学管理”即泰罗制已被“新的科学管理”所取代。新方法有这样一些名称,如“管理经济学”、“管理科学”以及“运筹学”。在这些大的名称之下,还有一些较为专门的方法,如排队理论、线性和非线性规划、信息论、一般系统分析、存货模型、运输模型、模拟以及博弈论。[①] 电子数据处理设备的发展,推进了这些方法的使用。使用老的手工方法,复杂的计算要花很高费用,甚至无法进行,而现在进行复杂的计算,费用则不那么高了。

在运筹学中,问题的结构大致如下:有某些目标——通常是一个以上——要实现,这些目标之间可以进行某些替换,由此可以推出一“目标函数”或“效果质量”。可以运用某些变量达到这些目标。这使分析者有可能为问题建立模型。[②] 这种模型可以利用统

① 这方面的一般考察,请参看罗伯特·多夫曼的“运筹学”,载于《经济理论述评》,第3卷(纽约,圣马丁出版社,1966年)。并参看威廉·J.鲍莫尔的《经济理论与操作分析》(恩格尔伍德-克利夫斯,新泽西州:普伦—蒂斯霍尔公司,1961年);以及亨利·锡尔,约翰·C.G.博斯特和托恩·克洛克的《运筹学与数量经济学》(纽约:麦格劳—希尔公司,1965年)。

② 正如多夫曼指出的,“运筹学不是研究某一题目的具体学科,而是一种方法。……运筹分析家不同于传统的企业分析家,特别喜欢用形式数学模型表述所要解决的问题。……40%以上的运筹分析家是工程师出身,还有45%是数学家、统计学家或自然科学家。……这种观点的实质是,当且仅当某一现象被表述为真正数学的、数量的形式模型时,该现象才能够被理解,而且,科学研究领域内的所有现象……都可以这样充分持久而巧妙地表述出来。……以上特征我认为就是运筹学表现出来的风格,因而我把运筹学定义为以这种态度进行的所有研究工作,这些研究力图帮助解决企业、行政和军事管理方面的眼前实际问题”(《经济理论述评》,3:31)。

计方法估算出参数值。于是便可以弄清各个参数在管理控制和效果质量下的关系，由此也就可以得到参数的最佳值，从而为提出建议奠定了基础。

人们已对某些种类的问题做了大量研究，建立了适当的模型。例子有：如何以最优方式利用两种以上物质投入来生产两种以上产出（“炼油问题”）；如何为两个以上服务设施，如轧钢厂、消防站等选择最优地点来为分散的客户服务（“运输问题”）；如何制定出最优政策来使持有存货的费用与缺少存货可能带来的损失相抵（“存货问题”）；如何为超级市场确定结账台的最优数目（应用排队理论的例子）。但是对于新的或复杂的问题来说，分析家也许不得不建立特殊的模型，或者也许不得不放弃寻求通解的希望，而求助于得自模拟试验的替代性经验。

所有这些都很必要，也很有用。但它们究竟是经济学呢，抑或更确切地说是经营管理学的分支？人们也许认为，虽然经济学家往往对微观单位的内部运行做一些假设，但他既不想解释也不想改进微观单位的内部运行。人们还会指出，对企业来说是最优的决策，从社会观点来看，却可能根本不是最优的。基于以上理由，“政治经济学家”往往看不起“企业经济学家”，认为他们是私利鼓吹者，认为他们所从事的是低级智力活动。

但也有相反的论点。把运筹分析应用于杂货店，固然不足挂齿。但若应用于通用汽车公司的卡车生产，应用于为法国电力网选择新厂址，应用于国防部的巨大武器系统，运筹分析对资源分配的影响显然就很重要了。同资本主义国家相比，在社会主义国家，决策领域往往较大，因而运筹学的应用范围也较大。

有一组相互关联的方法被人们称作“成本—效益分析”。“成本—效益分析”这个词往往用来指对公共部门的建设项目所做的估价,或者用来指对具有重要外部效应的私人活动所做的估价。这种分析通常涉及多种产出,常常涉及外部效应,时间范围可以是未来几十年。在美国,这类分析最早是与综合性的河流开发计划有关。但这种分析方法现在已在其他许多领域得到了扩广,其中包括公路建造、城市的再开发、重新培训失业者的计划、教育开支以及反贪污措施。成本—效益分析发展迅速,现在已成为经济文献讨论的重要题目。[①]

成本—效益分析既要努力解决概念问题,又要尽力把人们已经接受的概念转化为可以运用的形式。未来的产出必然是不确定的。而且,凡是不出售的产品,都得根据判断对其进行估价。中学毕业文凭的社会价值为多少?使用月票上下班的人由于可以较快地到达市中心而节省的时间,其社会价值为多少?或者由于实施公共卫生计划而使人的寿命延长,其社会价值又为多少?即使是出售的产品,由于存在着外部效应,这种产品给私人和社会带来的利益也不会一样。估价所购入的投入要容易一些,但要素的市场价格也不完全与机会成本一致。某一项投资所带来的产出流预计会持续多久?某一公共建设项目的收益率会是多少?公债利率会是多少?私人资本市场上的通行利率会是多少?私营企业的资本利润率会是多少?

① 参看 A. R. 普雷斯特和 R. 特维:“成本—效益分析:述评”,载于《经济理论述评》第 3 卷,该文对整个 60 年代中期发表的这类文献做了回顾与评论。

由于存在以上种种困难，成本—效益分析所做出的估计必然是不准确的。但并不能因此而否认成本—效益分析的用处。即便是粗略的估计，也要比纯粹的直觉强。成本—效益分析展示出一些人们完全不了解的领域，鼓励人们收集更多的数据，迫使计划制订者详细说明其计划的依据。

社会主义经济和欠发达经济

上面描述的各种方法都较为精细和“实际”，因而可以跨越“制度”界线转让给其他类型的经济。运筹学或科学管理对社会主义企业和任何其他企业的用处似乎是一样的。实际上这些方法对社会主义经济具有更大的用处，因为在社会主义经济的组织形式下，更容易把这些方法应用于整个工业部门、整个地区或运输网。在资本主义经济中，生产活动由一个个属于不同所有者的单位进行，因而科学管理方法只能在单个企业的范围内运用。

最近有关苏联的一份研究报告表明，苏联除了在企业中应用线性规划方法外，还在以下几方面更为广泛地应用线性规划方法：(1)用线性规划方法计算把煤炭从矿山运到消费地点的最低运输费用；(2)用线性规划方法计算把水泥从工厂运到乌克兰各使用地点的最低运输费用；(3)利用线性规划方法为在哈萨克建立新的陶瓷建筑材料工厂选择厂址，以使建厂、生产和运输的总成本最小，同时又能满足各使用地点未来的需求；(4)在农业部门内做各种各样的应用，其中包括选择费用最低的牲畜饲料，以及制订生产计划，使饲料产量在土地、劳动、机器和其他产出给定的条件下

达到最大。①

苏联的报纸时常刊登文章,建议更多地应用线性规划方法。例如,最近发表的一篇文章指出,相对于建筑行业的生产能力而言,正在进行的建设项目总是过多,由此而使建设周期无限延长。② 文章建议把每个地方的资源集中用在某些建设项目上,而暂时"封存"另一些建设项目;还说在这方面用计算机把有关的资料储存起来并应用线性规划方法可能是有用的。这篇文章还提到存货过多也造成了巨大损失,建议每个工业部门引入计算机,帮助制定合理的存货政策。一些金属制造部门显然正在进行这方面的试验。

虽然一般总是讨论先于实践,但苏联显然正在越来越多地应用运筹学方法。匈牙利以及其他东欧国家的情况可能也是这样。

在欠发达国家,运筹学方法同样具有潜在的用途,但实际使用和推广的速度可能会很慢。即便是在西方,也主要是那些拥有大量专业技术人员的大企业使用运筹学方法;而在欠发达国家,这类企业还很少。现有的这类大企业大都由政府经营。乍看起来,这些企业似乎很适宜进行科学管理,但由于没有利润约束以及没有明确的经营管理条例,实际情况往往相反。而且还要培训出能够运用运筹学的技术人员,而在大多数欠发达国家,培训设施都很有限。

---

① 本杰明·沃德:"线性规划与苏联的计划工作",见哈特:《数学与计算机》。

② V. 特拉佩兹尼科夫:"浪费的时间和节省的时间有多大价值?",载于 1969 年 7 月 24 日的《真理报》,见《现代苏联报刊摘要》第 21 卷第 30 期,第 10—12 页。

欠发达国家在成本—效益分析方面取得了长足进展,它们常常把成本—效益分析称作“项目估价”。50年代时,公共投资项目的理论基础极为薄弱。常常是随意估计成本、效益和建设周期,或根本不估计,事后结果与事前计划往往相差十万八千里。国际复兴开发银行和美国国际开发署以及欠发达国家政府内的计划委员会和预算机构,不断施加压力,要求做出较为准确的估算。与此同时,国际复兴开发银行的国际开发学院、联合国的区域经济委员会以及其他机构开设了专门的培训班,讲授项目估算。项目计划和估价的水平因此而不断提高。

然而,不管怎么说,同工业化国家相比,在欠发达国家开展成本—效益分析仍是一项较为困难的工作。有关的经济数据不那么容易得到。要素价格可能与机会成本差距较大,产品价格也可能被以各种方式歪曲。如果在建项目规模很大,则其竣工将改变价格结构,因而究竟应该使用现时价格还是应该使用未来估算价格,通常就成了严重问题。同发达国家相比,欠发达国家为未来收益选择适当贴现率的标准也较为模糊。

在欠发达国家,外部效应问题和先后次序问题也较为重要。一些相互关联的建设项目常常应该同时予以估价。尽管有些项目同时上马似乎是有利的,但每一预算年度可运用的资金却是有限的。由此而产生了这样的问题,即应该先做什么,什么应该留待以后去做。这是个战略问题,单靠成本—效益分析是无法解决的。

市场经济学

我们所谓的市场经济学，指的是“马歇尔经济学”、“供求经济学”以及“价格理论”。市场经济学考察的是半总量水平上的行为，考察的是特定商品、特定劳动力和特定票据的市场。虽然它有赖于我们对微观经济学本身所下的定义，但它并不那么容易遭到攻击。人们可以预言产品需求曲线总是向下倾斜，劳动力供给曲线（资源得到充分利用的经济中）总是向上倾斜，而不断言大多数消费者或工人都精心计算净利得。

尽管市场经济学具有很长的历史，但人们却常常怀疑它是否与研究现时的资本主义经济有关，是否与资本主义经济的现实政策有关。有人认为它主要是告诉人们，纯粹竞争的市场可以带来静态配置效率。接着他们便指出，在资本主经济中，资源配置不当造成的产量损失显然不是很大。而且在第五章中我们也同意，该意义上的“垄断问题”不是很紧迫的问题。那么是否应该得出结论说市场经济学已不再像从前那么重要了？

我们完全不同意这一结论。我们认为，对于西方经济来说，市场经济学仍具有重要意义，虽然不是由于通常给出的那些原因而具有重要意义。人们现在仍然研究和讲授经济学的这一分支，是由于另外一些原因。具体地说就是：

1. 市场经济学主要不是对均衡状态下了定义，而是提出了比较静态学，也就是说预测了要素供应、偏好和技术等方面的变化会引起什么反应。很难想象没有市场经济学这一工具，人们会怎样做这样的预测。但由于我们是很自然地运用这一工具的,因而我们往往忘记对它的依赖。

2. 假设情况确实像表面上所看到的那样,资本主义经济在静态资源配置方面做得很好。那么弄清情况为什么会是这样,肯定令人感兴趣。探讨其他类型的经济为什么总是做不到这一点,也肯定令人感兴趣。

3. 大量证据表明,利本斯泰因的所谓"X-效率"(即企业的运营未能接近生产边界),从数量上说要比静态配置效率重要。但X-效率肯定与市场结构和竞争压力有关。

4. 关于企业行为,最令人感兴趣的问题也许是,在研制新产品,提高产品质量以及改进生产方法以降低成本方面,企业究竟具有多大的创新精神。熊彼特的假设是,垄断要比无数小企业间的竞争更有利于创新,不管这一假设正确与否,上述问题都很重要,而且是属于市场经济学范围内的问题。

5. 人们之所以对市场经济学不再感兴趣,部分原因可能是,市场经济学的应用总是集中在制造业部门。老是谈论钢呀、铝呀、汽车呀,最终是会使人厌烦的。现在人们更感兴趣的是教育业、卫生业、公共产品的产量以及防止环境污染的努力。但实际上,价格理论与所有这些领域都高度相关。

6. 只有当价格关系较为符合实际,或如果不符合实际,有办法加以调整时,才能运用运筹学方法和边际—收益分析方法。读者可以做一次智力试验,看看不利用价格理论,能否解决成本—收益问题。

7. 国民收入核算和宏观经济理论也有赖于价格理论,这一点读者将会在下面几节看得很清楚。

说由于以上种种原因,某一种类的市场经济学是西方经济理论的主要组成部分,并不等于说市场经济学已十分令人满意。在纯粹静态和纯粹竞争的形式下,市场经济学显得空洞无物。讨论一般均衡理论时,这种缺陷会特别明显,到那时我们还将谈到这一点。

社会主义经济

社会主义国家的经济管理人员已在暗暗使用市场概念。这些概念可能是他们自己创造的,而不是借自西方的经济思想,但这并没有改变这些概念所具有的实际重要意义。

最显著的例子可以在劳动力市场上见到。虽然有时在法律上限制劳动力流动,虽然住房短缺严重限制了劳动力流动,但社会主义国家劳动力市场上的情况,似乎与资本主义国家的劳动力市场没有多大不同。由于在劳动力方面需求总是大于供给,因而合格的工人很容易找到新工作。劳动力的流动性很大,工人从一个地区转到另一地区工作也很常见。讨论人力政策的著作,读起来很像是西方的人力政策的著作,强调要扩大政府在就业方面提供的服务,要更为系统地登记职位空缺,要在中学提供更好的职业咨询服务,要依据未来的需求更仔细地调整职业训练计划。①

---

① 可参看苏联部长会议劳动力资源利用国务委员会主席K.诺维库先生撰写的见解深刻的文章:“有效利用劳动力资源的问题”,载于《共产党人》杂志,1969年9月号,见《现代苏联报刊摘要》第21卷,第38期,第3—7页。

我们可以从工资表上看出某些职业和地区存在着劳动力供给曲线。较费力的工作、需要较多训练和负有较大责任的工作、边远或艰苦地区的工作以及人员必须得到保证的重点行业的工作，往往得到较高的工资。从大约1930年至1955年，各种职业间的工资存在着很大差距。但至少就苏联来说，这种差距随着技术工人供给量的增加已被有计划地缩小了。这可以说是“市场调节”起了作用，大多数西方国家也曾出现过这种“市场调节”。的确，社会主义国家往往把对某些种类的技术工人的需求看作是一种数量，而不看作是价格的函数，并往往根据这种点估计来调整劳动力供给计划。但其他国家制订人力计划的官员通常也这样做。

在消费品市场上，存在着倾斜的需求曲线，社会主义国家承认这一点反映在它们尽力使所制定的价格不严重偏离市场清算水平的努力上。当出于分配方面的理由有意使价格低于这一水平时，便意味着力图增加产量。社会主义国家也已经开始系统地研究消费需求。

在制定农产品收购价格时，社会主义国家越来越认识到，劳动力的供给曲线会随着收入的增加而上升。社会主义国家还认识到，农产品的价格结构会影响劳动力在不同农产品间的分配。肉类、奶类以及另外一些特别稀缺的产品的价格时常被大幅度提高，以把农业生产能力转向这些产品。

包括苏联在内的较为保守的国家现在仍然缺乏的是：(1)需要承认在不受指导的市场上自发的价格和产量是社会所需要的。目前在社会主义国家，情况正好相反，说经济发展是“自发的”就等于批判和谴责。(2)需要建立瓦尔拉体系的概念，在这种体系中，所有价格和数量是相互关联的，而且人们可以对这种体系做出福利上的解释。(3)对于主要生产工具需要建立供求概念，所谓主要生产工具指的是工业原料、资本品以及中间产品。

另一方面，匈牙利和南斯拉夫已认识到，通过市场协调经济活动和保持灵活的价格是有利的，也是必要的，随着社会主义经济越来越多地依靠企业间的市场关系，而不再把行政监督当作控制手段，市场经济将越来越适用于社会主义经济。社会主义经济也将遇到西方经济常常遇到的一些问题，例如对垄断权的滥用。南斯拉夫和匈牙利都已颁布了旨在防止出现这种倾向的一些法令。

这里有产生误解的危险。东欧的改革者迫不及待地指出，放松中央控制和更多地使用市场信号绝不是“复辟资本主义”。绝对不会放弃公有制。更多地利用市场，是为了加强计划而不是削弱计划。市场是工具，而不是独立的实体。市场均衡仍是受到管理的均衡。价格，甚或可变动的价格，也仍然是政策工具。利润不是自己产生的，而是企业赚得的，因而理所当然地属于赚得它的企业。企业得到的利润额和分配利润的方法，应适合物质奖励的需要和投资的需要。①

① 弗里斯在一篇题为《匈牙利的经济机制》的研究报告中，精彩地陈述了这种观点。

他说：“计划的这种职能与社会主义市场的职能结合在了一起。这种结合使我们能比过去更真实地了解经济中运行着的局部过程，更真实地了解不断变化的社会需要，特别是不断变化的消费者的需要。这种市场不会仅仅是自发过程尽情表演的舞台；经济调节措施和行政调节措施将会影响这种市场，以实现国民经济计划规定的主要目标。”(第 12 页)(接下页注)

因此，即使社会主义国家进一步分散权力，“它们的市场”也不会与“我们的市场”完全一样。市场机制仍将是受控制的机制。管理这种“混合经济”的艺术，以及把分散的决策和中央控制结合在一起的艺术，仍处于萌芽阶段。东欧的经济学家和计划工作者正以非常实用主义的态度讨论与此有关的问题。通过这种不断的讨论和试验，应用经济学将增加许多内容，而这又将致使人们重新表述微观经济理论。

欠发达经济

欠发达国家猛烈抨击市场经济学缺乏现实性和相关性。这反映了前面我们已批判过的一种观点，这种观点认为，西方的价格理论主要与资源最优配置有关。欠发达国家的许多观察家都把这看作是市场经济学的主要缺陷。他们认为，欠发达国家的关键政策问题是增加资源供给量和提高资源生产率。要做到这一点，所需要的也许不是微观理论中的所谓边际调整，而是“大规模”改变经济结构。据说，市场经济学对此提供不了什么帮助。

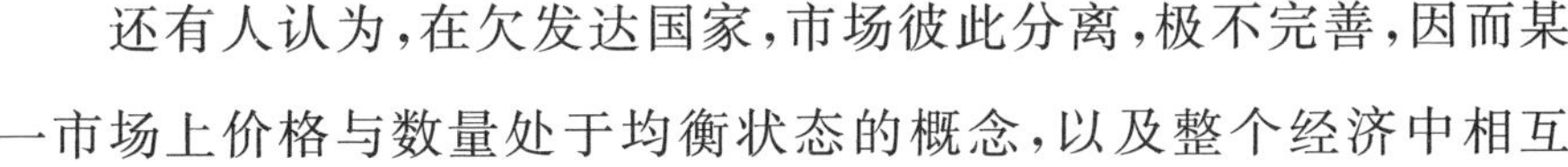

还有人认为，在欠发达国家，市场彼此分离，极不完善，因而某一市场上价格与数量处于均衡状态的概念，以及整个经济中相互

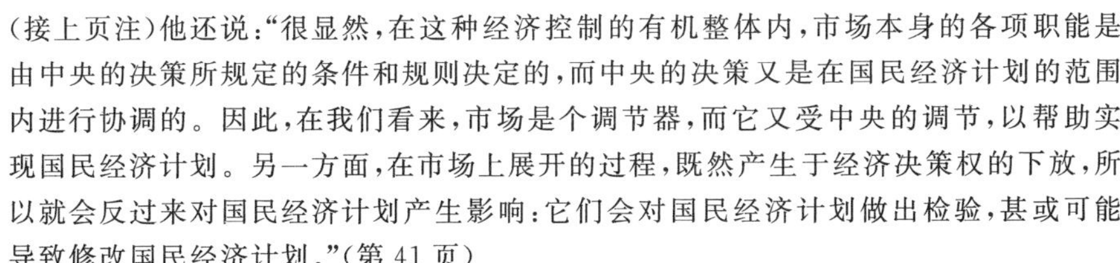

（接上页注）他还说：“很显然，在这种经济控制的有机整体内，市场本身的各项职能是由中央的决策所规定的条件和规则决定的，而中央的决策又是在国民经济计划的范围内进行协调的。因此，在我们看来，市场是个调节器，而它又受中央的调节，以帮助实现国民经济计划。另一方面，在市场上展开的过程，既然产生于经济决策权的下放，所以就会反过来对国民经济计划产生影响：它们会对国民经济计划做出检验，甚或可能导致修改国民经济计划。”（第 41 页）

关联的市场彼此调整的概念，没有什么描述价值。价格并不反映机会成本，所以不能充当政策指标。西方的市场经济学不仅提出的问题不对，而且所做的预测和提出的政策建议也不对。由此很自然地得出了这样的结论，即不能把市场机制当作实施增长政策的工具。应该在很大程度上放弃市场机制，主要决策由政府直接做出。

上述各论点都有其正确的一面，但也有偏激的一面。因而应该提出一些相反的论点，以使人们较正确地看待这些问题。从国内或国外获得更多资源的问题固然很重要，但并不是增长政策所涉及的唯一问题。可用资源常常未得到充分利用，而使用中的资源又常常配置得很糟。这常常是政府不适当地干预私人经济造成的，假如熟悉市场的运行，本来是会对此有所防备的。如果通过较充分地利用和较好地配置资源可以使某一国家的现有产出增加25%的话，这肯定是与经济增长相关联的。[①] 由此而可以增加该国的储蓄、投资和出口的能力并提高消费水平。

如何配置新增的资源，同样是一个很复杂的问题。一些模型常常假设，增加300万美元外国资本会像变魔术那样使国内产出增加100万美元。这类模型只会给政策制定者帮倒忙。众所周知，在各个经济部门之间、各个国家之间以及各个时期之间，实际的边际资本产出率存在很大差距。再没有比浪费资源更容易的事

① 我只是见到阿诺德·哈伯格做过这类估算。他得出的结论是，对于像智利、巴西和阿根廷这样的经济体来说，在现有生产函数下重新配置资源会使国民福利至少增加15%（阿诺德·C.哈伯格："更有效地利用手边的资源"，载于《美国经济评论》，1959年5月）。不过，对于发展水平较低的国家来说，增加的幅度会更大。

了。如何把新增加的资源有效地分配给各种各样的用途，这是微观经济问题。项目评价和成本—效益分析都有赖于微观概念。固然微观理论本身没有提供全面的增长战略，但是说微观经济学并非什么都能做，却完全不同于说微观经济学什么都不能做。

关于缺乏现实性的问题，西方理论家的初使假设确实常常是纯粹和完全的竞争。但他们也常常与不完全的市场打交道。由于存在着自由选择职业的障碍，因而实际的工资差距要大于自由竞争条件下的工资差距，这是一百年来人们所熟知的事实。自 20 世纪 30 年代以来，人们越来越多地注意到了商品市场上的垄断、寡头垄断、产品差异、不确定性以及投机活动所带来的影响。欠发达国家的原始市场结构往往使相同商品和劳务的价格差距极大，使工资和薪金的差距很大，使利率变化很大，使相同商品的售价常常变化，并使制造利润和销售利润很大。经济学家只要仔细研究一下某一欠发达国家的情况，就会把上述现象追溯到市场不完全那里，就会进而考虑如何重新设计市场，使其发挥应有的作用。[①] 市场理论对于完成这一工作是极有帮助的。而只要我们不完全排斥市场和价格充当经济政策的工具，这一工作本身也是值得去做的。

① 迈因特指出，在现实世界中，无论是在发达国家还是在不发达国家，都绝不会见到完全竞争。接着又说："人们较为感兴趣的，是弄清这两类国家究竟在多大程度上遭受相同类型的市场不完全的损害，弄清现有的产生于发达国家的不完全竞争理论，究竟在多大程度上适用于不发达国家。而且……人们感兴趣的是弄清不同类型的不发达国家究竟在多大程度上遭受不同类型的市场不完全的损害。但许多批评者却没能以'现实'态度来研究市场机制在不同类型的不发达经济中实际上是如何起作用和不起作用的，因为完全竞争模型提供的好打的靶子分散了他们的注意力。"("经济理论与不发达国家"，载于《政治经济学杂志》，1965 年 10 月)

究竟能在多大程度上依靠市场来控制经济，在什么地方需要补充或取代市场，这个问题无论在哪种经济中都是个复杂的问题，对其采取简单态度是无济于事的。毫无疑问，欠发达国家需要政府采取积极的政策来顾及外部效应、相互依赖性以及被扭曲的市场。但人们还应该记住，欠发达经济是混合经济，公共部门较小，进行公共管理的能力也很有限。的确，行政管理人才是欠发达国家最稀缺的一种资源，需要加以仔细的保护和分配。情况既然是这样，政府在很大程度上就不得不依靠价格提示和货币刺激来间接地指导经济。所以就需要准确地描述政府所试图控制的经济机制的情况。而这正是微观理论指导的微观经济研究所应该做的工作。

然而，认为微观经济理论很有用，并不等于说西方研究院讲授的所有东西都同样有用。对于欠发达国家来说，当代微观经济学的一些内容无疑具有很多的异国的情调，对于解释现实或制定政策没有什么用处。在经济学中如同在制造业中一样，欠发达国家更适合于采用过时一点的技术，多点马歇尔的理论，少点德布鲁的理论。

部门间分析：优化模型

部门间分析

这种分析方法就其（在原则上）涉及整个经济而言属于宏观经济学，但就其展示部门间流量而言则属于微观经济学。一张 200 × 200 的表是很微观的，而一张 12×12 的表则具有很强的综合性。

尤其对于欠发达国家来说，经常采用的一种方法是，把人们特别感兴趣的部门例如现代工业部门分解为许多小单位，同时在一些大的方面又涉及其他经济部门。这等于是考察的某一“角落”，因为该角落的经济数据较为可靠，人们认为该角落对于实施经济政策具有战略意义。

现在有很多投入产出方面的文献，大家已知道这种分析方法的优点和局限性。之所以有局限性，主要是因为物质投入—产出关系（其中包括资本占用率和流动率）以及相对价格的结构被看作是常数。但实际上，这些数据是不断变化的，特别是对于结构正在迅速改变的经济来说，情况就更是这样了。因而为某一年份编制的投入—产出表很快就会过时，需要不断重新估算数据。这种分析方法的巨大优点是，它把总产出和最后使用的产出鲜明地区别了开来，从而有可能推算出最终产出结构的变化。对于具有大量中间产出的复杂经济来说，这是特别重要的。

人们所熟悉的一种说法是：虽然部门间分析主要是在西方发展起来的，但它却是在社会主义的中央计划条件下真正派上了用场。这种说法并不完全正确。只要看一下部门间分析在西方的应用，就会知道，认为部门间分析只适用于全面规划问题，纯粹是一种误解。只要人们想追溯最终需求的变化所产生的间接后果，这种分析就是有用的。举例来说，假设美国和其他西方国家之间突然建立起一种自由贸易制度。在这种情况下，美国某些商品的产出会因为进口商品的竞争而下降，而其他西方国家的产出则会因为出口可能性的增大而上升。这最终会对美国的每个工业部门和地区的产出和就业产生什么影响呢？或者假设全世界骤然变得太平无事，军火采购因而减少250亿美元，而这被私人消费支出的相同增长所抵消。各工业部门和地区的资源配置因此会发生什么变化呢？显而易见，上述两个问题都很重要，即使是部门间分析所提供的很粗略的预测数字也是很有用的。①

尽管如此，这种分析方法似乎在社会主义国家有更大的潜在用处。对于制订产出计划来说，这种方法在原理上要比传统的物质平衡方法优越得多。把投入产出矩阵倒转过来，就可以迅速推测出最终产出的变化对总产出的影响。单单强调总产出和最终产出的区别，就是对计划工作的方法论做出的一项贡献，以前计划人员只是注意总产出而忽略了最终产出。利用投入—产出方法可以很容易地检验所提出的生产计划的内部相容性，而且可以制订出若干种相容的计划，供决策者挑选。

因此，在社会主义国家，人们对投入—产出模型进行了广泛的研究。最近的一份调查表明，1957—1963年，苏联编制了9个投入—产出表，其他东欧国家编制了20个投入—产出表。② 现在编制的投入—产出表的数目肯定要比这大得多。绝大多数投入—产出表都是事后编制的，而不是计划模型，而且大都使用价值单位而不是使用实物单位。除了全国性的投入—产出表外，目前苏联的

① 这两个问题都是运筹学研究的课题。关于削减军费的影响，参看瓦西里·列昂捷夫等人合著的“削减军费的经济影响”，载于《经济学和统计学评论》，1965年8月，第217—241页。

② V. G. 特莱姆：“投入—产出分析”，见前引哈特的《数学与计算机》。对苏联1966年的投入—产出表所做的分析，参看L. 沃罗达斯基和M. 艾德尔曼：“苏联1966年进行部门间平衡的基本成果”，载于《经济问题》，1969年9月，第4期，报道于《经济学问题》，1969年9月，第29—51页。

各加盟共和国已编制了二十多个地区性的投入—产出表。

尽管研究工作取得了很大发展，但有迹象表明，这种新方法到目前为止对实际计划工作并没有产生多大影响。关于苏联的情况，特莱姆写道："经过八九年的试验……，投入—产出方法既没有取代传统的计划方法，也没有与传统的计划方法结合在一起。……（苏联的）一位著名的投入—产出专家在总结苏联研究投入—产出方法的情况时，遗憾地指出，这种新方法迄今在计划工作中并没有得到具体的应用。"①随着时间的推移，情况也许会发生变化；但科学院的研究工作者与国家经济计划委员会的实际计划工作者之间的差距将依然很大。

造成上述状况的原因，并非仅仅是由于行政机关阻挠变革。苏联的信息流动有严重缺陷，是为经济控制的目的而不是为经济分析的目的组织起来的。因而信息流动遵循的是行政管理路线，而不是投入—产出分析所需要的商品路线。固然，投入—产出表使用实物单位很不方便，只能涉及一部分经济，但是，使用价值单位也有问题，就是苏联的价格体制存在着缺陷。即使是迄今所编制的最为详尽的（大约是400×400）投入—产出表，也得进行一些大的综合，而这会降低投入系数的意义；同时，如何变动未来的系数是苏联各企业与上级主管部门讨价还价的一项主要内容。最后，苏联迄今编制的投入—产出表没有一个包含有初始资源限制，尽管显然存在着这种限制。因此，计划官员对现在应用这种新方法持怀疑态度，并非仅仅是由于蒙昧无知。

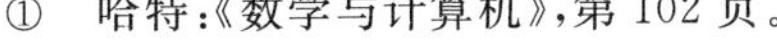

①　哈特：《数学与计算机》，第102页。

在匈牙利以及另一些东欧国家，数量经济学很发达，对计划工作采取的态度也较多地具有试验性质，因而它们在实际应用部门间分析方面也许要走得更远。这需要一个国家一个国家地来探讨。总而言之，这些国家在这方面似乎具有广阔的发展前景。

至于欠发达国家，最主要地是受到数据方面的限制。要进行部门间分析，就必须能够较精确地统计投入和产出。欠发达国家最多只有现代工业部门的统计数据。因为欠发达国家的现代工业部门只占国民总产值的10％或不到10％，所以部门间分析方法适用于欠发达国家的程度要低于适用于发达国家的程度，在发达国家，工业产出要占国民产出的30％～50％。而且，在欠发达国家，结构变化也更为明显，因而投入系数特别不稳定。

可得到的经济数据严重地影响着欠发达国家已编制的投入—产出表的结构。工业通常被再划分为12～20个部门。但却非常综合地看待经济的其余部分。整个农业被看作是一个部门，所有服务行业也被看作是一个部门。即便是再划分后的工业部门也仍嫌过于综合，这减少了测量产出的意义，并降低了投入—产出系数的稳定性。

不过，在工业这一“角落”内，部门间分析在以下几方面仍是有用的。首先，它使欠发达国家看到了自己在收集和整理经济数据方面存在的不足，从而促使它们努力改进这方面的工作。其次，现在许多欠发达国家都在为以后五年或十年制订产出增长规划，这些规划在某种程度上规定了各工业部门的增长速度。虽然欠发达国家不像社会主义国家那么有能力控制经济活动来执行这种规划，但仅仅制订和执行这种规划就是富有启发意义的有益活动。

部门间分析可以用来检验这种规划的内部相容性，包括进口和出口的水平。

再次，部门间分析所揭示的“向后联系”和“向前联系”，可以帮助确定应优先发展的部门，并有助于揭示出工业化计划的全部含义。人们不会一眼就看出，执行进口替代计划的最初作用通常是增加进口需要，而不是减少进口需要，因为刚执行这种计划时反而需要更多地进口建筑材料、机器、燃料以及原料或加过工的原料。通过进行部门间分析，可以弄清这种“进口膨胀”的规模和延续的时间，弄清因此会出现多大的贸易逆差。

优 化 模 型

虽然投入—产出分析可以检验所提出的生产计划的相容性，但却没有告诉人们这种计划是不是最优的。不过，经济学家，特别是西方经济学家已做出了努力，试图依据投入—产出方法来建立动态最优模型。

这种模型的一般结构有如下述：每种投入的价值是给定的，通常按现有市场价格计算。资本系数和流动投入系数是给定的而且是不变的。没有规模经济，没有技术选择，也没有技术进步。因而问题是，在最简单的模型中，在以下限制条件的约束下，如何使未来某一年的消费量最大。一个条件是限定资源供给量，另一个条件是限定计划期以外的年份所能得到的最终股本量，还有一个条件是限定计划期以内年份的消费量，比如说，规定人均消费量在任何时候都不得低于基年的水平。[①] 解这个模型不仅可以得到产出组合表，而且还可以得到每种要素的影子价格。任何一种要素，例如非熟练劳动力，只要供给量过多，其影子价格就将等于零。

这种研究的成果尚未得到任何实际应用。关于最有可能应用这些成果的社会主义经济，蒙蒂亚斯评论说：[②]

> 如果情况确实像苏联的一位投入—产出专家最近所说的那样，“尽管……研究工作有很大发展，但部门间平衡方法却至今没有被引入实际计划工作”，那么动态优化模型与其实际应用之间又存在着多大差距呢？在数理经济学的各个领域内，没有哪个领域的理论与其应用之间的差距比这一领域更大的了。虽然苏联建立的模型并非没有意义，但它们与实际计划工作却毫无关系，以致它们与西方的优化模型几乎没有什么区别。

当然，各国政府尚未使用优化模型并不证明这些模型没有用。不过，在实际应用这些模型方面似乎确实存在一些严重的、暂时无法克服的困难。即使在半工业化国家，产出组合表也往往由几千种产品构成。像通常所做的那样把这些产品分成大的类别，会降

---

① 这类问题有许多更为复杂的变形，要解决它们，需要有相同的基本数据，需要运用相同的基本方法。例如，可以使计划期的消费量而不是使最终年份的消费量最大；可以使未来若干计划期的消费量最大；也可以例如说在未来五年内不断变化水平线，也就是说，每年重新测算一次计划。

② 哈特：《数学与计算机》，第 201 页。

低估计数字的准确性。但不把千百种产品分为大的类别，似乎又会带来无法解决的资料收集和计算方面的问题。

另外一些困难包括：估价方法存在缺陷，而应用优化模型的结果如何却取决于估价方法的优劣；经济数据不准确，这部分是由于企业只关心自身利益造成的；以及有关技术条件的假设不符合实际情况。极为重要的一点是，再好的计算机也不是由上帝派遣的管理人员操作的。正如林德贝克所说，“每一种有关计划工作的有用性的现实主义理论，都不仅应该包含有关家庭和企业行为的符合实际情况的假设，而且还应该包含有关计划者本身即政治家行为的符合实际情况的假设”[①]。即使是在社会主义经济中，也没有最高优化机构能把计算机打印出来的结果转化为具有约束力的命令。确切地说，在社会主义国家，决策是通过不同增长战略的支持者、不同经济部门以及不同地区之间的斗争和妥协而做出的。

在欠发达国家，情况更为严重。除了已提到的困难外，还有以下困难：缺少有关“非现代”部门的准确经济数据；价格结构被严重扭曲；技术选择和技术进步方面的问题更为突出；工业管理存在种种困难，回避这些困难的方法是假设所有生产活动都可以无限制地重复；政府预算受到限制，而优化模型中则通常没有这种限制；以及第四章指出的政治领导和行政管理软弱无力。

因此，经济优化似乎只不过是数学家的梦想，对经济实践没有什么用处。线性规划方法只能在某些部门之内解决范围较为有限

---

① 阿萨尔·林德贝克：《论竞争和计划的效率》(提交的国际经济协会市场关系与计划会议的论文，捷克斯洛伐克，1970 年 5 月)。

的问题。[①]

一般均衡;福利经济学

这个标题在某种意义上可以看作是概括和总结了以上的全部论述。不过,现代一般均衡理论已变成了一种特殊的创造物;它讨论一种特殊的经济;就这种经济的运行提出某些问题。

一般均衡理论中的标准假设已为人们所熟知,这里应强调的是它们具有很大的局限性。这些假设包括:(1)所研究的是静态经济,在这种经济中,所有变量都与同一时点相关联。或者,可以把整个经济看作是随着时间的推移而变化的,但主要特征却保持不变,也就是说,经济是"停滞的"。(2)经济中没有政府部门,只有生产者和消费者。(3)生产者和消费者的数目并不随着时间的推移而变化,产品的数量和质量也不变化。(4)产品的生产、销售和消费之间没有时间间隔,或者是这些实际过程与其对价格体系的影响之间没有时间间隔。(5)没有不确定性,也就是说总能实现买和卖的愿望。(6)只有价格这一信息在经济体系的各单位之间流动。

① 除了前面提到的苏联的应用外,还应该指出,欠发达国家也取得了一些令人感兴趣的成果,例如它们成功地利用线性规划方法挑选农作物并为某些地区分配农作物。而且在规划全国的教育系统方面也进行了一些试验,关于农业,参看厄尔·O.黑迪、纳林达·S.劳达瓦和梅尔文·D.斯科尔德在"用于农业计划工作的规划模型"一文中引证的许多材料,该文载于艾马·阿德尔曼和埃里克·索贝克编的《发展理论与设计》(巴尔的摩:约翰斯·霍普金斯出版社,1966年)。关于教育,参看塞缪尔·鲍尔斯:《为经济增长设计教育系统》(坎布里奇:哈佛大学出版社,1969年);艾马·阿德尔曼:"教育计划的线性规划模型:对阿根廷的实例研究",载于阿德尔曼和索贝克编的《发展理论与设计》。

(7)产品或生产资源都是可分的，规模报酬不递增，也没有外部效应。等产量曲线是连续的并向上凹。(8)每个消费者的偏好顺序是确定的。(9)消费者尽力使效用最大，而生产单位则尽力使总利润最大。①

上述全部假设合在一起意味着一种很特殊的情况。虽然数理经济学家做出了很大努力，来放宽这个或那个假设，但这种努力并没有改变一般均衡理论的基本性质；教科书通常都以上述僵硬刻板的形式陈述一般均衡理论。

在这种情况下，一般均衡理论讨论的是什么呢？它试图回答什么问题呢？第一个问题涉及均衡的存在和稳定。均衡存在的必要条件是什么？如果有这样的均衡，它是不是稳定的？人们有理由怀疑，这些问题对于了解实际经济的运行究竟是不是最有意义的问题，至少一些著名理论家显然也有这样的疑问。最近，富兰克·哈恩在就任计量经济学会会长的演说中曾说："单单研究均衡对实证经济分析毫无帮助。不过，说过去二十年技术上最完善的著作正是有关均衡的著作，却毫不夸张。"②

第二个更为令人感兴趣的问题是，这种纯粹竞争的市场经济是否会产生最优的经济结果。如此应用均衡模型，是从帕累托的著作开始的，帕累托规定了交换和生产的最优状态。这种最优状态需要假设实际收入处于初始分配状态。不过，这种最优状态并不需要假设有基数效用即可测量的效用，而只需假设每个消费者

① 更为详尽的论述，参看科奈：《反均衡》，第 3 章。

② F. H. 哈恩："某些调整问题"，载于《计量经济学》，1970 年 1 月，第 11—12 页。

和要素供给者有确定的偏好顺序（即“序数效用”）。

帕累托的最优状态和序数效用这两个概念，在英国的经济学中由罗宾斯和希克斯等人做了改造和利用，越来越趋于取代庇古的不那么正式的、与价值有较多联系的福利经济学。这种新学说显然有其吸引人的地方。它似乎不涉及价值，特别是无须比较个人之间的效用，无须对收入分配做出判断。人们可以很容易地利用它对私人企业做出理想化的解释，要做到这一点，只需把现实的资本主义经济等同于假设的一般均衡体系。更为一般地说，它似乎提供了一种衡量尺度，可用来对任何一个国家的经济运行情况做出判断。把某个国家的经济结构和经济运行情况同帕累托的每个标准做一番比较，就可以知道该国的经济与理想的效率有多大距离。一个很好的例子就是艾布拉姆·伯格森对苏联的经济效率所做的批判，伯格森的著作是一系列这类著作中较早的一部。[①]

然而，帕累托的福利经济学尚未进入全盛时期，就受到了各种各样的攻击，从而大大降低了其实际意义。其中一些攻击前面已经提到了，涉及消费偏好的形成和有效性。另一些攻击则涉及集体货物、外部效应、不可分割性以及“市场失灵”的其他方面。前面已指出，静态资源配置的效率并不是经济效率的全部。而且，帕累托最优状态是个缺乏辨别力的概念，只是告诉人们最优位置优于邻近的其他位置。经济处于产出的顶点，离开这一点，产出便开始下降。但正如伯格森等人所指出的，相隔几个区间，很可能有一更高的顶点，严重打乱经济也许会增加福利。从贸易理论中也可以

① 伯格森：《苏联的计划工作》。

看得很清楚,某国的经济趋于最优状态并不一定会增加全球的福利。

还有另外一个困难。假设在实际情况中,若干边际条件得不到满足。因此而采取行动来确保其中的一个条件得到满足。这会增加福利吗? 回答是:不一定。帕累托的最优状态实际上是个要么全有效要么全无效的概念。如果不能满足一个或更多个必要条件,那么满足其他条件就不一定会带来最优状态。而且在这些情况下,似乎没有任何一般规则,可据以找到"次优"解决办法。[①] 每种情况都必须加以特殊对待。

然而,最严重的困难还是那些与收入分配相关联的困难。为使经济接近帕累托的最优状态而改变生产结构,通常会使收入分配也发生变化。如果不准经济学家比较个人之间的效用,从而不准经济学家对不同的收入分配做出评价,那他怎么能知道第二种情形"优"于第一种情形呢? 这不是把福利经济学逼入死胡同而使它毫无用处了吗?

摆脱这种困境的最初方法是实施"补偿原则"。如果那些因经济变化而受益的人能补偿那些遭受损失的人,并且处境仍然比以前好,则我们就可以明确地说,福利增加了。虽然人们仍在就这一原则的逻辑展开争论,而且有关这一原则的表述受到了越来越多

---

① 这方面最重要的论文是 R. E. 利普西和凯文·兰开斯特合著的"次优解决办法通论",载于《经济研究评论》,1956—1957 年,第 11—32 页。这篇论文的发表,引出了一系列论文,其中一些重印在 K. 阿罗和 T. 西托夫斯基合编的《福利经济学读本》一书中(霍姆伍德,伊利诺伊州,理查德·D. 欧文出版公司为美国经济协会出版,1969 年)。

的限制条件的约束，但其精神却已体现在了一些通常涉及国际贸易的场合。美国 1962 年颁布的“贸易扩张法”规定，应该向那些因降低关税而遭受损失的公司和工人提供调节性援助。欧洲煤钢共同体及后来的欧洲经济共同体，做出了各种各样的规定，力图使一些国家的“受益者”补偿另一些国家的“受损者”。英国的农业政策依靠的是补贴性拨付而不是价格支持，实际上是为了国家安全的利益付钱给农民以维持否则不赢利的生产能力。

另一种方法是仅仅断定“社会福利函数”，其中包括在政治上对合意的收入分配采取一致意见。在这种情况下，我们就再一次有了坚实的基础。果真是这样吗？这种概念能实际加以运用吗？正如哈罗德·拉斯基所说，“当人们都想沿着街道走下去的时候，你怎么能看出人们的这种意愿呢？”

也有一些唱反调的人，乐于迎着困难上，宣称经济学家能够对收入分配做出判断。勒纳认为，如果假设挣得收入的能力在各收入阶层的人们之间是随意分配的，那么就可以证明，较大的平等优于较小的平等这种直觉是对的。[①] 弗里德曼虽然指出勒纳的论证中有一些漏洞，但也认为，用不着比较个人之间的效用，就可以证明对平等的偏爱是有道理的。另一些人认为，经济学家由于对情况了解得较全面，因而有权，甚至有义务对收入分配做出判断。不管怎么说，总得对收入分配做出判断。既然如此，为什么要完全让不那么了解情况的人做出判断呢？如果有人偏要说经济学家不是作为经济学家而是作为“消息灵通人士”做出判断，那就让他们去

---

① A. P. 勒纳：《控制经济学》（纽约：麦克米伦出版公司，1944 年）。

说好了。重要的是,经济学家不应该无所作为。这似乎就是廷伯根的观点,也是默里斯·多布和大多数社会主义经济学家的观点。不过,这种观点目前还是异端,我们在第十一章还将对其做进一步的讨论。

社会主义经济和欠发达经济

我们已较详尽地论述了一般均衡理论的性质,因为这种理论是否有可能转让给其他经济是与它在其发源地的有用性联系在一起的;对于我们的论述,人们肯定有很多不同意见。从经济学的角度而不是从数学的角度来看,有关均衡稳定性的论证,是极为乏味的。另一方面,帕累托的各种边际等式则使人非常感兴趣,尽管人们从"次优"和逻辑的其他方面提出了一些反对意见。人们感到,由消费者自由分配家庭预算,由生产者自由选择投入,使生产要素在各种用途中的边际产量相等以及另外一些做法,确实有助于提高静态效率。

从经济文献中可以看出,社会主义经济学家对一般均衡理论不那么感兴趣。如果一定要他们发表意见的话,他们很可能会回答说,一般均衡理论是毫无实在意义的理论体系。而且是没有公共品和中央计划的体系,在这种体系中,令人憎恶的"市场自发性"达到了其最高点。社会主义经济学家对于均衡状态也不那么感兴趣。处于均衡状态的经济是没有生命的经济。令人感兴趣的问题永远是如何诱使经济向所希望的方向变化。反对比较个人之间的效用的论点,也不会对社会主义经济学家产生什么影响。他们每天都在对收入分配做出判断,而且感到完全有能力做出判断。

帕累托的各种边际等式则是另一种情况，这些等式正通过以下两个途径悄悄地为社会主义国家所采用。一方面，社会主义国家之所以进行“经济改革”和给予企业更大的自主权，是因为它们相信这样做会使投入的组合更有效率，使要素的价格和机会成本更加一致，并使生产结构更加适应消费者的需要。另一方面，那些鼓吹改进中央计划工作的人，正或明或暗地采用帕累托的学说。康托罗维奇就是彻头彻尾的帕累托主义者，他主张要素价格应该是“客观估定的价值”，或者说，影子价格应该根据对整个经济的估算推导出来；主张每种要素在所有用途中的边际生产率应该相等并等于其客观确定的价值；主张产品价格应该等于要素成本总额。这些主张“合理”确定价格和成本的论点，经常出现在经济杂志上，似乎正逐渐对实践产生影响。

关于欠发达经济，几乎无须多加论述。从结构上说，欠发达经济与一般均衡理论假设的条件相差甚远，因而这种理论对于欠发达经济所具有的描述价值极小。不过，因为欠发达国家常常极为严重地违反帕累托的各项标准，所以熟悉一下这些标准也许具有间接价值。静态效率也许不是欠发达国家的最重要目标，但欠发达国家也不应忽视静态效率。

第九章　西方经济学的有用性(Ⅱ)

贸易理论

这里不可能考察贸易理论的现状，这一工作最近已由几位权威人士完成。[①] 不过应该指出，最近二十年，人们又重新以很大的热情开始研究贸易理论。在很长一段时期内，贸易理论停留在李嘉图的水平上。随后三十年，贸易理论又停留在赫克谢尔—俄林的水平上，他们的理论从直觉上说似乎要比李嘉图的理论更为“现实”。但是，这种理论未能对贸易的实际流动情况做出令人满意的解释，由此而促使人们重新研究贸易理论，这种研究工作已取得了丰硕成果。

最近，研究工作正在向以下几个方向发展。第一，人们认为，除劳动和资本外，自然资源也应该算作是一个要素，而且技术也应该被看作是一个要素，或者应以某种其他方式来处理。第二，人们认为，把资本等同于物质设备是个严重的分类错误。资本形成应包括旨在提高生产能力的所有支出，其中包括用在人力资本以及

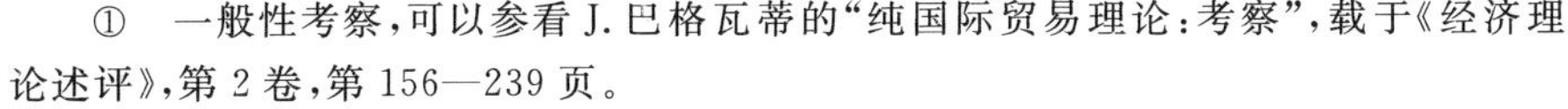

① 一般性考察，可以参看J.巴格瓦蒂的“纯国际贸易理论：考察”，载于《经济理论述评》，第2卷，第156—239页。

研究与发展上的支出。[①] 给资本重新下的这个定义(加上自然资源被看作是生产要素),大有助于解释"里昂惕夫悖论"。

第三,技术的发展与传播已成为人们讨论的中心问题。一些国家用于发明的资源要多于另一些国家。一国发明的新产品最初主要是供国内使用。随着国内市场的需求逐渐得到满足,出口将增加,从而发明新产品的国家将暂时享有比较优势。然而,随着新技术传播给其他国家,这种有利条件将渐渐缩小并最后消失,这时也就完成了所谓"产品周期"。技术可以通过若干种方式来传播,其中包括熊彼特的所谓国内生产者的模仿,这些传播方式本身就是令人感兴趣的研究题目。

第四,人们越来越清楚地认识到,贸易壁垒会扭曲贸易的实际流向,使其偏离自由贸易条件下的航道。计量"有效的保护"和估算其影响,是近来贸易研究工作的重要方面。最近,人们做了大量研究工作,努力使贸易理论动态化,努力探讨贸易对国内经济增长可能做出的贡献,探讨相互开展贸易的国家经济不断增长对贸易结构和贸易条件所产生的影响。这密切了贸易理论与经济发展研究之间的关系。实际上,许多研究经济发展问题的经济学,都已着手研究国际经济学。人们已对"外援模型"做了大量研究,力图考察外汇对经济增长的限制作用,考察外资的生产率,并考察对外债的依赖逐步减少所需的时间。

欧洲经济共同体的出现以及就建立其他自由贸易区的可能性

① 这种观点由哈里·G.约翰逊做了详尽阐述,参看他的《适用于发展中世界经济的比较成本和商业政策理论》(斯德哥尔摩:阿尔姆奎斯特和威克塞尔出版公司,1968年)。

开展的讨论，使人们重新对经济一体化的作用发生了兴趣。人们又重新开始讨论贸易开辟和贸易分工，并出现了一些新问题。例如，就欧洲经济共同体来说，经济一体化带来的最为明显的影响之一，似乎是加剧了产品市场上的竞争，这有助于消除操纵价格的协议和卡特尔协议，有助于使整个共同体的企业提高效率。这些影响根据微观理论是可以预见到的，但却远远超出了贸易理论的传统范围。

因此，在讨论西方的贸易理论转让给其他类型的经济时，我们谈论的不仅仅是静态比较成本理论，而是较为丰富多样的、具有强烈动态倾向的思想。

社会主义经济

西方贸易理论的很多内容，至少间接地与社会主义国家相关。社会主义国家之间的产品贸易量相当大，尽管生产要素在这些国家间的流动很少。决定比较优势的因素，如经济的规模、生产要素的相对赋有量、人均收入、技术水平等，在社会主义国家间的差异同在资本主义国家一样大。而且，随着社会主义经济的发展，动态贸易理论必将越来越有助于说明比较优势。毫无疑问，所有社会主义国家都在力图实现全面的工业化。但这并不一定会减少从事有利可图的贸易的机会，工业化资本主义国家之间仍存在很大的工业品贸易额就证明了这一点。

然而，官方也许不那么喜欢贸易。变化无常的国外需求会把“市场的无政府状态”引入国民经济计划中，这种看法可能造成了某种厌恶贸易的倾向。经济民族主义阻碍了社会主义国家采取任何重大步骤实行经济一体化,同时计划体制又阻碍了社会主义国家实行西方式的自由贸易。用迈因特的话来说,社会主义经济是"内向经济"。即便最近进行了经济改革,双边谈判也仍然是贸易体制的主要特征。虽然鼓励企业采取更大的主动性来在本国范围内寻找客户和供应商,但却绝不会在产量和价格方面给企业以自由。

不过,经济改革后,计划者越来越关心比较优势,在这种情况下,比较优势也就比以前容易估计了。在社会主义国家,价格正逐渐接近要素成本,而且一些社会主义国家正试图计算出符合实际的外汇率。因而社会主义国家将能越来越容易地把获利的贸易和不获利的贸易区别开来。

虽然西方的贸易理论似乎适用于社会主义经济,但却需要做大量的改造工作来考虑到制度结构的不同。在东方,已出现了大量文献讨论定价问题、货币自由兑换问题以及其他外贸问题。在西方,彼得·怀尔斯已做出了很大努力[①]来根据社会主义国家的情况改造国际经济学。

欠发达经济

在欠发达国家,贸易理论和贸易政策一直是个争论不休的领域,因而在本节的开头,我们必须花一点时间给争论的问题分分类。欠发达国家批评者的矛头几乎一齐指向(1)西方贸易理论的概念结构;(2)主要参数的大小,如初级产品需求的收入弹性;(3)发达国家的贸易和援助政策;(4)发达国家向欠发达国家提出的贸

① 怀尔斯:《共产主义国际经济学》。

易政策方面的建议。虽然这些问题在某种程度上是相互关联的，但它们显然并不完全相同;这里我们只讨论第一个问题。

西方贸易理论最招人反对的地方，也许是它由来已久的静态性质。这种理论总是力图给某一时点的比较优势下定义，暗示各国应发现并适应这种意义上的比较优势。对于欠发达国家来说，这意味着，尽管它们感到专门生产初级产品对自己有很多不利之处，但它们却应该顺应这种情况，把市场向工业发达国家敞开，进口工业品。它们在反对这种政策建议时，往往把批评的矛头转向这种建议所依据的理论。

这种批评在三十年前要比在今天更有说服力。近来人们在贸易理论方面已对比较优势如何发生变化，以及旨在促进资本形成和技术进步的政府政策会使比较优势发生怎样的变化做了大量研究工作。

其次，西方贸易理论往往只是就商品 A、B、C 进行推论，而不说明除此以外的事情。然而，批评者认为，各种商品实际上并不是自由和平等的。制造业优于其他行业的观念在经济思想中是根深蒂固的。这种观念的较为粗糙的形式仅仅是认为，工业部门中每个工人创造的价值一般要高于农业部门中每个工人创造的价值，因而把劳动力转向工业部门会提高人均产量。其较为复杂的形式则认为工业部门比较“先进”，也就是说它有助于技术进步、资本积累、劳动力技术水平的提高以及现代城市的发展。这种论点显然有些道理，但它所包含的真理与现有经济理论是不相容的，却不那么容易被察觉。

与此相关联的论点是，由于市场结构存在差异，初级产品生产国与工业国家之间的商品交换是不公平的。初级产品是在竞争性市场上出售的,因而成本的降低很快就使价格也降低。然而,工业国家的制造品却在垄断市场或多头垄断市场上以受到控制的价格出售。因而技术进步带来的收益,往往是使工会工人的工资提高,使雇主的利润增加,而价格却没有丝毫降低。在这种情况下,贸易条件就必然越来越不利于初级产品生产国。这种论点类似于这样的观点,即在国内贸易中,制造业者总是剥削农民,因为制造业者能以"操纵价格"出售其产品。20 世纪 20 年代和 30 年代,美国的许多人都持有这种观点,在某种程度上正是由于这一原因,导致了政府实施农产品价格支持计划。然而,无论是在国内市场上还是在国际市场上,价格的长期变化情况都没有给这种观点提供什么证据。

缪尔达尔提出了"累积循环因果关系"这一概念。当某一社会体系被某一事件打乱时,该体系便会做累积性的向上或向下的运动。很有可能出现这样的情况,"富的越来越富,穷的越来越穷"。这一论点最初是用来说明某一国家各个地区之间的关系的。如果某一地区在经济发展方面先走一步,那么仅仅由于它先走了一步,它就会越来越具有吸引力。资本和人才会从较为落后的地区流向这个先发展的地区,这种"倒流效应"会使落后地区的吸引力越来越小,经济发展越来越缓慢。因此,贸易非但不像人们常常想象的那样会带来平衡趋势,反而会带来不平衡趋势。[①]

① 这种观点是 G. 缪尔达尔在《经济理论与不发达地区》(伦敦:杰拉尔德·达克沃思出版公司,1957 年)一书中提出来的。并参看他的《发达与不发达》(开罗:埃及国家银行,1956 年)。

应该承认，在某一国家内部，经济发展确实有可能出现这种情况。19世纪70年代至20世纪30年代，美国南部就出现了与此相类似的情况；而且人们常常认为，巴西东北部也存在着这种不平衡现象。但是缪尔达尔却迫不及待地把这一概念应用于国际领域，忽略了在各国之间生产要素是不能自由流动的这一事实，而生产要素的自由流动对于他的国内理论来说是很重要的。同他的国内理论相比，他的国际理论阐述得不那么全面，也不那么令人满意，因而应该看作是一个富有启发意义的类比，而不应看作是一种证明。

最后是所谓"不可避免的贸易缺口"这样的论点。对于主要出口初级产品的欠发达国家来说，国内供应缺乏弹性与发达世界的低需求增长率相结合，会使出口有一明确的上限。同时，国内资源供应所允许的经济增长率则要求进口大量资本品、工业原料和中间产品，其数量总额，即使不包括消费品的进口额，也会超过出口上限。巴伦斯塔姆·林德认为，[①]采用传统方法，例如调整汇率或改变国内支出，不那么容易消除这种缺口，消除这种缺口的唯一方法也许是强行降低经济增长率。然而，即使接受这种观点，它似乎也是"非常普通的"反对意见，而不是理论上的反对意见，因为它是由人们所熟悉的观念构成的。

虽然人们应该对欠发达国家在对外经济关系方面所遇到的棘手问题表示同情，虽然欠发达国家对较发达国家的贸易和援助政

① 斯塔芬·巴伦斯塔姆·林德:《贸易与贸易发展政策》(纽约:普雷格出版公司，1967年)。

策的许多抱怨是有道理的，但似乎没有理由断言现代贸易理论不能分析这些问题，没有理由断言现代贸易理论具有损害欠发达国家的倾向。欠发达国家的经验告诉人们，贸易理论可以应用于新的方面，同时也许需要在理论上做某种修改；而过去二十年富于革新精神的研究工作非常有助于满足这种需要。

短期宏观经济学：货币理论

从大约 1930 年至 1960 年，货币理论是西方经济学中发展最快的分支，许许多多最优秀的经济学家投入了这方面的研究工作。“凯恩斯革命”不是一下子完成的。它导致了一连串的理论发展，这种发展一直持续到今天。

从凯恩斯的宏观静态学中，很快就产生了宏观动态学，也就是说产生了这样的模型，在这种模型中，行为方程式中包含有不同日期的变量。这很自然地导致了人们努力用统计资料填充宏观动态模型。向前再迈进一步，便是建立宏观经济政策模型，正如廷伯根所指出的，可以把这种模型看作是描述模型的逆。税率、政府支出、货币供应量以及汇率，不被看作是给定量，而被看作是可以用政策改变的工具变量。于是便可以着手确定工具变量的哪些数值与就业、物价水平和国际支出等目标变量的期望数值相一致。

必须对目标进行选择，也就是说，照顾了这个目标，就照顾不了其他目标。因此，在设计政策时，需要有一偏好函数，这种函数可以仅仅取决于经济学家自己的预感，或者可以认为这种函数包含有政府中“政策制定者”的偏好。由此便出现了这样一些问题，即尽力想透过政策制定者的偏好看到公民的偏好是否有意义?政策制定者是否知道自己想达到什么目标?经济学家能否通过直接询问或通过对其所作所为进行推论而发现政策制定者的偏好?在第十一章中我们还将谈到这些问题。

偏好函数一经确定,工具变量的选择就主要是个技术问题了。读者应注意,这里说的是主要是,而不是完全是。某些工具会产生副作用,而有些副作用被认为是代价高昂的,正如通常所说的那样,“直接控制价格是有害的”。而且,正如廷伯根所强调指出的,政策设计可以有不同的“深度”。[①] 他区分了以下几种情况:(1)在固定不变的结构框架内采取的定量政策,例如,改变所得税率,改变公共开支,改变汇率;(2)定性政策,也就是对结构做非根本性的改变,例如开征一种新税;(3)改革,也就是对制度做意义较为深远的改变,例如建立社会保障制度,或对某些工业部门实行国有化。由此而又出现了一些问题。一些经济学家或许认为,制度的重新设计超出了经济学家的研究范围,“不是经济学所要考虑的事情”。这种观点正确吗?对于所有类型的经济来说,或对于处于不同发展阶段的经济来说,这种观点是否同样正确?

货币理论一度实际上曾是宏观经济学的全部内容,但现在却被归入了一个较大的体系。货币需求和供给方程式成了各种宏观模型的重要组成部分。20 世纪 30 年代人们广泛认为货币控制是无用的,40 年代货币控制不得不服从于战争筹款的需要,而现在货币控制则已成为一个主要的政策工具。过去二十年,人们争论

① 特别参看廷伯根的《经济政策:原理与设计》。

的焦点是:货币的定义,货币需求函数的性质,货币供应的变化究竟是通过什么途径(以及相隔多长时间)影响家庭和企业的开支的,以及弗里德曼的公式法货币供应控制是否比随意控制有效。从分析上说,辩论者之间的分歧并不像一般所想象的那么大,而且他们的观点也越来越接近。正如约翰逊所指出的,"过去几年'凯恩斯派'理论家和'数量'理论家提出的货币经济学分析方法,产生于这样一种表述方式,按照这种表述方式,货币理论只不过是一般资产持有理论的一个组成部分。这种新分析方法可以在凯根、托宾、弗里德曼和布鲁纳等各种各样的经济学家最近出版的著作中看到,其实质是认为货币危机(通过改变人们对各种资产的偏好,或通过改变它们的相对供应量而)改变了持有资产的条件,从而诱使人们采取行动,根据变化了的需要量调整各种资产的存量"①。如果说这是一种"新数量理论"的话,那它则要比费雪或马歇尔的早期数量理论复杂得多。

最近二十年,"宏观理论热"已渐渐让位于"经济发展理论热"、"增长理论热"以及(最近的)"公共部门理论热"。宏观理论与政策的成功也许已使宏观领域不那么具有诱惑力了。然而,由此而断言我们已找到了所有问题的答案,恐怕为时尚早。我们可以举出以下事实作为证据:长期以来经济学家对于什么是决定企业投资的因素一直意见不一致;经济学家至今仍在争论金融中介机构是如何改变货币政策的作用的;一些预测模型的预测能力仍比朴素模型强不了多少;1969--1970 年,尽管采取了严厉的货币紧缩政

① 哈里·G.约翰逊:"货币理论与政策",载于《经济理论研究》,1:27。

策，尽管失业人数不断增加，但通货膨胀率却怎么也降不下来。上述事实表明，在进行了几十年的理论和统计研究工作之后，仍然有一些未知的领域。

社会主义经济

传统的说法是，宏观经济学在社会主义条件下没有什么应用价值。宏观经济平衡是用实物产量来加以规划的，因而根据定义是不会出现“商业周期”的。（实际上，1940 年以前的那种商业周期在资本主义经济中也不复存在了；但通常认为，这正好说明了宏观理论的重要性，而不是相反！）

然而，在第三章中我们已指出，社会主义国家是有经济波动的，其表现形式是逐年的增长率有显著的差异。这在某种程度似乎是产量和投资计划定得过高造成的，计划定得过高会使国内和进口原料的供应出现瓶颈状态，从而最终不得不降低产量计划。在社会主义贸易制度下，由于信用透支的规模很有限，因而进口额不可能超过出口额的限制。这样，特别是规模较小的东欧各国的经济就受到了国际收支的限制，从而导致出现了在一些西方国家经常可以看到的那种“走走停停的经济状况”。

社会主义国家还存在着另一个为人们所熟知的西方问题，就是在高就业率的条件下，货币工资过于迅速地增长。正如我们在第六章中指出的，压低工资增长率谁也不会得到多大好处，同时企业之间对劳动力的争夺也使工资有很大增长。过度的货币需求主要是通过直接控制物价来加以抑制，由此而导致出现了通货膨胀长期受抑制的状态，加尔布雷思（在谈论美国的战时经济时）曾把处于这种状态的经济称为“失衡体系”。这是一种能够运行的但运行得不那么顺畅的体系。毫无疑问，社会主义国家将继续仿效西方的做法发展自己的“收入政策”，以从根本上消除需求压力。

社会主义国家的经济改革似乎会增加宏观经济诊断和宏观经济政策的重要性。随着投资计划权和投资资金筹措权的下放，投资波动会越来越明显。随着价格的放开，受抑制的通货膨胀会逐渐转变为公开的通货膨胀。与此同时，西方的货币控制工具和财政控制工具也将越来越有用。它们在南斯拉夫已经是宏观政策的主要工具了，在匈牙利和其他国家，它们的重要性也在增长。由此可见，西方宏观经济学有用性的增加，部分取决于权力下放运动的发展速度。另一方面，由于人们不愿看到宏观经济越来越不稳定，权力下放运动的发展速度则会受到阻碍。

虽然西方的短期波动理论似乎对社会主义经济是有用的，但社会主义经济不能照搬西方的宏观理论，也同样明显。因为在外贸安排、投资计划、价格制定以及货币和财政制度等方面存在着差异，所以需要做大量的理论修改工作。

欠发达经济

欠发达经济是否需要短期波动理论以及这种理论是否可行，取决于某一具体国家已在多大程度上从自然经济转变成了高度货币化的市场经济。在自给自足的农业经济中，这种理论没有多大意义。但随着工业化和货币化的深入，价格和产量的波动会越来越大，越来越值得加以分析。与此同时，不加以认真的改造而移植西方理论，也是十分有害的。

西方的宏观理论强调私人投资的变化是收入波动的主要根源。在欠发达国家，其他变量相对来说则更为重要。收入不稳定的一个主要根源是出口收入的波动。而且，出口收入的波动如何影响国内收入，部分取决于所出口的是什么产品，因而只有对主要出口行业进行微观分析，才能弄清出口收入的波动是如何影响国内收入的。另外，在农业占主导地位的国家，歉收也会带来衰退；所以，有关商业循环的"收获理论"虽然在经济思想史上仅仅是一个插曲，但在欠发达国家却仍然具有较大的相关性。一些国家也没有很好地养成遵守财政纪律的习惯，预算赤字常常是货币扩张和通货膨胀压力的主要根源。

另一个困难是，如果经济不是统一的整体，那么任何总量分析都是靠不住的。西方的宏观模型要求人们的行为具有足够的同一性，市场具有足够的相互关联性，价格具有足够的相似性，以使总量分析成为可行的方法。正是由于总量分析在欠发达国家不那么可行，拉氏和西尔斯等人才反对盲目应用乘数概念。收入增加所产生的连锁影响是极不相同的，可以比增加的收入大几倍，也可以是零，这取决于哪一阶层得到增加的收入，取决于该阶层与其他阶层的关系。而且也不能假定乘数固定不变。在预测乘数变化方面所开展的有益研究工作，已使人们重新进行微观分析。

越来越复杂、越来越纯的西方货币理论，还包含一些相当特殊的假设，例如假设有许许多多选购有价证券的个人和公司，他们的偏好是稳定的；假设利率是相互关联，灵活可变的；假设有一个商业银行和金融中介机构组成的网络，通过这个网络，货币管理当局可以发挥作用来达到预期的目标。这一整套思想对于欠发达国家具有的相关性是很有限的，因为在欠发达国家，金融资产的供给很有限，人们尚未很好地养成持有货币和证券的习惯，金融机构网也很不完整。

这方面的恰当例子是人们对拉丁美洲国家的通货膨胀问题展开的争论。结构性通货膨胀理论虽然在某种程度上可以为财政赤字辩解，但并不能完全为财政赤字辩解。由于整个经济的货币化程度很有限，各部门之间的相互作用也很有限，再加上一些部门(尤其是农业部门)的供给弹性很低，因而货币扩张往往对产出不产生什么影响，而是直接导致通货膨胀。面对通货膨胀，主要社会集团会尽力利用几十年来与通货膨胀做斗争的经验来保护自己，由此而产生了一种特别有效的机制，使通货膨胀螺旋上升。所以，需要用专门的模型来解释这些国家物价的变化。

西方货币理论的局限性，还伴随着应用标准政策工具的有限性。在很开放的经济中，贸易收支逐年波动，政府控制货币供应量的能力很有限。因为公债券的交易不旺，所以一般说来，通过公开市场活动来执行政府的货币政策也不可行。虽然在一些金融市场最为发达的欠发达国家有时也利用贴现率的变化，但作用却不是很大。准备金规定往往只对本国银行有效，对外国银行则无效，但在许多欠发达国家，外国银行却占有重要地位。所以，欠发达国家不得不利用各种各样的“非正统”工具来减轻贸易波动对国内经济的影响，例如对外国银行进行特殊控制，对销售做全面安排，实行复汇率制，规定必须专门为未来的进口储存外币。

总而言之，需要大规模改造西方的宏观经济理论，才能使其为欠发达国家的预测和政策服务。

长期宏观经济学：增长理论

最近二十年，这一长期被忽视的经济学分支获得了迅速发展。已经建立起来的模型都是高度综合的，通常只包含两种投入即劳动和资本，只包含一种或至多两种产出即消费品和同质的资本品。这种模型通常假设产品市场和要素市场上的竞争是完全的，假设要素价格等于边际产品。除这种模型外，还有另外两种主要的变体。一种是固定系数模型，即哈罗德—多马模型，在这种模型中，要素不得相互替代；另一种是灵活系数模型，即新古典模型，在这种模型中，要素可以相互替代。在后一种模型中，通常假设总量生产函数是科布—道格拉斯式的，虽然并非一定假设是这样。①

在这种框架内，增长理论提出的两个主要问题是：(1)若给定劳动和资本投入的增长率，并（在较为复杂的模型中）给定技术进步的速度和方向，那么什么样的产出增长率可以算作“稳定状态”呢？一个参数或更多个参数发生变化会对这种增长率产生什么影响？从逻辑上说，这种比较动态学类似于经济学的其他分支使用的比较静态学。(2)经济增长如果最初不稳定，那它是趋于稳定呢，进是趋于更加不稳定？这是有关均衡稳定性的问题。

这类推理是高度抽象的。现在尚不清楚能在多大程度上对所

① 科布—道格拉斯生产函数可以写为：$Q=AK\cdot L\beta$，其中 A、α 和 β 是正参数。如果 $\alpha+\beta=1$，则有不变规模收益。$\alpha+\beta<1$ 意味着收益递减，$\alpha+\beta>1$ 意味着收益递增。

推出的结论做出合理的经济解释。但不管增长理论具有多大的直接用处，它已产生了以下一些副作用。首先，它已促使人们根据时间序列数据估算国民生产函数。严格说来，生产函数描述的是某种均质产品的投入与产出之间的关系。那么，对于具有千百种产品的复杂经济来说，我们能赋予总量生产函数这一概念以什么含义呢？在这种情况下，“总产出”的真正含义是什么呢？我们能否假设总产出所依赖的价格关系精确地反映了社会对各种产品的边际估价？要素价格也有这个问题。此外还有众所周知的指数问题没有得到公认的解决方法。

产品种类越少，所建立的生产函数越有意义。美国农业产出的生产函数要比总产出的生产函数有意义，而杂交玉米的生产函数更有意义。近年来，人们已在这方面做了大量细致的研究工作，取得了令人感兴趣的成果。

最令人感兴趣的研究成果是，产出的增加常常只有很小一部分可以归因于用传统方法测量的投入的增加。人们由此而试图解释或消除这种残值。一种方法是通过测量“某一时期的资量”和“质量得到了提高的劳动”而把要素**质量**的变化并入生产函数。我们的所谓“技术变化”大都表现在投入要素质量的提高上。近来研究与发展经济学的发展，主要正是得力于增长理论的复兴。

增长理论和对增长的测量也赋予了经济史以新的意义。至少在美国，经济史在经济课程中的作用一直不十分明确。过去，经济史有时似乎是一堆各色各样的描述性材料，与经济思想的主流毫无关系。现在则越来越把经济史看作是有关长期增长的定量分析，这种分析既使经济史与增长理论的核心相关联，又使它更加接近于经济研究的其他分支。库兹涅茨、阿布拉莫维茨和罗索夫斯基等学者就代表了这种新倾向。

至此我们考察的是实证经济模型,这种模型力图解释所观察到的增长率。但还有一种规范经济模型,这种模型致力于描绘最佳增长轨道。约翰·冯·诺伊曼 1935 年发表的一篇论文(1945 年出版了其英译本)促进了这类研究工作的发展。随后从事这种研究工作的主要是数学家和对数学具有浓厚兴趣的经济学家。所研究的问题通常是,如何使消费贴现值在一无限长的时期内最大,或者是在最终资本存量的限制下如何使消费贴现值在某一特定时期内最大。这种模型要比前面描述的实证模型更为综合。冯·诺伊曼的模型包含一种所谓"什姆型"(Shmoo-type)物品,这种物品既可以吃,又可以当工具使用。资本通常是产出增加的唯一源泉。实际上,也许最好是把这种模型看作是最优资本积累模型;它们的不真实之处使人想到了有关资本理论的其他研究工作。消费常常被看作是可以自由调整的,虽然一些模型(较为现实地)把某种最低消费水平当作限制条件。

规范增长模型的结构似乎主要是被数学上的便利所左右,因而现在尚不清楚能否对这种模型做出有用的经济解释。

社会主义经济

西方研究出来的实证增长模型是市场经济模型,但它们并不一定因此而不适用于社会主义条件。的确,在社会主义条件下,政府决策严重地影响着要素供应的增长率。但我们可以假设,要素在各经济部门之间不断以最优方式加以重新分配,并可以假设要素带有正确的"影子价格"。在这些假设之下,对于社会主义经济来说,西方的模型就如同在其发源地一样,既可能是适用的,也可能是不适用的。

不过,西方模型所提出的那些问题,在社会主义条件下也许没有多大意义。在西方,说某一种产出以稳定的比率增长,可以解释为各种各样的产出以相互一致的比率增长,这种相互一致的比率是由不同的需求收入弹性和不同的技术进步比率决定的。但在社会主义国家,经济增长却不具有这种"平衡"性,而是赫希曼式的增长,即先是一些部门的增长被有意加快,由此而导致瓶颈状态,于是不得不推动落后部门的发展。这种曲折的发展最终也许会使经济趋于平衡,但却需要花很长很长的时间,以致人们对这种平衡不那么感兴趣。

用统计资料填充增长模型所遇到的困难,似乎也要比西方严重。无论是资本存量数字还是适当的资本收益率都非常难估算,而且产品定价方面的偏向也常常影响总产出的变化。

尽管有这些困难,西方学者还是对社会主义经济的生产函数做了大量的估算,社会主义国家也出现了这类研究。① 这种研究表明,20 世纪 60 年代,大多数社会主义国家的资本—产出比率都有显著提高,而同一时期,要素总生产率的增长率则较低。这确实

① 参看艾布拉姆・伯格森:《1928 年以来苏维埃俄国的实际国民收入》(坎布里奇:哈佛大学出版社,1961 年);艾布拉姆・伯格森和西蒙・库兹涅茨编:《苏联的经济趋势》(坎布里奇:哈佛大学出版社,1963 年);F. G. 丹顿:"有关 1951—1963 年苏联经济增长的最新研究",载于《苏联研究》,1968 年 4 月,第 501—509 页;A. 米克洛斯和 I. 朱科瓦:"某些经互会国家的经济增长经验",载于《经济学报》,1968 年 8 月。

具有某种诊断价值，虽然实际上并没有解释所发生的事情。

实证增长模型所要解决的问题——确定资本积累的最优速度——确实具有实际意义，因为决策者可以通过这种模型较为准确地控制资本积累速度。因而一些社会主义国家的经济学家对这种模型很感兴趣，虽然苏联的文献还很少提到这种模型。不过，现在尚不清楚，这种模型除了证实了社会主义计划者的直觉即最大增长需要资本形成持续保持高速度外，是否还有其他用处。这种模型也无助于在各部门和各种产品之间配置资本，而这正是最重要的计划工作。

欠发达经济

无论是哈罗德—多马增长模型还是新古典派的增长模型，都是发达国家的模型，对欠发达国家没有什么用处。原因之一是它们都假设，增长过程“在帷幕升起之前”已经开始，而不涉及这样的问题：经济增长是如何开始的。此外，它们也过于综合了。这对于结合得较紧密的经济来说不那么严重，因为对于这种经济并非完全不能假设资源在各部门之间的配置是顺畅的，各部门的增长是同步的。但不发达的实质却是现代生产和传统生产之间存在着鸿沟。把标准增长理论只应用于现代部门，而把较大的传统部门看作是残值，并不能避开这一问题。由于传统部门是要素供应者和产品需求者，同时不断与现代部门相融合，因而其变化是早期经济增长不可分割的一部分。

因此，在很大程度上必须从头建立适用于欠发达国家的增长理论。人们在这方面已做了许多研究工作，主要是由西方国家的经济学家做的。所建立的模型一般由两个部门组成，尽管不同学者为两个部门所划的分界线不尽相同。这种模型通常针对的是人口众多的国家，通常假设存在着“剩余劳力”，而不同学者对剩余劳动力所下的定义又不尽相同。现代工业活动构成动态部门，该部门从传统部门吸收劳动力、粮食以及（在某些模型中）资金。不过，如果要满足现代部门的需求而又不打乱两个部门之间的交换比率的话，传统部门的产出就得保持一定的增长率。在这种模型中，“成败标准”主要用就业来衡量。在外生人口增长率给定的条件下，劳动力应能被迅速吸收，从而减少并最终消除最初的过剩劳力。

这种推理方法尚处于其发展的早期阶段，但人们可以想象出其未来发展的几种可能性。首先，在现有的模型中，传统部门的内部运行常常模糊不清。在另一些模型中，传统部门的内部运行则取决于有关农业组织的特定假设。因而需要根据不同的土地制度，建立各种各样的包含低收入农业部门的模型，以此来考察农业如何对人口、技术、与现代部门的交换关系以及出口可能性等方面的变化做出反应。在人口迅速增长的情况下，尽管农村人口大量向城市迁移，但农业劳动力一般还是不断增加，因而关键问题是能否吸收更多的农业劳动力而又不降低边际生产率。

其次，需要对增长模型进一步加以分解。城市的传统生产部门，在大多数欠发达国家都是很大的雇主，与传统农业有很大不同。政府部门也与私人工业部门有很大不同。另外，任何符合实际的模型还应该包含有一个外贸部门，因为贸易额和资本流动量通常很大。常见的反对意见是，增长模型若包含四五个部门，便无法为其找到通解。但模拟技术显然可以帮很大的忙，人们已开始进行这类试验。

再次,欠发达国家之间在资源拥有量、国土面积和贸易额、工业化和货币化的程度等方面存在很大差异。指望用一种增长模型来对付所有这些情况是荒唐的。相反,应把欠发达国家再细分成几大类,根据这些类别建立各种各样的但有一定“族特征”的模型。

现代规范增长理论几乎不适用于欠发达国家的情况。这种模型通常完全是综合性的。对于欠发达经济来说,各部门的相互分离和相互作用正是增长问题的实质,因而现代规范增长理论几乎不能应用于这种经济。

而且,欠发达国家既缺少市场机制又缺少政治机制来显示出“社会时间偏好比率”,而要建立最优增长模型,这种比率却极为重要。即使知道这种比率,欠发达国家的政府也无法使全国的储蓄和资本形成达到某一比率。实际上,每个欠发达国家的国内储蓄率都低于所希望的水平。把总储蓄率从例如10%提到15%是个很困难也很重要的问题。学习过收费高速公路理论[①]的财政部长未必就能很好地解决这个问题。

西方经济学:总结

我们在本章开头曾指出,把经济理论看作是完整的思想体系

① 最简单的收费高速公路理论告诉我们,在拥有许多部门而且生产呈线性关系的经济中,尽可能迅速地使各部门的相对规模达到最优,然后使各部门平衡发展,是效率最高的发展道路。这种最优道路即所谓“收费高速公路”,与经济从何种水平开始增长无关,只要坚持走这种道路,就可以在最短的时间内达到任何长期目标。

已没有什么用了，应对不同的工具做出不同的评价。我们还指出，人们把西方的某一工具应用于不同类型的经济时，很少会发现该工具是完全适用的或完全无用，一般是经过适当的改造有些用处。因而令人感兴趣的问题是，需要对每一种工具做多大程度的改造。

表 9.1　所需要的改造程度

"西方"经济理论的分支	对于社会主义经济来说	对于欠发达经济来说
1. 狭义微观经济学	大	大
2. 规范微观经济学	小	小
3. 市场经济学	大	中
4. 部门间分析	小	小
4[a]. 总体规划模型	小	谈不上改造
5. 一般均衡	大	谈不上改造
5[a]. 福利经济学	中	小
6. 贸易理论	中	中
7. 短期宏观经济学；货币理论	中	中
8. 增长理论：实证	中	大
8[a]. 增长理论：规范	小	谈不上改造

注释："谈不上改造"指的是相关程度太低，谈不上改造的问题。

表 9.1 概括了我们在上面两章就这个问题发表的意见。"大"改造的含义是需要从根本上重新考虑有关的理论分支。"中"等程度的改造指的是需要对侧重点和假设做大的修改，从而使新模型虽然在某种程度上类似于西方的模型，但却有自己的特色。"小"改造的含义是，只需进行小的修改，有关的工具在其他经济中的作用就会像在其发源地一样好或一样糟。

表 9.1 告诉我们，如果要认真地估价西方的经济理论，那是一

项很复杂的工作。笼统地说“西方的理论”在另一个种经济中有用或没用，是毫无意义的。有些工具不加以改造，就很有用，另一些工具则不是这样。情况是复杂的，需要加以仔细的区别。

令人感兴趣的是，对于社会主义经济和欠发达经济来说，大约有一半西方经济理论的分支所需要的改造程度是不同的。这并没有什么好奇怪的，因为正如第一编所述，这两种经济的结构有很大不同。另一个令人感兴趣的特征是，只需稍微加以改造就可以转让的工具，是那些以数学为基础的规范工具，如规范微观经济学、部门间分析、总体规划模型以及最优增长模型。另一方面，实证分析工具在转让给不同类型的经济时通常需要进行大的或中等程度的改造。数学无论在哪里都基本上是一样的。经济学则不是这样。

某一工具可以在技术的意义上很有效，但却不那么有用。如果是实证工具，可以进行预测的领域往往是不怎么重要的政策领域。如果是规范工具，所解决的优化问题往往与现实世界中的问题不相干。表 9.2 概括了我们在这方面所做的估价。做这种估价的前提是，已根据新的环境成功地改造了有关的西方工具。于是便可以对经过改造的工具做出“高”、“中”、“低”三种估价，表明其与有关的经济的相关程度，由此而可以看出是否值得对有关的工具进行改造。

不能想当然地认为西方的工具在其发源地相关性就一定很高。因而表 9.2 根据我们的三分法分为三栏。一般说来，表中“西方”经济理论的各个分支与资本主义经济的相关性，并不高于它们(在做了适当改造后)与另外两类经济的相关性。总的说来，历史较长的实证经济学的各分支，其相关性要高于新近出现的优化工具。唯一与三种经济都有较高相关性的规范工具,是用来解决规模不太大的问题的规范微观经济学。对于规模不太大的问题来说,可以把所有经济变量的值看作是由市场或行政命令给定的,而且有一优化者可以利用规范微观经济学的研究成果。对于涉及整个经济的模型来说,通常则没有这样的条件,因而规范微观经济学主要是智力游戏,而没有实际意义。

表 9.2 (经过必要的改造后具有的)相关程度

"西方"经济理论的分支	资本主义经济	社会主义经济	欠发达经济
1. 狭义微观经济学	高	高	高
2. 规范微观经济学	高	高	高
3. 市场经济学	高	中	高
4. 部门间分析	中	高	中
4[a]. 总体规划模型	低	中	低
5. 一般均衡	中	低	低
5[a]. 福利经济学	中	中	中
6. 贸易理论	高	高	高
7. 短期宏观经济学;货币理论	高	中	高
8. 增长理论:实证	中	中	高
8[a]. 增长理论:规范	低	中	低

三方相互交流思想

有什么理由认为有用的分析概念仅仅产生于西方?这不叫人觉得有知识帝国主义的味道吗?为什么不能认为社会主义国家和欠发达国家也有许多新理论反馈给资本主义国家呢?

在欠发达国家,尚未显露出理论革新的迹象。大部分有关欠发达经济的研究工作和描述工作,都是由资本主义国家的经济学家进行的。欠发达国家的经济学家与其他国家的经济学家一样能干,但他们的数量太少,其中又有不少人从事行政管理工作。行政管理工作不仅令一些人感兴趣,而且收入多,地位高。在高等院校工作则通常收入较低,并主要是搞教学而不是搞研究。就整个欠发达世界来说,拥有充足人员和设施从而能提供高质量科研成果的经济学研究机构,也许只有十几家。

这种状况虽然是可以理解的,但却令人感到痛惜。从长期来说,一个国家输入经济学要比输入粮食或纺织品更不可取。

社会主义国家的状况与此迥然不同。高等教育较为发达,经济学是最受欢迎的学科之一,经济学家的人数众多。虽然大多数经济学家在政府部门工作,但也有许多经济学家在大学教书,或在科学院所属的研究机构内从事研究工作。社会主义国家的这种常设"智囊机构"要比资本主义国家多得多,而且获得"院士"称号既有名又有利。

若不懂有关国家的语言,是很难评价经济学的研究成果的。不过,来自苏联的翻译材料表明:老式的"政治经济学"已不再统治经济学舞台了。十年前,《经济问题》杂志还相当沉闷,刊载的大都是辩论意识形态问题的文章。现在该杂志以及苏联的其他杂志所刊载的经济文章则非常注重实际。最常见的文章题目有:数学方法应用于经济计划、一般计划方法论、劳动力供给与劳动力利用、社会主义国家之间贸易活动中的定价安排、农产品定价与收购以及 20 世纪 60 年代中期的苏联经济改革。讨论经济管理中的困难和失误时所具有的态度，似乎要比以前坦率得多。

虽然这些研究工作也涉及概念问题，但其主要方向却是为经济管理制定可行的规则。几乎没有西方意义上的纯理论研究工作。实际上，文章标题中如果出现“理论”这个字眼的话，通常这只不过表明作者要探讨马克思主义学说中的某一论点。也没有多少实证经济学，即很少见到不带有直接政策目的的对经验结果的描述。

社会主义国家主要是“从干中学”。它们制定政策时的考虑重点，前面几章已做了提示，即如何实施特殊的长期增长战略，如何发展“受管制的市场机制”，如何管理需求持续过大条件下的经济，如何提高集体农庄的生产率，如何制订教育与职业计划以及如何设计出一条道路来使消费者最终富裕起来。

经济文献讨论的都是这类问题。如果我们想相应于西方市场经济的理想化模式，找到社会主义经济的抽象运行模式，那我们肯定找不到。这实际上没有什么好奇怪的。西方经济学是理论探讨和经济观察相互作用了两百多年的产物。而社会主义经济，除苏联外，只有大约 30 年的经验。因而学术讨论仍处于初始阶段是很自然的。

而且，经济学在社会主义国家主要是一种实用工具，所以几乎不可能把“纯”经济学和应用经济学区别开来。经济研究工作大都是由直接从事或至少非常接近经济管理工作的人做的。成果主要是根据经验总结出来的一些程序和方法，还没有上升为一般的原则，也没有得到综合整理，反映在教科书中。虽然越来越多的成果被口头表达了出来，但很多还没有见诸文字；而见诸文字的，很多又没有翻译成英文。但是，如果我们适当看待所谓“经济概念”，则可以说，这种概念在社会主义国家正在大量涌现。因而可以预期，三十年后将会出现一种结合得较为紧密的“社会主义经济学”。

对于西方国家来说，这种不断发展的社会主义经济学也许主要具有知识意义，但对于欠发达国家来说却具有较多的实际意义。欠发达国家的发展问题与社会主义国家的发展问题具有某些相似之处。欠发达国家是穷国，收入水平和各种制度的发展水平都很低。同社会主义国家一样，它们渴望对经济进行有目的管理，渴望迅速提高经济增长率，渴望全面实现工业化，渴望大大改变经济结构。

一些欠发达国家，例如中国和古巴，选择了在共产党领导下实行全面社会化的道路。至于这是不是比“混合经济”更快的发展道路，目前只能进行主观的推测，尚没有证据能提供证明。但某一欠发达国家即使选择了混合经济道路，也仍然可以从社会主义国家的经验中学到许多东西。第一，社会主义学者正确地强调了政治和社会制度的重要性。在一个国家中，如果统治集团热衷于阻碍经济变革，那么经济变革就很可能会受到阻碍。第二，社会主义国家集中力量迅速发展重工业的做法，对十几个较大的欠发达国家具有参考意义。这种做法并非具有无可置疑的优点——实际上，一些西方经济学家已对这种做法提出了疑问——但显然值得加以考虑。

第三，社会主义国家的经验（连同19世纪资本主义国家的经验）表明，经济要增长，就得强制性地限制消费，同时提高投资率。

不能做到这一点的“软弱无力的国家”，其经济是不会高速增长的。如果无法限制消费，如果在现代的政治条件下人民不等经济基础奠定好就要求建立福利国家，那实际上是排除了发展的可能性。第四，在教育和职业规划方面，欠发达国家能从社会主义国家学到的东西也许要多于能从西方学到的东西。西方的体系较为奢华，消费成分很大，机会不那么平等，教育与就业也结合得不那么紧密。穷国需要的是较为简朴、侧重于提高生产力的体系；而在这方面，社会主义国家正好拥有大量相关的经验。

第五，匈牙利等国正试着建立一种行政管理与市场管理相结合的复杂控制系统。欠发达国家也许可以从这种试验中吸取有益的教训。欠发达国家具有社会主义倾向的政治家有时似乎认为必须在所有方面反对市场，似乎认为行政管理在本质上要优于市场管理。在苏联和东欧，这种“正统斯大林主义”现在已不受欢迎了，而正在发展建立较为灵活和实用的控制体系。尽管一些欠发达国家不愿接受不受控制的市场制度，但它们也许愿意接受“受管制的市场制度”。

由此而可以预料，在向第三世界输出经济思想的市场上，西方的经济思想将遇到社会主义国家的有力竞争。最后，欠发达国家将不得不自己决定接受什么，不接受什么以及创造什么。

第四编　前景

第十章　关于比较经济学的研究

我们之所以采用“研究”，而不采用“体系”这一术语，是因为“体系”这一术语含义模糊。任何一种经济，只要它能发挥作用，只要它不会分崩离析，都能自成体系；但是这并不意味着它构成了符合于某一种组织原则的体系。否则，各种不同的控制原则在某一具体事例中如何按一定比例融为一体的问题就不存在了。

设若有人与本文作者一样认为经济学在某种意义上是一个全球性的课题，设若有人相信吸收世界各地的各种经济的成败经验可以有益于经济学的理论与实践，那么，组织我们今天的教学与研究又意义何在？关于“比较经济学”，除了其以往的含义之外，我们还能赋之以什么新意吗？

本章旨在逐一枚举各种可能性。我们不必顾虑这些可能性如何在逻辑上吻合，或实际上又如何在课程安排中吻合。我们的目的并非要描绘某一种课程，而是要探讨某一种研究方式，这种研究方式在原则上可以贯穿于整个教学。

理想类型的分析

这并不是什么新主意。长期以来经济学家们一直在确定与分析经济的各种类型。即便如此，他们也未能将各种可能的经济类型研究透彻。事实上,对于发展完备的理想类型的研究就大为不足了。

最为人熟知的就是完全竞争的市场经济,这是一种具有私有制因素而且(通常)没有政府的经济。一个多世纪的经济思想使其在实证的与规范的两个方面得到了发展。它可以被看作是一种原始类型,原因在于它源远流长,而且其他模式通常都是以对于它的实际了解作为出发点的。

与之紧密相关的是市场社会主义模式,该模式分别由兰格和勒纳在 20 世纪 30 年代提出。竞争的市场模式一经他们魔术般的篡改,其关于确定价格和资源分配的中心命题在逻辑上便成了与财产所有制互不相关的东西。该模式只有在这一层意义上才是社会主义的,即总投资是由中央决定,价格是由中央宣布而不是由市场的参与者确立,以及经营者最大限度获取的利润不归私人所有。但是价格仍被要求对供给与需求进行平衡,价格依然产生于反复试验的过程,事实上,价格仍不过是旧的、人们所熟悉的竞争性的市场价格。资源分配也与竞争的市场模式中的资源分配相同。

该模式与现实中的社会主义经济瓜葛甚少,这一点无须赘述。尤其值得一提的是,若将该模式与南斯拉夫的经济混为一谈,那将会使人误入歧途。南斯拉夫体制的最大特点是工人所有制,从根本上说,这是工团主义而不是市场社会主义。

尽管我们对于资本主义经济已有着丰富的知识,但是,令人吃惊的是,资本主义类型的模式却寥寥无几。诚然,有马克思的垄断资本主义的模式,研究人员可以将其作为竞争的市场模式的一个旁支进行悉心研讨。但是,除此之外,我们还可以建立一种大企业加福利国家的模式，这种模式要比前两者更接近于当代的现实。类似的见解在文献中亦屡见不鲜，如琼·罗宾逊关于"一个垄断的世界"的那一著名的篇章，熊彼特关于垄断在动态的意义上可以产生高度竞争的阐述，以及缪尔达尔的关于福利国家的演进的分析。[①] 在近期的一些作家中，加尔布雷思无疑最接近于建立一个现代资本主义的可行的模式：该模式主要依靠自筹资金，技术上可以自我更新，竞争性体现在动态上而非统计数字上，掌管者是一批由专家构成的社会精英，与政府关系密切，在很大程度上对消费者实行"生产者主权"。加尔布雷思或许描绘得过分了一些，然而这是理想类型的必不可少的特点。这种模式之所以不为同行们普遍认作是一种相对于竞争性模式的另一可行的选择，部分原因在于作者在阐述该模式时采用了广大公众皆能理解的术语，而没有使用那种比较佶屈聱牙的语言。但是此事对于同行们的现状造成的恶名不亚于对于模式本身造成的恶名。

社会主义类型的模式也有一些，这些模式在文献中并未全都得到充分论述。第一，有蒙蒂厄斯称之为动员体制的模式，当一种经济处于社会化的初级阶段时，我们常可发现这种模式。党的领导人制定了雄心勃勃的产出目标，但是通往这些目标的道路却无人知晓。计划非但缺乏事先协调，而且还有意地排斥这一点，以采用一种"疾风骤雨般的"方式。随着不平衡的发展，这些计划也就变成了在某一特定的基础上采用优先发展的策略。这些计划十分依赖于对党的忠诚以及人们的道德水平，而不重视物质刺激。这

① 见缪尔达尔：《超越福利国家》。

种模式与第一个五年计划期间苏联的经历、直至1953年的东欧的经历、“大跃进”时期中国的经历以及60年代古巴的经历多少有些吻合。

第二，有怀尔斯称之为国家社会主义的模式，这是一种由中央支配、“两头开放”的经济。在生产链的一头是消费品市场，另一头是劳动力市场，但是干预生产的机构是受行政管理控制的。与动员体制形成对比的是，这种类型在计划中更注重事先协调，各部门之间计划完成的差异也比较小，而且强调物质刺激。这是“传统的苏联”模式或“控制经济”模式。

第三，我们还可以建立一种计算机乌托邦的模式，这是一种完全合理化的控制经济。这种经济的结构类似于国家社会主义（即便最雄心勃勃的中央计划者也不事先计划如何将工作分配给工人或如何给千家万户配给消费品）。最终产品的估价取决于“外部”——虽然并非一定，然而却可能以已显现出来的消费者偏好为基础。有了这样的估价，再加上技术条件与资源限制，利用线性规划方法便能推断出如何分配资源才能取得最大的国民产出。这种方法还能提供对各生产要素的正确估价（影子价格）。正如第六章中所述，这种规划模式具有教学价值，可以解释合理利用资源的含义。

第四，我们可以试图建立一种分权的社会主义经济模式，将中央管理的因素与企业自由相结合，以便能对市场信号做出反应。这方面的工作很可能会导致产生一整套互相关联的模式，而不仅只是一种模式。原因是分权具有不同的度与众多的面。这些面包括生产、定价、物资流动、金融、研究与发展以及信息。那种可以衡量出甲种经济比乙种经济“更为分权”的单面尺度是不存在的。然而，某一些变量的排列在实践中可能比另一些变量的排列更为频繁地出现，因而这些变量或许可以公式化。

上述所有模式均属排他类型，即它们是被特殊设计出来以区别于其他可能存在的经济组织的模式。另有一些人却在努力建立一种容括类型的模式，这种模式具有普遍性的框架，若对它添枝加叶，它可以适合于任何一种具体的经济。一般均衡理论有时就被认为具有这种性质，但是这显然是不正确的。这种理论不仅是一种市场模式，而且是一种非常特殊化的市场模式。

贾诺斯·科奈的尝试是有趣的，[①]他试图建立一种真正具有普遍性的框架。科奈的体系包括利用投入创造产出的实际单位，以及向这些单位发号施令的控制单位。在各实际单位之间有横向的（“市场”）联系，在各控制单位之间以及各控制单位与实际单位之间有纵向的（行政的或“计划的”）联系。每一个单位都有国家变量、投入和产出。投入和产出包括货物以及信息——当然，对于控制单位来说，信息流动是至关重要的。每一个单位还有一种反应机能，能对任何投入变化做出反应，但是这种机能是随机应变的，而不是听天由命的。

在这种体系中，厂商的行为并不是最优化的。相反，决策往往是厂商内部的特殊利害关系相互冲突的结果。更高一层的控制单位也有同样的冲突，从而导致妥协政策。买方与卖方的市场行为（包括调查活动、推销、产品质量的变化以及新产品的研制）会受到市场中普遍存在的“压力”与“吸力”的严重影响。科奈认为，采用上

① 见前面引证的著作：《反均衡》。

述方法，就可以把宏观经济学与微观经济学真正综合在一起。他论证说，通过对信息流动、决策规则、反应机能等做一些特殊的假设，作为他自己的体系一个特例，就可以推导出瓦尔拉的一般均衡理论。

具体经济的比较

第二种可能性就是对具体的国民经济的结构与性能进行比较。这种研究应该与理想类型的分析截然分开。它应该将定量分析包括在内，还应该尽量广泛地将各种经济包括在内。

这种研究不必假设“经济体系”（不管给其下什么样的定义）是重要的自变量。重要的通常是由人均收入粗略显示的发展水平，有时其重要性可以高于一切。其他一些变量，诸如政治独立或人口压力的程度，可能也是重要的。是否存在“体系效应”有待于分析之后得出，而不应一开始就下判断。

此类性质的研究已经不少；但是，由于一些沿袭下来的条条框框，这种研究总不被人认作是“比较经济学”。西蒙·库兹涅茨分析了大约 20 个国家的长期人口变动、国民产出、资本形成率、产出的部门构成、收入的分配以及其他一些关键性变量。他研究的主要都是一些西方工业国家，因为很少有其他国家具备这类工作所需的长时间数列。随着其他国家累积起较完备的资料并经历较长的“现代经济增长”时期，这种比较范围的扩大应该是可能的。

弗雷德里克·普赖尔也一直在积极从事这种研究工作。在第三章中我们已提到了他对一些资本主义和社会主义国家的公共品产出进行的比较研究。某些种类的产出体现了“体系效应”，但是对于其他种类的产出来说,人均收入似乎是主要的决定因素。在另一项(目前尚未发表的)研究中,他选择了一些资本主义和社会主义国家,对其不同的制造业部门中的企业规模进行了比较,通过比较发现,最重要的决定因素似乎是国内市场的规模——大规模的经济就趋向于有较大规模的厂房。乔·贝恩对厂房规模、厂商规模与集中率进行的比较分析主要局限于一些工业资本主义国家,该项比较分析见本丛书的前面某卷。

再举几个例子:切纳里等人就一些国家的工业部门之间的关系做了比较。在任何一种经济中,某一些工业部门都比另一些工业部门具有更强大的"联动效应",就这层意义而言,这些国家是相同的。切纳里还对相当一部分国家的制造业产出的构成进行了分析,这些国家的规模不同,人均收入水平也不同。霍萨克对包括许多欠发达国家在内的众多国家的个人储蓄、企业储蓄与政府储蓄做了截面研究。他还对收入弹性和消费需求的其他特征进行了国际比较。巴拉萨对包括欠发达国家以及社会主义国家在内的半工业化国家的经济增长战略进行了比较,尤其注重于贸易参与与贸易政策。越来越多的对社会主义经济与欠发达国家经济都具有丰富知识的西方经济学家,已开始从事全球范围的比较研究。

对要素生产率进行比较分析的工作是由两群颇为不同的学者进行的。研究国际经济学的学者试图解释明显的生产率差异之所以会产生并且持续存在的原因,这种差异似乎是与所有国家均可获得同样的技术这个假设相冲突的。研究社会主义经济的学者也试图估计相对的要素生产率,绝大多数是估计美、苏经济之间的要素生产率,但是在某些情况下也估计东欧与西欧国家之间的要素

生产率。

这就势必要略谈一下对经济性能的比较估价。当然，这完全是一种学术探讨，任何一个国家也不会因为某一种经济体系在经济学家的某种估价表上得分较高而改变自己的经济体系。但是这种探讨却颇能启发智力并具有某些教学价值。

在各种水平上都可以进行这种分析。我们可以对理想类型的经济的（假设的）利弊做一比较，这种比较是纯理论性的。或者，可以对我们实际生活于其中的“混合经济”的性能做一比较，也许可以选择一些混合程度大不相同的经济进行比较。无论在哪一种情况下，首要问题都是要对性能标准取得一致意见。有一些标准或许可以被广泛接受：资源的充分调动与利用；静态技术效率（生产领域内的运筹）；通常意义上的静态分配效率；动态技术效率（新产品与生产技术的迅速开发）；动态分配效率（在个人偏好与国家优先项目相结合的条件下，资本以最佳速度形成）。除此之外，有人或许还要加上收入分配，理由是，尽管对合意的分配存在着不同的判断标准，但是仍应衡量一下这一领域内的性能。对于外界变化的适应速度也可以包括在内。①

下一步就是分析在上述各种经济表现出的性能。这仍是实证

① 前面所引证的贾诺斯·科奈与阿瑟·林德贝克的著作列举了一些有趣的标准。科奈列举的标准包括：产出、投资与消费的增长率；技术进步的速率；体系的适应性；就业水平；收入分配；文化与社会的发展；以及财产与权力的分配。林德贝克列举的标准包括：资源的充分调动与利用、静态分配效率与理想程度；生产单位的静态技术效率；动态分配效率与最适度；动态技术效率（新产品与新工艺开发的高速率）；信息与协调的效率。

经济研究领域内的尝试。数据方面存在的问题会导致估计的不准确，不同的观察者对数据做出的解释也会有所不同，但这是事实的差别，不会引起任何价值判断问题。

困难在于，若对甲与乙两种经济进行比较，甲种经济往往会在一些方面优于乙种经济，而在另一些方面又不如乙种经济。由此而产生了加权的问题：在对性能进行全面估价时，每一项标准究竟有多么重要？似乎没有客观的办法可以解决这个问题，对于性能的判断的差别会在全面评价中导致不可消除的差别。然而，当每一位估价者都不得不阐明自己的加权体系时，至少可以澄清造成分歧的根本原因。

比较分析的主题

另外还有一条通往比较经济学的研究与教学的途径，就是将注意力集中在一些意义重大的主题上，这些主题需要使用分析模式以及有关制度与历史方面的知识。我们有关这方面的建议只不过是从更广泛的可能性中所获得的说明。

控制体系的"混合"

一切经济都包括市场组织与行政管理的因素，这是不言而喻的。科奈进而区分出三种控制机制的基本类型：(1)瓦尔拉的市场机制，即"价格体系"；(2)等级制的计划体系，在这种体系中，上级将指令传达给下级；(3)植物性机制，包括对于明显变化的习惯反应——例如，当客户的订单增加时，或当存货低于某一传统水平时，生产计划就随之增加。这类似于人的独立神经系统，在这种系统中，刺激会引起反应，而不涉及更高级的大脑神经中枢。

由于各种控制原则可以在任何一种具体的经济中混为一体，这就为我们提供了比较研究的广泛机会，而且欠发达国家也自然会成为这种研究的对象，不会在资本主义—社会主义的比较研究中显得格格不入。那些经过几十年争辩依旧模糊不清的中心概念也可以因此得到澄清。我们所谓的“市场机制”究竟指的是什么？它是否纯属一般均衡理论的产物？依据该理论，经济信号纯粹是价格信号，厂商之间实际上并无市场联系。或者说，我们是否还应加入工业集中、买方与卖方的协商、产品与价格差异以及技术变化这么一些基本知识以便丰富这个画面？若没有科奈的植物性体系的支持，瓦尔拉的价格机制实际上能否发挥作用？

“计划”这个概念也引起了同样的困难。在资本主义经济、社会主义经济与欠发达经济之间开展的以此为名的具体经济活动是大不相同的。若试图给“计划”下一个一般的定义，这是否可能或有用？或者，我们只需将次级种类区别出来便可以了？

此种研究也会涉及一些经济政策的基本问题。世界上的每一种经济都会出现这么一个问题：市场到底对什么有用？每一个国家都面临着这么几个难题：通过市场可以有效地做出什么决策？现有的市场如何才能得到改进？哪些方面的市场必须让位于集体决策？什么方法才能最有效地将行政管理与市场控制结合在一起？一种经济在这些方面取得的经验对于其他经济具有相当大的借鉴价值。

互相依赖活动的最佳组织

这不是与刚才所讨论的领域不同的领域，而是以不同的方法看待同样一堆问题。我们可以设想一种由专门化的小生产单位组成的经济，这些生产单位的活动通过市场获得完全的协调。但是在实际的资本主义经济中，大企业通常进行广泛的、互相联系的活动。许多交易都是在“内部”市场而不是在外部市场中达成的。厂商的活动通过等级制管理取得协调。外部市场协调的是不同等级体系的活动，但并不完全成功。例如，一个体系会无缘无故地对另一个体系造成损害，或白白地从另一个体系那儿受惠。

在苏联的经济中，国家重点工业事实上构成了一个由许多控制层组成的等级体系监管的“厂商”。即便经营者构成了一个独立于党的等级体系的自成一体的等级体系，这种制度仍存在一些研究大规模组织的人所熟知的问题。最高监管者远离各个生产单位。完全的协调意味着最高监管者必须通晓他的下属们所通晓的一切，而这是不可能的。沿着这条等级链往上传递的信息不仅缺损，而且会受到乐观的歪曲，沿着这条等级链往下传递的指令也同样会被歪曲。其后果之一是，与顶端相隔许多层的企业由于互相之间没有直接联系，因而发现干一些互相重复甚至互相损害的事对自己是有利的。这种体制缺乏有效率的专业化。[①]

① 贾林·库普曼斯与约翰·M.蒙泰尔斯的一篇有趣的论文探讨了这个问题及其他一些问题，论文题名“论经济体系的描述与比较”，油印本（1969年，该文将发表于这次即将召开的大会的文集中）。

行政协调方面产生的这些问题为社会主义国家的“改革”提供了许多动力。但是关键在于大规模组织的改革是局部性的，不仅东方，而且西方也在尝试改革。大众汽车公司常常被当作实行有效率的分权的样板，该公司的年度预算比许多小国的年度预算还大，该公司的下级握有相当大的具有有效职能范围的自主权。打破传统的“制度”界限而对经济组织进行比较研究，这显然是有用的。

西方经济的社会化

人们常常说某些西方国家比另一些西方国家更为“社会主义”，人们还常常假设所有这些国家都在朝着社会主义方向迈近——即使不是像熊彼特所说的那样“长驱直入社会主义”，至少也是在慢慢爬入社会主义。

这层意义上的“社会主义”总不会是那种意味着要与旧的政治传统一刀两断的“东方的”社会主义吧！那么它又意味着什么呢？财产所有权中政府份额的增大？相对于私人品的公共品的重要性不断增大？政府更为广泛地干涉私人经济？通过非市场渠道对收入进行更为广泛的再分配？或者几个方面兼而有之？

设若有人可以制定出令人满意的社会化的指数，那么，把它运用于一些重要的西方国家经济将是件有趣的事。我们可以推断出美国将不会是一个最接近于“纯资本主义”的国家，但是我们无法确定哪一个国家将占据这个位置。在主要西方国家中有可能是日本，在比较小的国家中也许是瑞士。我们还可以据此审时度势。社会化的趋势是直线通向未来，还是逐渐向均衡水平靠近？

经济体制的趋同

在某种重大意义上，资本主义经济与社会主义经济是否正变得更为相似了？这种趋势（如果存在的话）在将来可能持续下去吗？

对于这两个问题的兴趣有一部分是政治性的。与其他人一样，经济学家们也希望减少使20世纪不得安宁的国家间的对抗。人们都愿意相信，如果不同国家的经济体制能够变得更为相似，这将有助于在各国之间建立一种和平关系。不幸的是，我们尚无实实在在的理由可以相信这样的结果会出现。但是撇开政策不谈，趋同的问题仍有着相当的科学意义。

意识形态方面的偏见也笼罩着这场讨论。两个阵营的知识界与政界领导人都会强调单向趋同的教条："当然，我们并没有发生变化，但是另一个集团正在朝我们的方向靠拢。"按照马克思主义的理论，正统观点是资本主义国家最终必然朝社会主义的方向发展。在西方经济中，只要公共所有制的范围、福利的范围、指示性规划的范围以及控制总需求的范围有了任何的扩大，都会被解释为是朝着社会主义方向的发展。据认为，社会主义经济正是在资本主义外壳之内成长起来的，正如当初在封建环境中发展起了资本主义经济一样。于是就出现了趋同，但这是"朝向我们的趋同"。同样，西方观察家也倾向于将东方的任何朝着机会成本计算、企业自主权以及依靠利润指标的方向的发展解释为"转回资本主义"。

当我们试图克服这些偏见并本着科学的精神来探讨这个问题时，首先碰到的问题是"什么东西的趋同"：是人均收入方面的趋同，还是产出部门构成方面的趋同，还是更广泛的政治社会制度方面的会聚？这些会聚是不同的，某种意义上的趋同并不一定意味着其他意义上的趋同。

经济学家们倾向于强调资源管理的方式，即经济的组织机构。廷伯根令人信服地证明在这方面已出现了某种程度的趋同。[①] 这部分是因为某些经济问题对社会主义国家与资本主义国家来说都是共同的，某些处理这些问题的方式比其他方式更好一些，而所有国家的政府都有从过去的错误中汲取教训的能力。因而，无须故意模仿，它们常常会被引入同一个方向。

例如，社会主义经济已经接受了大量的工资差别，将其当作一种必需的刺激；接受了土地与资本的稀缺理论，并着手适当改变计算成本的方法；采取了谨慎步骤对投资、产出与生产技术方面的决策实行分权；着手将某些价格从直接的行政控制下解脱出来。另一方面，资本主义国家也已经采取步骤控制经济波动；不断增加公共部门的相对规模；通过非市场渠道进行了相当程度的收入再分配；对私营部门的活动施加了多种多样的控制。

其结果是，两个集团在以下几点上变得更为相似了：以大致上类似的速度持续发展；国民生产总值中用于投资目的的份额不断增长；公共品的产出在国民产出总额中所占的比例不断上升；全体

① 见简·廷伯根的"共产主义经济与自由经济是否显示出会聚形状?"，载于《苏联研究》，1961年4月，第333—341页。加尔布雷思的观点大致相同；但是怀尔斯与其他一些西方学者却持相反观点。关于苏联对西方会聚理论，尤其对加尔布雷思的评论，参阅I. 德沃金的"科学技术革命与资产阶级关于社会主义的经济理论"，载于《经济学问题》，1970年1月，第59—90页。

公民最低生活水平得到提高；教育、培训与就业的机会对一切人均等；甚至可能还有消费者偏好对生产决策产生影响。这种相似不是通过单方面而是通过双方面的运动出现的。在某些方面，社会主义经济已转向西方的制度与实践；而在另一些方面，资本主义经济已更接近于社会主义模式。

谈完这些，我们还必须立即补充一点：两大经济集团在另一些主要方面依旧是互不相同的，而且它们之间的分界线也不可能仅仅随着光阴的流逝而消失。近来西方经济中的结构变化主要有两大类。某些变化根据定义是无法重复的一劳永逸的变化。一旦设计出了调节总需求的技术之后，人们就不必再重复一遍了。接受高等教育的均等机会也只能创造一次。另一些发展似乎具有内在的自我限制性。公共品的产出受到了对这些产品的需求的收入弹性的限制，正如通过政治渠道所表现出来的那样。社会保障制度与收入再分配计划在达到了某一水平之后若要继续发展就会受到政治与经济压力的制约。国有化似乎不可能在其目前的界限之外再获得较大的扩展。

正如“爬行社会主义”的支持者与批评者有时认为的那样，资本主义经济中的“社会主义”趋势似乎不可能沿着笔直的道路无限发展下去。相反，这种社会主义会趋向于均衡水平，在这一水平之上，西方的政治经济结构将会是比较稳定的。同样，我们也能证明，也许由于某些政治官僚的原因，而不是“内在的经济”原因（不管它是什么意思），社会主义经济中的市场趋势将不会超越某一点。

因而，政治—经济结构的主要差别在可以预见的未来似乎可能继续存在下去。然而，应该重申的是，有关这个主题众说纷纭。它之所以仍是一个饶有趣味的研究与教学课题，其原因也在于此。

部门特征的比较

大多数经济学家并不研究整个经济，而是就某一个部门进行研究。我们首先是农业经济学家，或劳动经济学家，或财政专家。这些领域内的课程在开始时总是先提供合适的分析工具，然后将其运用于美国经济的性能及有关政策问题。

但是一个财政专家实际上并没有理由只将注意力局限在美国的财政制度上。如果研究日本、墨西哥或摩洛哥的财政问题，他同样可以干得很出色。课程范围可以扩大一下，可以将其他国家广泛的经济材料补充到美国的经验中。在这层意义上，任何人都可以成为“比较经济学家”。

对我们这一行来说，这似乎是一个行得通的、合乎需要的方向。标准的科学思考方法是，在尽量广泛的观察基础上建立假说，然后验证假说。如果四十个或五十个国家可以提供关于某一问题的资料，那么我们就有可能进行四十次或五十次独立的试验。除非我们利用其他的试验设备，否则我们永远无法确定根据美国经验所获得的结论在多大范围内是普遍有效的。

更进一步说，我们对美国经济的了解比对大多数其他国家的经济的了解更多一些，因而，经济研究的预期收益在国外肯定比在国内高。当我们把大量的研究计划与博士论文都集中在美国经济上时，当我们在科学园地的一条狭窄地带上苦心经营时，我们就会越来越多地开始纠缠一些细枝末节。但是对于国外，尤其对于欠发达国家的经济，我们却很缺乏系统的知识。我们不了解这些经济的生理与骨骼。能将我们引向这条道路的基础研究几乎还未开始。在这片广阔的科学天地中，收获肯定会高于国内。经济学家比任何人都更应该明白将资源分配给高产地区所能带来的好处。

比较方法的优点可以简略地体现在三个领域中——农业经济学、劳动经济学以及工业经济学。首先来看农业，这是世界上最古老、最庞大的一个行业，在某种意义上，也是几乎所有国家的一个难题。比较研究所能涉及的问题包括：不同农产品的生产函数的特征；在生产与投资决策中农民所达到的最优程度；与此相关，农民对相对产品价格与利润的变化做出的反应；生产单位的最佳规模以及不同的土地占有制度对农业生产率的影响。我们还可以很容易地再列举一些。值得一提的是，在过去十年中，《农业经济学杂志》中论述外国农业体制的篇幅有了显著增加。

在每一种经济中，劳动从量的角度上说都是一种最重要的生产要素；一个国家的资本总额有许多体现在人的形式上。因而劳动经济学是一门具有普遍重要意义的学科。在任何经济中都会产生的一些问题是：哪些因素决定了劳动力的参与率与劳动力供应的其他方面；就业不足或劳动力利用不充分究竟达到了什么程度；应采用什么方法为那些发展中的行业招收与培训人员；作为招工的一项方法，工资差别具有什么样的重要性，供求转换对工资结构有何逆影响；在限制获得高级职位方面教育所起的作用有多大，怎样规划教育投资才合适；实际收入在工资挣取者与其他人之间是如何分配的。这些都是纯经济学问题，可以利用理论的与定量的手段对其进行考察；许多国家都可以提供有关这些问题的资料。

制造业部门也提出了各种各样令人感兴趣的问题：(1)只有在巨大的美国市场上，对于相当一部分行业来说，小经营者之间的竞争才是可能的。而在世界的大多数地方，独家垄断与寡头垄断却很盛行，甚至得到了赞同。关于这种现象可能会对当前的生产效率、技术进步以及价格—产出政策产生什么影响，人们已提出了许多假说。如果用各国的经验来检验这些假说，它们会怎么样呢？(2)生产技术的选择通常被认为取决于要素的相对价格。通过对具有不同要素价格比率的国家进行观察，这一点在何种程度上可以得到验证？(3)在同一类型的行业中，各国的要素生产率有着极大差别。这一点可以通过各种假说得到解释：貌似相同的要素实际上是不同的；生产函数是不同的；经营者未能使生产成本降到技术上可行的最低水平，经营不善的程度各国也不尽相同。这些(或另一些)可能性中哪一种在实践中最为重要？

本套丛书的主要目的便是进行部门比较。但愿有关各专业领域的那几卷可以显示出比较方法的优越性，并鼓励更多的经济学家重新调整他们的研究与教学方向。尽管这种尝试还没能完全如愿以偿，但是它已取得了相当大的成就。某些研究在很大程度上一直局限于西方经济，主要是由于资料方面存在的困难。但也有其他一些研究——尤其是费尔普斯·布朗、金德尔伯格与马斯格雷夫的那几卷——在更广的意义上是比较研究性质的，其中含有的思想与信息涉及我们所划分的那三种经济的每一种。总而言之，本套丛书也许有助于说明在目前这个资料发展阶段比较分析的用处及它所面临的严重困难。

第十一章　论经济学的范围

罗宾斯给经济学下的定义之所以能够产生影响，在于他的定义条理清晰，具有内在的一致性。在他所描绘的市场经济中，总量波动并不严重，长期增长是经济历史学家而不是理论家的课题，经济学家主要应分析和观察自发过程。在对经济与经济学家下了这样的**定义**之后，资源配置问题便自然而然地占有突出地位。罗宾斯的观点还有一个令人愉快的特点，那就是将经济学家所要解决的问题简单化了。一旦摆脱了古典学派对政治目标进行的那种旧式探讨，一旦摆脱了那种对资源供应与技术进行半社会学的研究，经济学家便可以完全像科学家那样在一个他所能驾驭的有限领域内大显身手。

自罗宾斯著书立说以来，人们又做了许多理论研究，积累了许多历史经验。四十年后的今天，我们应如何再表达经济学这个概念？让我们回顾一下第一章中所概述的那些互相关联的争论点：西方经济学的工具对各种不同类型的经济的用途；从世界范围内看，经济学究竟是一个学科还是数个学科；经济理论与经济研究及政策制定之间的关系；将经济学与其他领域的研究区分开的界线。在回顾这些争论点时，我们一方面要总结从前几章中所学到的东西，另一方面要为修正经济学的定义奠定基础。

一种或几种经济学?

文献中有关这一点的冲突,尤其是东、西方经济学家的不同观点,在第一章中已经谈到。争论的是什么?有关这一点又可以做出什么判断?

西方经济学家常常声称,或者干脆假定,只存在一种经济理论结构。关于这一点,罗宾斯的观点是一清二楚的。他给经济学下的定义是普遍性的,脱离了经验主义的观察或对政策的关心,完全独立于时间与空间。[①] 头脑清楚的人们是不会对如何最好地研究这个学科一事产生分歧的。[②] 这一点的真正含义是,对于截至1930年的西方市场经济,只有一个定义被认为是可行的;任何其他经济都被认作是无法分析的,或者是没有意思的。恰当地说,奥斯卡·兰格在他的“西方”阶段也表达了某种类似的观点。他在论述方法论的著作中暗示,只存在一种经济学,这种经济学的发展与市场经济的出现是一致的。[③]

① 第一章中的一部分引文值得重复:“谁都不会对以下一些假设的普遍适用性提出疑问,即假设存在着相对估价的尺度,存在着不同的生产要素,或存在着有关未来的不同程度的不确定性。……只是由于未能认识到这一点,而全神贯注于一些次要的假设,才导致人们接受了这样一种观点,即经济学的规律是受一定的时空条件限制的。”(罗宾斯:《论经济科学的性质与意义》,第80页)

② “本文……试图对经济科学的主题和经济科学中一般性结论的性质提出精确的概念……由于最近六十年理论的发展,一旦这些争论点陈述清楚,对这些问题产生重大分歧的理由也就不复存在了。”(罗宾斯:《论经济科学的性质与意义》,第14页)

③ “作为一门科学的经济学的发展是与现代市场的日益增加的优势紧密相关的。市场的协调运转以及有时市场不能取得决策的协调,提出了一些需要运用(接下页注)

马克思主义的传统却是截然不同的。“资产阶级经济学”被认为是为资本主义进行辩护的学说。在资本主义制度下，它充其量只有某种解释价值，但是与社会主义经济毫无关系。半个世纪以前，布哈林旗帜鲜明地提出了这种观点。[①]后来兰格在其“波兰政府的官方”阶段又详尽阐述了这种观点。他在论述政治经济学的主要著作中解释说，经济学分为几个种类，每一种类适合于财产关系与经济组织发展的某一阶段，适合于某一种特殊的“社会形态”。[②]诚然，如果两种或更多种体系在生产组织与交换关系方面具有共同的特征，某些法则对它们便可能是共同的。兰格显然认为，“市场法则(供求法则、价格形成法则)”与“一些货币流通通则”就是这样。这几条例外的法则涉及的范围相当大。

但是，还有一些法则是特定“社会形态”所特有的。例如，社会

(接上页注)智力加以解决的问题，这些问题导致了经济科学的产生与发展。”(奥斯卡·兰格：《范围与方法》，第19—32页)

① “政治经济学是一门……关于无组织的国民经济的科学。只有在生产处于无政府状态的社会中，社会生活的法则才显得是‘自然的’、‘自发的’，并不以个人的意志与集团的意志为转移，才与引力法则一样受制于一种盲目的必然性。实际上，一旦我们讨论的是一种有组织的国民经济……这种经济不为盲目的市场力量与竞争力量所左右，而是由精心制订的计划所调节……资本主义与商品社会的终结就意味着政治经济学的终结。”〔转引自阿莱克·诺夫《苏联经济》一书的导言(纽约：普拉哲出版社，1961年)第266页〕。

② “政治经济学，正如恩格斯所指出的那样，‘讨论的是历史的即不断变化的资料……’经济法则并非对社会发展的各个阶段全都是正确的，它们只是针对特定阶段的历史法则……因而，我们便有所谓‘原始社会的政治经济学……封建社会的政治经济学，资本主义的政治经济学以及社会主义的政治经济学，每一种政治经济学讨论的都是其社会形态特有的经济法则、这种形态的运转方式及其‘经济运动法则’，从而对有关的各种社会形态的产生、发展与衰亡过程做出解释。”(兰格：《政治经济学》，第63、94页)

主义时代的显著特征就是人为地控制经济。在资本主义制度下，经济学力图解释私人活动之间自发的相互作用，这种活动产生了谁也不想、谁也不能控制的结果。由此产生的法则被看作是超人的、自然的或永恒的。但是“在社会主义制度下，经济法则所起的作用却与此不同。社会主义生产关系意味着经济法则是能够控制的，条件是可以创造的，在这些条件下经济法则的作用越来越符合人的意愿”①。

然而，社会主义经济学家的观点绝不是毫无杂质的。那些讲授和著书论述政治经济学的人竭力主张正统的或两个世界的观点。但是那些从事企业管理的经济学家、从事上层经济规划的经济学家或在与计划活动紧密相关的研究所工作的经济学家，虽然在原则上也赞同这种已确立的学说，但是在处理日常事务时却不那么关心这种学说。他们不仅采用了像部门间经济学、运筹学以及线性规划这样的“中性”手段，而且还使用一些近似于西方所使用的术语热烈讨论有关工资确定、机会成本、价格—成本关系以及市场失衡等问题。这些术语究竟有多少是从西方文献中借鉴来的，有多少是出于需要对同一些概念的重复命名，这有待于研究经济思想的历史学家们去考察。

有人认为，在资本主义制度下经济学只不过是对自然的发展进行预测，而在社会主义制度下经济学则可以用来控制事件发展的过程，这种看法是很值得商榷的。在资本主义制度下，公共部门也存在集体决策，私营部门也有公共控制的重要因素，这些因素部

① 奥斯卡·兰格：《政治经济学》，第 79 页。

分受经济分析的指导。尽管在社会主义经济中，中央控制无疑要强大得多，但它并不是无所不包的。消费者、工人与经营者的自然反应发挥着相当大的作用，实证经济学并非毫无价值。

关于是否只能有一种经济学结构的问题，这主要取决于人们到底把经济学想象成什么样子。如果经济学是一个首尾一致的意识形态体系，带有诸如古典自由主义或经典马克思主义这样的经济成分以及政治成分，那么很自然地就会产生两个世界的观点。马克思力图探讨的，是政治—经济制度的历史变化以及（如他所认为的那样）一种制度向另一种制度的不可避免的转变。他分析资本主义的运转情况，并不是将此作为目的，而是以此来预测资本主义的未来。大多数现代西方经济学家会说："我并不觉得这是一个有趣的问题。如果能产生成果，这也是别人的事，而不是我的事。况且，能否产生成果是值得怀疑的。"但是对此社会主义的经济学家可以振振有词地回答说："然而这却是一个根本的问题，比你们所研究的东西更为重要。"西方也不乏赞同这种观点的人。①

如果谁像大多数西方经济学家那样为一个世界的观点辩护，他对经济学采取的便是一种比较狭隘的、技术性较强的观点。他的意思便是：可以摆脱任何政治或历史理论而对经济进行分析。

一个世界的观点有各种翻版。某些翻版比另一些更有说服

① 可参看琼·罗宾逊的评论，"正统的经济学家们热衷于在一些细小问题上舞文弄墨，这会使学生分散对当代社会令人不愉快的现实的注意力。抽象论证的发展已远远超越了经验所能证实的范围。马克思的思维工具虽然过于粗糙，但是他的现实感却要强得多，他的论证以一种粗犷、忧郁的气势压倒了他们的精雕细刻。"〔《论马克思主义经济学》（伦敦：麦克米兰出版社，1957 年），第 2 页〕

力。我们都熟知教科书中的主张，即每一种经济都必须“解决”四个(或五个、六个)“基本的经济问题”。这是不言而喻的，但是却无甚价值。它掩盖了一个更为重要的事实：各国的决策机制是不同的，所以会产生出截然不同的结果。

第二种更为有意思的方法是，力图建立一种概括性很强的描述性图式，这种图式只需添枝加叶便可适合于任何具体的经济。科奈把这种图式称作“经济体系理论”，它可以成为一种统一的经济科学的框架。这种努力不可避免地会遇到这样的困难，即随着其一般性的增加，其具体性必然减少。若要验证它是否有用，我们可以将具体的细节补充进去，然后看它实际上能否符合与我们所知道的经济多少有些相似的结构。

第三，在那些研究决策的准则的东西方经济学家中间有一种相当强的认同意识。这里的决策包括从企业至整个经济的各个层次的决策。他们强调的是数学方法，数学方法似乎是不受价值观念影响的，而且很容易打破国与国之间的界限而互相沟通。这会使人产生一种印象，似乎确有一种共同的经济学存在，从而使人误入歧途。因为共同的只是数学，而各国的经济结构却仍是各式各样的。我们在第八章中就论证过，用于全面规划某种经济的技术只有很少一部分既适用于资本主义经济又适用于欠发达经济；甚至在社会主义经济中，它们虽然似乎具有潜在的适用性，但却只被用来解决范围有限的问题。

第四种方法也许是最有用的方法，就是像前几章所做的那样，把经济学看作是工具箱。目前我们使用的工具大多数都是西方经济学家们创造的；但是由非西方经济学家们对这些工具加以改造和创造新的工具，正成为一种迅速发展的行业。当前，社会主义经济与欠发达经济已深深卷入经济工程学中，但是由于时机还不成熟，新的理论还有待于从这一实践中脱颖而出。由此产生的新概念将会在整个世界的这种工具箱中变得越来越重要。

我们还强调过的一点是，虽然有些概念具有普遍的适用性，但大多数理论工具适用范围都比较窄。目前的工具都是按照西方资本主义经济的运转特点创造的，若要使其适用于其他类型的经济，就需要进行相当大的改造。而且，不同理论分支的相对用途，也是随着有关经济的政策侧重点的不同而不同的。在这层意义上，“社会主义经济学”或“欠发达国家经济学”与西方经济学有着不同的风格。于是，我们又部分地回到有关我们这个主题的两个世界，或更恰当地说，三个世界的论点上来了。

经济理论的有用性

虽然在我们的同行中仍有一些反理论主义者，但是，随着理论的作用与局限性变得越来越清楚，他们的人数与影响已出现长期下降的趋势。但是“理论”的涉及面很广，包含各种各样的活动。有宏观理论和微观理论，有实证经济学和规范经济学，还有侧重于工具的理论和侧重于问题的理论。如果让一个主要是使用工具的人就这些不同类型的研究的作用发表意见，那是不明智的。另一方面，消费者偏好不仅在经济而且在经济学中也起着很大的作用。

在过去的五十年中，微观经济学与宏观经济学之间曾出现过剧烈的摆动。1930 年以前的经济学实质上是微观经济学。货币是一块面纱，而货币理论则是一种外围理论。20 世纪 20 年代讲述“价值分配”的教科书正代表了这种观点，这种教科书现在已完全过时了。

经济大萧条和凯恩斯、罗伯逊以及斯德哥尔摩学派的革新学说导致了经济理论向宏观方向大转移，一时间人们对微观经济学的兴趣丧失殆尽。但是这种势头也已过去，大约在 1950 年微观经济学复又盛行，其势至今不衰。首先，这表现在人们力图对凯恩斯体系中的诸总量进行分析。一旦我们看到消费函数、投资函数、货币需求函数等总量背后的东西，我们就会发现我们正在建立以微观推理为基础的模式。近来，最初完全是综合性的增长理论的兴起，刺激了人们对劳动与资本的“质量”以及技术转变过程进行微观经济研究。

最近三十年出现的大多数政策问题都是微观领域的问题，例如贫困与收入分配、城区的衰落、受教育机会与就业机会的均等、人口过剩、市场经济弊端的消除等等。分析集体决策也要做微观推理，无论这种推理属于规范性质（成本收益分析）还是属于解释性质（百姓与议员都能理解的模式）。那些仍坚持认为宏观经济学应在从大学一二年级直到研究生院的课程中占主导地位的人，实际上是在坚持 20 年代他们的前辈们的陈腐思想，而他们的前辈们却未能意识到新的问题与新的思想方式的产生。

假如在西方国家情况是如此，那么在全世界范围内情况更是如此。回顾一下第九章中的估价表便可看出，较之短期的宏观经济学工具或增长理论工具，西方的微观工具若应用于社会主义经济与欠发达经济则更为合适，而且也不需要那么多的改造。微观分析的广泛适用性源自于单个经济"当事人"——消费者、工人、农民、企业管理者——的无所不在。在所有经济中，这些当事人都有某些决策的自由，他们的偏好在一定范围内通过市场纽带得到传递。而且，在社会主义经济与欠发达经济中，随着时间的推移，市场很可能会变得更好，而不是更糟。经济官员们也很可能会增加对市场的故意利用。

因而，罗宾斯把微观理论视作经济分析的核心是正确的。他的错误仅仅在于没有充分利用这种洞察力，因而怀疑是否有可能建立任何宏观经济学的结构，否认分析集体决策的可行性，由此而认为无法研究非西方经济，只强调静态资源配置问题而不注意动态问题。他本可以在较为坚实的基础上承认所有这些都是经济分析的可能扩展，但只是在微观理论的基础上才是可能的，这种基础正如他正确地认为的那样是绝对必需的。

没有必要再对实证经济学下定义了，但是却可以用不同的方法利用规范经济学。它的意思可以是按照廷伯根的方式将一种预言模式颠倒过来以产生一种政策模式。它的意思还可以是将福利标准与实证经济学的知识结合起来，以便产生政策结论。此处，我们在一种较为有限的意义上利用了规范经济学，用它来表示旨在解决决策问题的最优理论模型。

在这种模型中，所有经济参数都是一开始就给定的。于是，求解就成了纯粹的数学运算。这种解是否具有经济意义，取决于是否存在一种与假设的决策问题多少有些相符的实际决策问题，而且是否为某些具有行动权威的人所承认。必须有一优化执行者。

优化工具最初是用来解决厂商一级的微观问题的，但随后它们则被用来解决大得多的问题。显然，它们的使用范围是可以扩大的，只要具备这样一些基本条件，即具有客观给定的投入值、产出值、时间偏好、技术关系以及决策规则，还要有一位能够运用这些结果的最优执行者。因而，一位负责水泥工业发展计划或负责将煤的运输成本降至最低水平的苏联官员，可以很容易地运用规划方法。

然而，在第八章中我们曾论证说，优化工具的使用范围无法合理地扩大到整个经济。信息问题与技术问题实在太大了。虽然可以通过对模式进行大幅度简化而解决这些问题，但是我们所得到的却是一个不再与任何现实状况相似的虚假问题。而且，没有任何一位官员或一批官员能够使经济最优化。即使在苏联情况也是如此，在巴西与泰国情况更是如此。

未能意识到这一点已招致了失败，特别是使发展经济学陷入了困境。人们花费了大量精力来为各个欠发达国家建立虚假的最优模型，尽管仅资料方面存在的困难就足以使这种努力归于失败。这使人们不再将才智用于基本需要，即用于增加我们对于这些经济的非常有限的实证经济学知识。

在实证经济学中，某些理论家是十分注重工具的，而另一些理论家则有着强烈的经验主义倾向。这些不同的理论“风格”的相对贡献是什么？理论家们应该在多大程度上也从事调查工作？理论必须在多大程度上“独立生活”？理论贡献在多大程度上可以用与问题的实际重要性相对应的技术手段来判断？

我们相信，经济学的主要传统便是将理论看作是调查现实的工具。具有解释力的假说的发展可能确实需要复杂的演绎推理的长链。但是理论家们不仅对其逻辑的一致性，而且对经验的参考价值与命题的可否验证都是十分关注的。经济生活中的事实处于舞台的中心。建立模式不是为了欣赏，而是为了使用。

经济学界的研究人员与注重经验的理论家正是本着这种精神进行着非正式的然而却是有效的合作，这两种类型往往会集中在同一个人身上。重要的理论贡献往往是由那些对经验与政策怀有强烈兴趣的人做出的。历史上的例子有马歇尔、庇古、俄林、罗伯逊、熊彼特、凯恩斯。在当代人中间我们可以举出卡尔多、希克斯、米德、廷伯根、弗里德曼、萨缪尔森、索洛、托宾和斯蒂格勒，举这些人为例并无轻视其他著名学者之意。其中有一些理论家也是颇有造诣的数学家，但是他们并没有让技能来支配他们对问题的选择。

十分注重工具的理论家面临着一些危险。当"理论独立于生活"时，对实际的经济世界的兴趣便会减弱，对问题的选择便会倾向于技术可行性而不是内在的重要性。在现存模式的细小差别上舞文弄墨，而不是朝着新的方面另辟蹊径，这已成为一种诱惑。[①] 注重工具的理论家会很容易地滑入所谓的"虚拟推论"中，也就是构想出一些高度人为的问题，这些问题与现实对不上号，而且无法解释任何东西。

① 正如哈恩与马休斯在回顾了现代增长理论之后评论的那样，"虽然我们不贬低人们对这些领域的洞察力，但是我们仍感到在这些领域已达到了收益递减的边界。最容易的事莫过于将模式花样翻新，使其越变越复杂，同时却不增加任何新思想，也不使理论更朝着揭示国民财富原因的方向迈进一步。所提出的问题也许对思维颇有诱惑力，但是，如果我们得到一条各个链环牢固程度不一的链子，而我们将力气都用于加固，修饰那些已经相当牢固的链环，这岂不是小题大做"（见 F. 哈恩与 R. C. O. 马休斯的"经济增长理论"，载于《经济理论综述》，2：112）。

当然，忽视概念系统，认为其毫无价值，这是很危险的。今天的一个高度不现实的模式也许就是明天建立一个比较现实的模式的第一步。但是问题的结构有时会阻碍通往现实的道路；不管怎么说，人们很少迈出第二步。注重工具的理论家们有时几乎认为经济学实质上是一座逻辑大厦——纯粹是节约行为的一切可能的含义的扩展。在经济学这样的经验科学中，这是一种方法论的邪说。

注重工具的理论相对于注重经验的理论与词句的语言相对于符号的语言，这两者并没有内在的关系，但在实践中却无疑是有某些联系的。对于那些接受过数学、工程学或自然科学训练的人来说，从事虚拟推论工作似乎特别有诱惑力，有时候他们对实际的经济所知无几，却也转入了经济学领域。他们擅长技术而缺乏实际知识，在运用符号上自然能发挥其相对优势，同时还坚持认为研究经济学说到底实在是一件轻而易举的事。那些真正受过经济学训练并真正对经济学感兴趣的人则往往太胆怯，或太容易受骗，不敢说出国王赤身裸体的话来。

在阐明问题、检查推理错误方面，数学方法的优越性是众所周知的。但这些工具的力量及其抽象性会导致对它们的误用，这种危险也是最优秀的理论家们所承认的。[①] 正如斯蒂格勒所指出的那

① 鲍莫尔评论道："毫无疑问，错误不在于工具，而在于工具的使用者；然而必须承认，有这么一种容易让人滥用的工具。一个……困难是，建立和运用数学模式为的就是模式本身，衡量是否成功的最终标准就是看它能给建立模式的人带来多大快乐。建立起复杂的上层结构，目的在于炫耀如何眼花缭乱地运用深奥的定理，全然不顾这些定理是否与现实相关或是否有启发性。正如一位伟大的经济学家描绘的那样，作者已沉溺于和他的那些漂亮模特儿通奸。"（英语中模特儿与模式为一个词。——译者注）

"数学工具的与此相联系的第二个缺点在于它容易使人们将晦涩误作深（接下页注）

样，数学理论家们坚持拒不使用人人皆懂的语言解释他们的研究成果，这是极为不科学的，而且会自然地使人觉得其成果无甚价值。[①]

实证经济学和政策

英国传统上的古典经济学家与新古典经济学家曾满怀改革热忱。他们将经济学作为改善经济的工具而加以探讨，并相信可以得出一个关于福利的明确结论。[②]于是国际贸易的收益、增加收益

(接上页注)奥……事实是数学缺乏经验的内容。数学既不能将事实的本质也不能将事实的真相传递给最初并不具有这些性质的模式。"(见威廉·J. 鲍莫尔的"经济模式与数学"，载于克拉普的《经济科学的结构》，第93—94页)

艾尔弗雷德·马歇尔的评论更早得多，但仍值得摘录："在我看来，每一个经济事实，无论是否具有可以用数字表示的性质，都与其他许多事实具有一种因果关系：由于所有的事实绝不可能都能以数字表示，所以，将严格的数学方法运用于那些可以用数字表示的事实上，这几乎总是浪费时间，而且在绝大多数情况下它还肯定会使人误入歧途；如果从来没有人做这项工作，世界也许反而会前进得更远一些。在我看来，一般地说，只有当数学方法不是用于直接的解释，而是用于训练某些正确的本能习惯时(就像在钢琴上练习指法)，它才是有用的。"〔致A. L. 鲍利的信，1901年，载于A. C. 皮古编辑的《纪念艾尔弗雷德·马歇尔》(伦敦：麦克米兰出版社，1925年)，第422页〕

① 在论证了数学经济学家有义务解释他们的工作之后，施蒂格勒总结道："不提供这样的解释，就等于抛弃学者的准则。不客气地说，拒绝解释有三个原因：懒惰、目中无人，以及对分析的抽象性感到羞愧——还伴随着一种不合逻辑的愿望，在对现实世界的主要特点还不甚了解时便想要对它发表议论。除了这三个原因之外，我找不出其他更好的原因。科学女王不应被当作学霸的傀儡。"〔见乔治·J. 施蒂格勒的《关于经济问题的五篇讲稿》(纽约：麦克米兰出版社，1950年)，第43—45页〕

② "社会科学最重要的贡献应归功于对社会正义与改良的热情。工业中产阶级的利益以及对自由与正义的热情在意识形态上为古典经济学的发现提供了动机……'保守的'动机……会不利于，而'进步的'动机……却会有利于在社会科学领域内取得科学上站得住脚的成果。因为正是这种要求改变与改良的愿望，无论它是有意识还是无意识的，造成了人们的求知心情，从而导致了对人类社会的科学考察。"(见兰格的《范围与方法》，第24页)

与技术进步的可能性、利用市场价格作为社会成本与利益的指示器，以及通过收入转移提高总效用的可能性，成了他们关心的对象。这是19世纪乐观主义与自由主义的一部分，当时人们献身于个人自由与改良，相信人类及其社会制度都是可以加以完善的。“政治经济学”这个称呼可以反映出这一点，至少在1914年以前这个称呼是标准术语。

20世纪20年代以来着重点的转移，可以部分归因于大陆传统对盎格鲁撒克逊经济学的渗入，大陆传统较为抽象，人道主义情调也不那么严重。尤其有影响力的是，帕累托把关于交换或生产的命题同关于收入分配的命题区别了开来，并坚持认为，经济学无法证明一种分配优于另一种分配。罗宾斯、希克斯及其他一些人接受并发挥了这个观点，影响了后来福利经济学的发展。

人们逐渐基本上(虽然不是普遍地)承认，人与人之间的效用是无法比较的，因此经济学也就不能对收入转移的好坏发表意见。① 由于几乎所有可以想象出来的政策行动都涉及收入的再分配，所以这就意味着大体上对于政策我们没有多少发言权。随后，人们试图通过“补偿原则”、“社会福利函数”及其他一些手段来回避这一结论，但是都不大成功，反而使得福利经济学更为空洞无物。②

---

① 有些人则不这样认为，例如，阿巴·勒纳独具匠心地力图通过概率计算来拯救关于收入转让的福利效果的结论〔见《控制经济学》(纽约：麦克米兰出版社，1944年)〕。还可参看多布最近在《福利经济学》一书中发表的不同意见。

② “最优秀的理论家们的注意力就这样从……有关稀缺资源配置的实际问题转向了弄清所有人的福利获得了多大程度的明确无误的增长这一问题上……我认为，这类问题是学究性的，在经济学或政治学中没有实际运用的价值。”(见怀尔斯的《共产主义政治经济学》，第91页)

认为经济学在这层意义上必须独立于价值判断的观点，其本身也未完全摆脱价值判断。这个观点隐含着对现状的偏爱，原因在于现状的改变几乎从来都不是称心如意的。正因为这个原因，这个命题更能取悦变化的反对者而不是支持者。

结果便是在经济学家与政策制定者之间制造了智力隔阂。(实证)经济学家的任务是对经济的运转进行解释说明，借此预测各种政策可能造成的后果。但是他必须停留在这一点上。他不敢说“这么做而不要那么做”，因为这正好意味着他做出了不允许他做的关于分配的判断。做决定的必须是别人(“别人”是谁，常常是不明确的。某一位议员，或者某一批议员？某一位行政官员？不管怎么说，他一定是一位智者，他的视野超出了经济学家的知识范围，能够考虑到各种政治的与社会的因素)。将主题更名为“经济学”甚至“经济科学”(显然是想与自然科学的客观性与“严格性”相提并论)，表明了经济学家的作用是有限的。

我们并不是想嘲弄这种观点。它强调研究问题必须本着客观的精神，不能倾向于某一种结果而排斥另一种结果，在这一点上它是有功绩的。它的另一功绩在于强调几乎任何经济变化都会对分配产生影响，其方向与规模需要进行估计。它提醒经济学家，在进行了这样的估计之后，如果他仍旧说，“我选方案甲而不选方案乙”，他实际上便是在做分配判断。

但是说经济学家不做——或者说做了，却不应该做——分配判断，未免过分。幸运的是，经济学家们并没有真的将他们中间某些人鼓吹的事情付诸实践。首先这表现在他们对主题的选择上，经济学研究中时尚的变幻不定可以说明这一点：20 世纪 10 年代和 20 年代经济学家感兴趣的是工会主义与最低工资；30 年代和 40 年代感兴趣的是综合波动与稳定政策；50 年代和 60 年代感兴趣的是如何通过转移富国的收入来帮助穷国发展经济；目前感兴趣的则是一大堆国内问题，其中包括种族歧视、环境控制以及都市病理学。所有这些兴趣的产生都源自于一个信念，即变革，特别是对收入进行某种再分配，也许要比维持现状更可取。经济学家们不仅分析结果，而且同时还宣布他们的政策偏好。他们对过去三十年来的政策辩论做出的贡献，似乎并不比国家官员和其他人做出的贡献逊色。如果要求经济学家在做每一次政策声明之前在身上画十字，并说，“上帝，作为一个公民，我说的是实话”，那也完全可以。这并不会影响实行的效果。

越来越多的经济学家也开始对“别人”实际上如何进行决策展开了分析，这些“别人”的智慧据说比他们自己的智慧更高。这就是说，他们开始对非市场的集体决策方式展开了分析。我们已经说过，这将是一个硕果累累的活动领域。

笔者对这块荆棘丛生之地的观点可以总结如下：第一，我们应将明确声明的价值判断与被掩盖的或隐晦的价值判断区别开，后一种是危险的，因为它会使实质上的政治论点貌似科学论点。第二，我们应将重要性的判断（这在选择研究课题、提出假说时是不可避免的）与对目标的偏好（体现在政策的推荐中）区别开。后一个问题从事研究的经济学家如果不做政策分析是可以避免的。但是，第三，一个经济学家即使不做政策分析，也仍然可以进入政策领域，这不但是许可的，而且是有用的。当然，他应该明确说明他所偏好的方案。在这样做时，经济学家分析选择方案的特殊技能可能会比较有利于他说明他所偏好的行动方案。

诸如简·廷伯根和冈纳·缪尔达尔这样一些受人尊敬的人物对经济学家的作用似乎也持有这种行动主义的观点。① 其他的西方经济学家可能会对这种观点提出质疑。在这一方面我们不应期待意见会完全一致,因为一些人偏爱分析者的角色,另一些人则偏爱分析者兼行动者的角色,这本身便包含了每一位经济学家都必须为他自己做出的价值选择。

我们应该再补充一点:对经济学家的实际作用产生的自我怀疑主要局限于西方国家。在社会主义经济与欠发达经济中,大多数经济学家都从事制定和实施经济政策的工作;他们会不会明确区别其分析职能与决策职能,这是令人怀疑的。他们会毫不犹豫

① 下面一段评论可以表明廷伯根的观点:"当今大多数经济学家对我们的问题做出的贡献就是宣称对不同人的满足进行比较是不可能的。这个贡献并不具有太大的建设性意义,因为它意味着:(1)关于社会主义的所有感情都是毫无意义的;(2)科学家不能做出任何贡献;(3)能够做出这种贡献的人往往是那些缺乏科学教育的人。第一层含义尤其重要,原因在于它意味着关于分配问题做出的许多决策完全可以用不同的方式做出。"(《经济政策:原理与设计》,第22—23页)

缪尔达尔在讨论社会科学家与行动之间的关系时说道:"科学家,即便他的知识在某些方面是推测性质的,仍旧能够做出比那些实际用于指导公共政策的判断更高一筹的判断……我们也不能认为"事实胜于雄辩",从而让"政治家与老百姓去得出实际结论"。我们比政治家和普通百姓更清楚地知道事实是十分复杂的,它们是不会自己开口申辩的。必须为了实际的目的,即在有关的价值前提下,将事实组织起来。而我们比其他任何人都更能胜任此项工作。

"人们普遍相信,那种涉及合理规划的实用研究——我们斗胆地称之为'社会工程学'——很可能具有感情色彩。这是误解。如果采用的价值前提是充分的、完整的并且合理的,那么,对引导一种社会变化进行规划不会比计划建造一座桥梁或计划搞一次人口调查更具感情色彩。"〔见冈纳·缪尔达尔的《美国的困境》:第二卷(纽约:哈珀和罗出版社,火炬图书版,1969年),第1044页〕

地说出自己的分配偏好，例如，在目前阶段主张收入分配的平均主义偏好，或者，涉及两代人之间的收入转移时主张低时间偏好率。虽然我们可以感到他们在做这种判断时未免过分了一点，但是同时他们对自己的工作采取的那种充满自信而实实在在的态度仍不失吸引人之处。

经济学的边界

我们已指出，在过去的一个世纪中，经济学的范围不断缩小。在所有的社会学研究中确实都有这种趋势。心理学家趋向于变为动物实验家。哲学家对道德哲学的研究减少了，而对使用符号的逻辑的研究增加了。政治学家已不那么感兴趣与经验学家合作，他们更感兴趣的是像经济学家一样建立政治行为的纯模式。这种追求"严格性"的趋势使得各社会学科之间的距离变得更大了，由此造成了一个比任何时候都广阔的无人问津的领域。

在这片无人问津的中间地带存在许多问题，这些问题过去曾经被认为是经济学的中心主题，而且至今仍很重要，特别是对于处于早期发展阶段的经济来说尤为重要。为什么我们面对欠发达国家的问题时会发现在西方的工具箱中竟然有这么多的空白？关于经济增长是如何开始的，关于农业组织与农业生产率的关系，关于技术的转让与适应，以及关于人口增长与人口控制的方法，我们似乎都谈不出什么东西，这是为什么？这是因为这些问题不被认为是"真正的经济学"。

那么，由谁来研究这些问题？通常的回答是，但愿其他学科的某位学者会研究这些问题(然而,他可能会认为这些问题属于“真正的经济学”,超出了他的研究范围!),或者组织一个跨学科的研究小组。这两个目标——将其他学科的人的兴趣引到我们认为是重要的问题上,以及组织有系统的跨学科的合作——显然是值得追求的。但是,我们已在这些事情上耗费了大笔资金而成果却令人失望,困难之大是可想而知的。

对经济学家来说,另一个可能的方法是扩大他们学科的传统范围,采纳一些有用的概念,如果没有这些概念,就自己发明,尽可能“在一个头脑中”取得知识的结合。这是一项困难的任务,因为它包含了概念的更新,并需要人们在定量数据零七八碎的那些领域内工作。但是它并不比那种被狭隘地定义为“经济学”的主题更缺乏内在的严密性。代数与严密性并不是同义词。

让我们概括一下几种可能的实验方向,其中大多数方向已有人在一定范围内为之努力。

1. 从更广泛的观点上看,资源配置理论中的“已知数”是变量。例如,如果我们对经济增长感兴趣,那么,解释要素供应、生产技术与生产率水平的**变化**便成为一件重要的事。

人口长期以来归属于人口统计学的范畴,现在似乎又正在被划入经济学研究的领域。在人口调查、人口统计、家庭抽样调查等方面,我们有着坚实的定量基础。虽然出生率与死亡率的决定因素并不是纯经济学的,但是它们也并不是那样深奥,以至于经济学家们无法理解。拉格尔斯、奥克特、伊斯特林、库兹涅茨与其他一些经济学家就曾对发达国家的出生率做过一些最为复杂的研究。在政策方面,计划生育方案也可以利用其他领域所熟悉的成本—

效益技术。这种方案虽然具有重要的非经济学特征，但是并不能因此而阻止经济学家充分利用其工具。

对劳动力参与率与劳动力质量的兴趣现在又复苏了。美国的参与率已得到了彻底的调查，来自于其他经济的资料也不断增加。例如，妇女的参与率在社会主义国家比在资本主义国家要高得多，这是为什么？它表明了这些国家对妇女的剥削还是妇女的解放？

劳动力的“质量”逐渐成了一个残差，难以衡量或解释。在低收入国家，营养、健康和体力都是质量的重要方面。工作经验与工作动机也一样。在高收入国家，质量通常是与普遍的教育及特殊的职业训练相关的。部分由于认识到了这一点，对教育投资及这种投资的收益进行的研究正在不断加强。

现代人对技术的兴趣最初是由熊彼特的论点激发起来的。他认为垄断比竞争更有利于技术进步。其后，又有经济学家否定这个论点，并且对实际上是谁带来了有用的发明展开了进一步的研究，这也是激发兴趣的原因之一。经济计量学的增长研究益发刺激了这种兴趣，这种研究常常告诉人们，产出中的“残差”在大幅度增加，而残差的这种增加是无法用传统方法测出的投入来解释的。原因似乎是严格意义上的“技术进步”，于是人们便开始全力以赴地给这种进步下定义，对其进行测量与解释。发达国家能够将哪一类合适的技术转让给欠发达国家以及实际的转让又如何进行？这个问题成了发展经济学的中心论题。

资本供应现在也趋于不再被看作是一种不变类型的资本的量的增加，而被看作是技术进步（“已得到体现的技术变化”）的传导者以及劳动的雇用者与训练者这一层意义上的资本的量的增加。

这就使人们对经济学的一个直至最近仍旧死气沉沉的分支产生了新的兴趣。

2. 传统的微观经济学中的第二组“已知数”是消费者、工人与企业经营者的偏好体系。输入这些已知数，计算机就会显示出解决办法。所谓的人的行为已不复存在。但是实际上人的行为是依旧存在的：我们可以对此进行观察，而且对此我们已有所了解。在第八章中已经谈到，人们对研究厂商理论，对建立取代利润最大化模式的替代模式显然又产生了兴趣。人们还大量调查了广告对于消费者的影响、商标偏好的力量，以及与此有关的情况。我们最终也许能确定加尔布雷思的“生产者主权”假说在多大程度上符合实际情况。

3. 经济制度很少引起西方理论的明显关注。我们常常假设（这样的假设通常是正确的）制度的框架推动了，而不是阻碍了经济的进步。但是对于其他的经济，尤其对于欠发达国家的经济来说，这种假设是不稳妥的。有些制度会阻碍经济的进步，而另一些会起推动作用的制度却无影无踪。由此而产生了追寻制度结构与经济性能之间关系的分析问题和重新设计制度的政策问题。

首要的例子便是农业组织与农业效率之间的关系。文献中充满了有关这个主题的信心十足的论断：“集体农业肯定不会有效率”，“地主所有制降低了佃农的积极性”，“自耕农最有可能达到最高效率”。这些论断主要依据的是隐含的推理。最好还是建立一些可以用生产数据检验的清楚的假说。

另一个问题是工业中的垄断组织与竞争组织所造成的结果，这个问题自古典时期以来就已为人们所熟悉。它不仅涉及价格的制定,而且还涉及技术效率、产品质量、发明创造力以及经济性能的其他方面。在这个领域中对假说已进行过一些检验,但是大多数重要问题依旧悬而未决。在另一方面,富克斯着重指出,我们对长期经济趋势的看法主要基于对制造业的观察,而对不断扩大的劳务部门的调查往往会得出相反的结论。相对于私营管理的公共管理的微观效率以及这种效率在各个国家、各个行业中的差别,仍旧是一大片无人问津的领域。我们也许可以同意廷伯根的观点:这方面的政策应该遵从效率,而不是意识形态;但是我们所知不多,运用效率标准仍缺乏信心。

我们并不是要单纯地描述经济制度或对其进行分类。确切地说,我们是在敦促人们对结构—性能关系进行仔细的分析。这项工作可能具有的严格性不亚于经济研究中的任何其他工作。

4. 经济资料的日益丰富与统计技术的日臻完善导致了对定量研究的严重偏向。经济学家必须提供数字。因而便产生了这么一种趋势:那些最容易提供数字的领域成了令人瞩目的焦点——“街灯下光线明亮”,但是在昏暗地区存在的一些最有趣的问题却被忽视了。

这种趋势使人产生了以下一些看法。第一,我们必须经常检查我们使用的度量制的基础,以免陷入假精确之中。例如,宏观经济模式的一个显著的运算性质便取决于那些构成我们国民核算体系的基础的惯例。其中有许多惯例,例如对资本与资本劳务的定义、最终产出的含义、对政府生产的估价,显然都是有争议的,概念的转换会造成结果的重大差别。这一点是重要的,对于长期增长的估价来说尤为重要。它还可以解释在经济学家与普通人中间存在的某些疑问，如福利的增长速度实际上是否像国民生产总值所表示的那样迅速。此外，综合过程的基础是这样一个假设，即投入与产出的市场价格在帕累托的意义上是“正确的”。只要情况不是这样，总值的意义就会降低。

第二，我们也许太易于断定一些有趣的研究课题无法用数量表示而不予以考虑，因而对某些资料丰富的领域的考察便超过了利润边际，而另一些更具有潜在收益的领域却被忽视了。理想的方法是，研究的重点应基于问题的实际重要性；我们应千方百计地克服那种表面上缺乏资料的困难。

例如，我们考虑一项欠发达国家的“社区发展”计划，计划中的公共建筑工程都由地方上组织与承建，劳动也由社区成员提供。对这么一项计划，我们可以很容易地进行描述性的非分析性的研究；而且人们也已经做了许多这样的研究。但是我们可以超出这个范围。成本可以比较精确地计算一下，效益则不必那么精确。成本—效益的比率可以根据不同类型的工程计划进行比较，例如公路、街道、学校、灌溉工程、医疗中心、公园以及运动场。由社区发展途径承担的工程建设的成本可以同公共建筑部根据合同承担的同类工程的成本做一比较，这种比较可以显示出稀缺资源是能够通过组织创新而被“增加”的。如果社区可以在各种工程中进行任意选择，那么我们便可以知道村民对各种类型的公共品的“显示性偏好”。

第三，能否被核实并不是衡量优劣的唯一标准。在资料奇缺，因而推理方法远比核实方法先进的时代，经济学家们便已取得了很大进展。我们应该像前人一样大胆地提出目前还不能被定量研究所验证的假说。

5. 西方的微观经济学传统上注重的是私营部门的资源利用。经济学家们或者倾向于忽略公共部门，像在一般均衡分析中那样，或者对公共部门的运转抱十分天真的看法。他们似乎总是以为主管政府的人都是一些心地善良、无所不知的哲学家兼国王，这些哲学家兼国王会最大限度地利用资源以满足百姓们的偏好。但是这种优化政府比优化消费者或优化企业更令人难以置信；随着公共部门相对规模的扩大，集体决策渐渐成了一个重要的研究领域。

阿罗与其他一些人研究了个人对公共品的偏好的性质与可聚集性。即便这些偏好在原则上是可以聚集的，又有什么切实可行的办法可以发现它们呢？公共品的产出是由投票决定的——一种（罕见的）方法是由社区成员直接投票，另一种（较为常见的）方法是由公民们选出的代表进行投票。这种机制如何运转？政治机制的差别对经济结果会产生什么影响？触及这个问题的政治学家寥寥无几，也许是因为对经济结果的分析超出了他们的本行。[①] 但是经济学家们现已开始进入这个领域。已经有人试图建立直接投票的决策模式，例如乡村社区的农民对自己掏钱建造公路一事进行直接投票。[②] 也有人试图为当选代表的行为建立模式。科尔曼

① 偶尔也有例外，例如艾伦·威尔达夫斯基的《预算过程的政治》（波士顿：小布朗出版社，1964 年），该书分析了美国的联邦预算决策。

② 见戈登·图洛克的“多数投票问题”，载于 1959 年的《政治经济学杂志》，第 71—79 页；该文再次发表在 K. 阿罗与 T. 西托夫斯基编辑的《福利经济学文集》（霍姆伍德，伊利诺伊州：理查德·D. 欧文出版社，为美国经济协会出版，1969 年）。该书中的其他论文也与这个主题有关。

的“互投赞成票模式”便是一个有趣的例子，这个模式假设每一个议员都想尽力重新当选，而且允许搞选票交易。[①] 议员甲可以“购买”那些对他来说关系到极为重要的问题的选票，也可以“出售”那些对他来说只涉及皮毛小事的选票。如果有许多议员，而且有许多个问题要表决，那么，这种“政治市场”便可以产生出类似于私人品的竞争性市场所产生出的结果。

这些早期的研究工作虽然仍被认为是粗糙的，但是它们涉及的领域却是至关重要的。于是我们又开辟了一块天地，希望经济学家们将来能在这块天地里勇往直前。

酝酿一个罗宾斯后的定义

在一个竞争性的市场制度下，已有资源的配置是一个可以充分运用经济学方法予以解决的简单问题。好几代经济学家都运用了经济学方法来解决资源配置问题。1848 年穆勒可能犯了错误，1932 年罗宾斯也可能犯了错误，因为他们以为资源配置问题已一清二楚。但是在 1970 年我们可以肯定地说，这个领域已经被研究得相当透彻了；如果经济学仅此而已，智力的开拓者也许可以另起炉灶了。

但我们相信，我们已经表明，经济学并非仅此而已。经济学研究还有其他一些重要内容，包括非西方世界中的那些新颖的体制、

① 见杰姆斯・S. 科尔曼的“建立一个社会福利函数的可能性”，载于《美国经济评论》，1966 年 12 月，第 1105—1122 页。

那些政策问题、那些潜在的理论贡献，还包括那些无论经济学家或其他社会科学家至今都未能卓有成效地加以开发的边缘领域。

资源配置理论在以下意义上仍旧是经济学的核心，即其他理论分支与资源配置理论互相联结并依赖于它。没有这种理论，我们几乎谈不上有什么经济科学。但是环绕着这个中心支柱涌现出了一些在 1930 年几乎无法预见到的理论工具。在微观水平上，有关厂商的实证经济学取得了进展，优化规范工具发展了起来，成本—效益分析法在公共部门的运用也取得了进展。在宏观水平上，至少就西方经济而言，人们对经济波动与经济增长的根源有了更多的了解。罗宾斯的论证无疑是正确的，他认为像国民产出这样巨大的总量绝不会像一张个人偏好图那样具有毫不含糊的含义。但现在基本一致的看法是，综合的优越性压倒了其模糊性与局限性。因而，我们在马歇尔市场经济学中使用的那种综合水平的上下两个方面都取得了显著进展。

越过西方世界观察社会主义经济与欠发达国家，这也能扩大经济学的概念。这些国家给经济分析带来的困难虽然严重，但并不像有时我们所认为的那样难以克服。诚然，传统的工具并不能解释社会主义经济中的行政等级制度产生出的决策。但是，如果说这些决策是“任意的”，那等于什么也没有说，只是不想费力去理解这些决策罢了。进行解释也许会涉及信息理论与组织理论领域内的一些新概念，但是经济学家们的才智与创新精神肯定足以使他们能够运用这样的工具。欠发达国家的情况也是一样，要使西方的理论概念适用于不同的环境，需要动许多脑筋，做许多改造工作。但是这个挑战并不比以前经济学家们曾面临过并战胜过的那些挑战更难以对付。

人们对长期增长再度产生兴趣，使得扩大经济分析范围成为必需。在发达国家，大部分产出的增长显然应归因于要素质量与要素生产率的变化。这就为研究人力投资、发明的根源、技术进步的普及以及其他一些以前被当作“已知数”的东西开辟了天地。同样，在欠发达国家，经济增长显然也不是因为“接通”了大量的资本或其他投入而自动出现的。在一个方程式中这是能办到的，但在一种经济中这却是办不到的。经济制度与政治制度的结构是主要的，我们只有在对这种结构如何制约经济性能有了更多的了解之后才能宣称我们已有了一种早期经济增长的理论。若认为这些问题是“非经济学的”，并置之不理，这就是推卸责任。若试图将这些问题推让给其他社会科学家，这也是行不通的。若认为对制度问题不可能进行定量分析，这只不过是缺乏想象力。

由此可见，经济学不仅仅是一门“将人类行为当作是一种目的与具有各种用途的稀缺手段之间的关系而加以研究的科学”。它还探讨资源供应、技术以及生产组织随着时间的推移发生的变化；探讨资源利用方面的短期波动；探讨国民产出的规模与构成方面的长期趋势。它还探讨私营部门以及公共部门的经济决策者的行为，探讨在结构—性能的关系这层意义上的经济组织。它的范围并不局限于西方的市场经济，全世界各种各样稀奇古怪的国民经济均在其范围之内。

在所有这些方面，经济学均已超越了罗宾斯的定义。虽然我们仍引其言论，但是我们已不再循其足迹。根据我们的实践修改定义，现在正是时候。

图书在版编目(CIP)数据

经济学的三个世界/(美)劳埃德·G.雷诺兹著;朱泱,贝昱,马慈和译.—北京:商务印书馆,2017
(汉译世界学术名著丛书:120年纪念版:珍藏本)
ISBN 978-7-100-14111-6

Ⅰ.①经… Ⅱ.①劳… ②朱… ③贝… ④马…
Ⅲ.①比较经济学 Ⅳ.①F064.2

中国版本图书馆CIP数据核字(2017)第138581号

汉译世界学术名著丛书
(120年纪念版·珍藏本)
经济学的三个世界
〔美〕劳埃德·G.雷诺兹 著
朱泱 贝昱 马慈和 译

商 务 印 书 馆 出 版
(北京王府井大街36号 邮政编码100710)
商 务 印 书 馆 发 行
南京爱德印刷有限公司印刷
ISBN 978-7-100-14111-6

2017年12月第1版 开本710×1000 1/16
2017年12月第1次印刷 印张22
定价:105.00元